昭和の子ども生活史

深谷昌志著

黎明書房

まえがき──「子ども史」に学ぶ

○歴史は考える素材の宝庫

　子どもが変わったといわれる。たしかに「深刻化するいじめ」,「意欲を喪失した子ども」,「子ども部屋への引きこもり」,「心身ともに体調の悪さを訴える子どもの増加」などを拾い上げると,子どものさま変わりが気にかかる。

　そうした変化に敏感に対策を講じる。それは良いのだが,また,新たな問題が表面化して,対応に追われる。その結果,もぐら叩きのように,個別の「叩き」に疲れはて,問題の本質を見失いがちになる。

　子どもの成長が歪みを伴うようになった。その歪みそのものを是正しないと,次々と新たな問題が生じ,抜本的な対策が遅れる。

　それだけに子どもの成長を大きくつかむ視点が大事になる。その際,国際比較的に,東京の子どもの問題をソウルや北京,ロンドンやニューヨークなどの子どもと対比させてとらえるのも有効な方法であろう。そうした一方,歴史的に,かつての子どもの姿をとらえて,現在の子どもと対比させるのも役に立つ方法だと思われる。

　歴史というと過去の話で,現在との接点が少ないと思いがちだ。しかし,どの時代にも子どもがいて,親や教師の姿がある。そうなると,現在に通じる問題も生まれてくる。そして,その時代なりに親や教師が悩み,対策を講じようとしている。

　そうした意味では,歴史は現在の問題を考える際の素材の宝庫で,歴史を通して学ぶものが多い。本書では,2章で受験競争をとりあげる。内申書や推薦入試,口頭試問,複数受験など,現在,入試をめぐって論議されている内容のほとんどが,その時代にも語られている。また,1章や5章で活動写真や紙芝居,子ども雑誌をとりあげる。俗悪的なものに憧れる子どもと純化を図る大人。そうした構図に現在のケイタイやメール文化をめ

ぐる子どもと大人との関係を見る思いがする。

　○6つのストーリーから構成

　本書の執筆にあたり，はじめは時系列を追った形での通年的な叙述を考えた。しかし，子どもの問題は，現在と同じように，問題が生じると大きな社会的な波紋を巻き起こし，沈静化すると，無風の数年が過ぎる。

　そこで，本書では，社会問題史的に昭和の子どもを6つの側面からとりあげることにした。1章では子どもの遊び文化，2章では受験勉強を問題にする。働く子どもの問題を考察したのが3章である。4章で戦時下の子どもの暮らし，5章で第2次大戦後の動乱の時代を生きた子どもを素材とした。6章では，昭和50年頃からの子どもの姿を電子メディアに関連させて考察した。

　そうした意味では，本書は6つのストーリーから構成され，それぞれのテーマへのアプローチの仕方も異なっている。そう考えると，伝統的な意味での歴史書でないのかもしれない。それと，筆者は，長年にわたり，現在の子どもについての調査研究を行なってきたキャリアを持つ。そのため，本書では，現在の視点から歴史の中の素材を集め，現在の子どもと対比させつつ叙述を進める態度をとった。もう少し，問題意識を薄めて歴史を描く方が良かったのではとの反省はあるが，そうなるとさらに多くの資料を提出したくなるので，今回の問題史的な方法で全体をまとめることにした。

目　次

まえがき──「子ども史」に学ぶ　*1*

はじめに──「昭和の子ども」への招待 ─────────── *9*

1　「昭和は遠くなりにけり」　*9*
2　「子どもの昭和史」への一つの試み　*10*
3　昭和初期の子どもの暮らし　*14*

1章　群れ遊ぶ子どもたち ──────────────── *18*

1　子どもの群れ遊び　*18*
　1）　野原を舞台として　*18*
　2）　群れ遊びの情況　*22*
　3）　子どもの群れ集団　*27*
　4）　悪の香りがただよう　*30*
　5）　遊びの場としての駄菓子屋　*33*
2　紙芝居を楽しむ　*35*
　1）　紙芝居を見る　*35*
　2）　紙芝居の仕組み　*37*
　3）　「黄金バット」の登場　*40*
　4）　紙芝居への規制　*43*
3　子ども雑誌や活動写真とのふれあい　*45*
　1）　子ども雑誌の世界　*45*
　2）　『少年倶楽部』と『赤い鳥』　*48*
　3）　活動写真を見る　*50*
　4）　親と活動写真を見る　*54*
　5）　ラジオを聞く　*56*

2章　中学受験体制下の子ども ―――――――― 63

1　小学校の生活　*63*
1) 昭和初めの学校生活　*63*
2) 大正自由教育の名残　*66*
3) 自由教育への批判　*68*

2　入試制度の見直し　*71*
1) 進学熱の高まり　*71*
2) 補習教育の取り組み　*75*
3) 入試制度改革への提案　*78*
4) 文部省の提案　*80*

3　筆記試験なしの入試　*83*
1) 筆記試験なしへの反応　*83*
2) 具体的な選抜過程（昭和3年）　*86*
3) 筆記試験なしへの評価　*90*
4) 幽霊受験者と世界不況　*93*

4　中学入試のその後　*97*
1) 筆記試験の再開　*97*
2) 進学にかかる費用　*101*
3) 補習教育の広がり　*104*

3章　働く子どもの姿 ―――――――― 112

1　働き手としての子ども　*112*
1) 家事や農作業の手伝い　*112*
2) 学校給食の開始　*116*
3) 尋常小学校修了後の進路　*119*
4) 地元密着の実業学校　*122*
5) 高等小学校への在籍　*124*
6) 学校を休んで働く子ども　*129*

2　14歳からの就労　*133*
- 1) 高等小学校卒業生の進路　*133*
- 2) 年少労働者の生活　*136*
- 3) 働く徒弟の姿　*140*
- 4) 小僧の姿　*143*
- 5) 年少工の保護　*145*

4章　戦時下の子どもたち ———— *150*

1　戦時色の強まる中で　*150*
- 1) 少年団の結成　*150*
- 2) 学校内の国家主義化　*153*
- 3) 忠孝一本の教育　*156*

2　戦時体制下の学校　*160*
- 1) 学校レベルの対応　*160*
- 2) 戦時下の学校生活　*163*
- 3) 子どもの暮らし　*166*

3　子どもの集団疎開　*170*
- 1) 空襲が激しく　*170*
- 2) 集団疎開への動き　*172*
- 3) 集団疎開の実施　*176*
- 4) 疎開学童の生活　*179*

5章　戦後を生き抜く子どもたち ———— *190*

1　焦土と物不足の中で　*190*
- 1) 8月15日の思い出　*190*
- 2) 疎開児の帰宅　*192*
- 3) 敗戦直後の子どもの暮らし　*193*
- 4) 働く子どもたち　*198*

2　混乱の中での学校再開　*201*

1）占領軍による民主化　*201*
　　2）戦後教育の始まり　*205*
　　3）新制中学の発足　*207*
　　4）コア・カリキュラムと社会科　*210*
　　5）コア・カリキュラムの展開　*214*
　3　群れ遊ぶ子どもたち　*218*
　　1）三角ベースの草野球　*218*
　　2）群れ遊ぶ子ども　*219*
　　3）紙芝居が来た　*221*
　4　子どもとメディア　*228*
　　1）子どもの読書　*228*
　　2）ラジオと子ども　*230*
　　3）映画を見る子ども　*234*
　5　昭和20年後半の子どもたち　*235*
　　1）子どもたちの意識　*235*
　　2）不就学の子ども　*238*
　　3）中学卒業生の進路　*240*
　　4）家事を手伝う子どもの姿　*242*

6章　テレビとともに育つ　——　*252*

　1　子どもの群れがさま変わり　*252*
　　1）子どもが群れていた　*252*
　　2）群れの姿が変わった　*254*
　　3）ギャング集団の意味　*256*
　2　テレビがやってきた　*257*
　　1）テレビを見たい　*257*
　　2）テレビを見られる子・見られない子　*259*
　　3）マンガ週刊誌の登場　*263*
　　4）雑誌とテレビとの合体　*266*

3　現代っ子の登場　*268*
　　　1)　現代っ子論の提起　*268*
　　　2)　「現代っ子」論争　*271*
　　　3)　子どもは変わったのか　*273*
　　4　電子メディア社会で育つ　*277*
　　　1)　テレビとの係わり　*277*
　　　2)　過教育の影　*280*
　　　3)　学業成績の意味　*283*
　　　4)　テレビゲームとの係わり　*286*

まとめに代えて——子どもにとっての昭和 ―――― *292*

　　1　引きこもる子どもたち　*292*
　　2　子どもの類型　*295*
　　3　理想の子ども像　*297*

　　あとがき　*301*
　　人名索引　*303*
　　事項索引　*306*

はじめに──「昭和の子ども」への招待

1　「昭和は遠くなりにけり」

　「降る雪や明治は遠くなりにけり」は，中村草田男の有名な句だが，これをもじって，「大正も遠く」といわれることが多い。しかし，本書を執筆しているのは平成18年夏なので，平成になって二昔，「昭和も遠く」という感慨が迫ってくる。
　なにしろ，昭和元年生まれの人は80歳を超える。気がつくと，身の回りに明治生まれの人が減り，大正生まれも少なくなった。もっとも，経済成長を引っ張ってきた戦後生まれの団塊の世代が定年を迎えようとしている。したがって，あと10年もすれば，昭和のできごとの多くに現実感が失われ，歴史の流れに埋没してしまう気がする。
　昭和は64年で終わるが，明治45年と大正15年を加えた年数よりも５年も長い。その間，民本主義の名残を感じさせる昭和初期，そして，臣民の道的な雰囲気の強まる昭和10年代，その後，戦時下の暗い数年が続く。さらに，戦後の混乱期を経て，昭和30年代後半に入ると経済発展の時代を迎える。そして，昭和末期にはバブルがはじける。山あり谷ありの変動の多い64年である。
　64年という期間を概観する時，多くの歴史がそうであるように，為政者の動きを中心に，東京のミドルクラスあたりを視野に入れた叙述に傾斜しやすい。上から下を見下ろす鳥瞰的な視点である。しかし，女性の昭和史を描こうとする場合，家庭のディテールや生活の断片が大事になる。この場合，下からの視点を大事にした仰瞰的な接近が重要になる。
　「子どもの昭和史」の場合も，子どもの暮らしが考察の中心になるから，

鳥瞰的より俯瞰的な接近が子ども史に適していよう。より正確にいうなら，子どもも社会に暮らしているから，社会からの影響を受ける。しかし，子どもは社会の変化に主体的に参加できないので，受身の形で変化に向かい合う。というより，どうしてそうなったかを分からないままに，変化に身を置くようになる。

　見方によれば，子どもは社会生活面での弱者である。しかも，弱者の声はとかく軽視され，社会の表には届きにくい。本書では，子どもからの視点を基本に据え，子どもの声を生かしながら，昭和をたどりたいと考えている。

2　「子どもの昭和史」への一つの試み

　「子どもの声」といっても，昭和60年代生まれの子どもも，現在は成人に達し，もはや子どもではない。したがって，生の形で子どもの声を拾い集めることはできない。それだけに，「子どもの声」を手がかりに昭和の歩みを描くのは，言うは易く，実証しにくい。

　子ども史というと，教育史を連想する。しかし，教育史の研究では，各県や市町村の教育史や学校史を利用することが基本的な手法となる。たしかに，県教育史を読むと，教育政策決定の背景や法規の変化が細かく紹介されているし，学校史には校長などの管理職の人となりや校舎新築の過程などが紹介されている。こうした資料を利用すると，子どもを取り巻く体制を理解することが可能になるが，子どもの心情に迫れない気持ちがする。多くの教育資料では，子どもは教えられる対象として扱われ，子どもの側に立っての分析が少ない。つまり，教えるサイドからの「教育史」が大半を占め，学習サイドからの「学習史」的な考察が少ない。

　そこで，子どもの声を知る手段として，子どもを対象にした調査データの収集に努めることにした。すでに大正半ば頃から，教育界でも，実証的な手法で問題に迫る研究が目につき始める。そして，行政サイドでも，政策の立案にあたり，実証的なデータを収集する態度が見られる。その結果，

はじめに

　昭和初期の教育雑誌に細かく目を通すと，それなりに信頼を置ける調査結果が見つかる場合が多い。そうした断片的な資料を落穂拾いでもするように収集し，資料を組み立てて，「子どもの昭和史」を復元したいと考えた。

　また，自伝には，子どもの頃の思い出が描かれていることが多い。そこで，自伝は，子ども時代を復元する有力な資料だと思った。もっとも，自伝中の成人後についての記述は，誇張や隠蔽が見られることが少なくない。しかし，子ども時代の回想は，素直で偽りのない場合が多い。

　そこで，自伝を集めるために，古書展巡りをすると同時に，地方へ出向いた時，古書店を訪ねるようにした。そして，400冊を超える自伝を収集できた。それでも，収集できた自伝の多くは東京生まれの人の書いたものだった。もう少し厳しくいうと，山手の富裕層出身の高学歴者の自伝が大半で，下町の職人層や労務者などが描いた記録が少ない。さらに地方出身者の自伝も少ない上に，収集できたのは地主層の長男が高学歴を媒介に東京で成功する話が多い。その結果，小作層の次男の苦労話はほとんど入手できなかった。また，女子の自伝も少ない。考えてみれば，自伝を出版できるのは，そうした大都市出身の富裕層を出自とする高学歴の成功者に限られている。したがって，自伝の活用は有効だが，資料的な偏りが見られる。

　収集した自伝の持つこうした偏りは，自伝に限らず，本書の叙述に同様の偏りが見られるかもしれない。筆者は昭和8年，東京下町にある老舗の下駄屋の跡取りとして生まれた。叙述にあたり，そうした出自の制約から逃れようとした。しかし，育ちの持つ偏りは，予想以上に大きいと思うようになった。

　一例をあげるなら，昭和初期の東京に地域独特の文化が残っていた。狭い東京の中でも，浅草などの下町と四谷などの山手とで生活様式が異なる。それだけに，下町育ちの筆者にとって，山手は異文化で，共感を持ちにくい。まして，大阪や博多の生育はさらに異質で，育ちを理解しにくい。もちろん，農村の育ちは，都市生まれの感覚では計りえないように思う。さらに，同じ下町でも，女子の育ちは男子と異なるのではないか。

そうした意味では，本書は，下町生まれの男子で，高学歴を取得し，専門職を仕事にした者の書いた昭和史の試みのように思う。子どもの昭和史は，昭和のできごとなので，それぞれの人の数だけ，子ども時代の思い出があり，証言もできる。つまり，人の人数分だけの子どもの昭和史がある。したがって，今後，筆者と異質の育ちをした者が，自分の視点から子ども史を描く。そうしたいくつかの子ども史を総合していけば，より体系化された子どもの昭和史を復元できるように思われる。

　もちろん，これまでにも「子ども史」的な研究は試みられている。特に細分化された領域での歴史研究に優れた著作が多い。一例をあげるなら，児童文学については，上笙一郎の『児童文化の森』[1]（大空社，1994年）や『聞き書・日本児童出版美術史』[2]（太平出版，1975年）などの一連の研究が抜きんでている。また，同氏が主催している「日本児童文化史叢書」も，加藤理『〈めんこ〉の文化史』[3]（久山社，1996年）など，地味だが，質の高い研究が多く収録されている。

　マンガも好著の多い領域だが，竹内オサムの『戦後マンガ50年史』[4]（ちくまライブラリー，1995年）もマンガを理解するのに役立つ。おもちゃについても，多くの研究が見られるが，一つを紹介するなら，中江克己の『おもちゃの戦後文化史』[5]（泰流社，1983年）がある。

　教育史的な研究には，多くの正統的な研究が見られる。佐藤秀夫は，県教育史や学校史の監修などを通して，実証的な歴史研究の基礎を作った研究者として知られる。そうした佐藤が，子どもの視点で歴史を語ったものに佐藤秀夫『ノートや鉛筆が学校を変えた』[6]（平凡社，1988年）がある。また，学校行事などの細かな資料を積み重ねて，子どもの視点から歴史を描いた研究に，山本信良・今野敏彦『大正・昭和教育の天皇制イデオロギーⅠ』[7]（新泉社，1976年）がある。

　また，伝承遊びの研究で知られた藤本浩之輔も『聞き書き・明治の子どもの遊びと暮らし』[8]（本邦書籍，1986年）など，質的な方法で子どもの姿を探っている。歴史というと，男子に視点が集まりがちだが，女子の視点から歴史を描いた研究に秋山正美『少女たちの昭和史』[9]（新潮社，

1992年）がある。

　こうした個々の領域での優れた先行研究については，本書の各章で紹介するので，それを参照して欲しいが，そうした中で，1冊で子どもの歩みを読みとれるような通史的な著作は少ない。古代から現在までの子どもの歴史を概観できる唯一ともいえる通史は「日本子どもの歴史」全7巻（第一法規，1977年）であろう。特に，上笙一郎編『激動期の子ども』（6巻）[10]，野垣義行編『現代の子ども』（7巻）[11]は，昭和の子どもを理解するのに示唆に富む概説書である。

　戦後に限られているが中野光の『戦後の子ども史』[12]（金子書房，1988年）は，『大正自由教育の研究』（黎明書房，1968年）の著者らしく，子どもに近い視点から戦後の子ども史を描いている。長年，子ども研究を行なってきた明石要一の『戦後の子ども観を見直す』[13]（明治図書，1995年）も子ども観の変遷をとらえるための好著であろう。トピックスを拾う形で子どもの歴史をまとめたものに，野本三吉の『近代日本児童昭和生活史序説』[14]（社会評論社，1995年）がある。

　ちなみに，筆者は『子どもの生活史－明治から平成』[15]（黎明書房，1996年）を刊行しているが，紙面的な制約もあって，昭和の記述は駆け足で通り抜けた感じがする。そこで，自分自身の育った昭和に限定して，子どもの生活をたどってみたい。そうした思いから，10年の歳月をかけ，こつこつと，書き綴ったのが本書となる。

　昭和の歴史なので，考え方にもよるが，資料は無尽蔵に近い。そのため，毎日のように，新資料が見つかる。それらを，原稿に追加していると，資料収集を止められず，エンドレスの作業になってしまう。そこで，平成17年末で，一応の区切りをつけ，まとめの作業に入った。平成18年末に，草稿ができたが，400字計算で1,000枚の大著になってしまった。さいわい，黎明書房が刊行を快諾してくれたが，出版ルートに乗せるために，原稿のカットが必要になった。特に，昭和末から平成までの変化をたどった7章「テレビからテレビゲームへ」の刊行は別の機会に譲り，本書の叙述は昭和50年代で閉じることにした。

3　昭和初期の子どもの暮らし

　平成18年と昭和元年とが異なるのは誰でも分かる。しかし，頭の中で理解はできても，感覚的に昭和初めの子どもをとらえるのは意外に難しい。
　名随筆家でもあった向田邦子（昭和4年，東京生まれ）は，子ども時代の家庭での夜の記憶を以下のように描いている。
　「戦前の夜は静かだった。家庭の娯楽といえばラジオくらいだったから，夜が更けるとどの家もシーンとしていた。布団に入ってからでも，母が仕舞い風呂を使う手桶の音や，父のいびきや祖母が仏壇の戸をきしませて開け，そっと経文を唱える気配が聞こえた」[16]。
　また，久世光彦（昭和10年，東京生まれ）も優れたエッセイを書き残しているが，来客について，
　「不意の客というのは，あまりなかった。たいていは何日か前から知らされていた。その連絡はどうやってとられていたかというと，たいていの場合，郵便である。何日の何時，こういう用件で伺いたいが如何なものであろうか。わざわざ御足労いただいて恐縮だが，御来篭をお待ちする。これが行ったり来たりするのだから面倒なことではある」[17]と回想している。メールやファクス，電話のない時代には，手紙が最短のメディアだった。手紙だけでなく，自動車の利用などは，庶民に縁遠い時代なので，自転車や電車が交通の手段になる。
　東京と大阪間は特急富士を利用して11時間かかる距離だった。それが，特急つばめの運転で8時間20分となり，つばめ時代の到来と社会的な喝采をあびたのは，昭和5年のできごとである。時間だけで判断するなら，現在なら，東京からアメリカ西海岸への飛行時間である。乗り物が便利になり，時間が短縮された現在では考えられない位，どこへ行くにも，時間のかかる時代である。
　「電燈は一般家庭に普及していたが，時間電燈の家もあった。夕方，暗くなってから電流が送られてきて，朝になると自動的に絶たれる。それだ

から，夕方，割棟長屋などのある道を歩いていくと，あたらに夜の色が落ちはじめているのにどの家も暗く，それが各戸に同時に電燈がついて」と書いているのは定額制の家庭の姿であろう。

また，「夏の夜，ふとんに横たわると蚊帳につつまれていることでひどく気持ちが落ち着き，安らかな眠りが訪れた」「それに蚊帳のかすかな匂いも好ましかった。その匂いにつつまれながら，大の字になって眠りの中に落ちていく気分は快かった」は，蚊帳についての回想である。

「現在のように部屋全体があたたまる暖房器具などなく，それに寒気がことのほかきびしかったので，冬の夜，ふとんに入ると，寒さで体がふるえる。足先が冷たく，そのような体に湯たんぽの温かみは救いであった」[18]のような湯たんぽも，現在では忘れがちな歳時記の一端である。

豊田正子の『定本綴方教室』は，綴り方教育の優れた成果としての評価が高いが，それと同時に，昭和初めの東京下町の生活を子どもの目を通して描いたものとして興味深い。

「母ちゃんが光男（弟－筆者注）をおぶって，バケツに水を1ぱいくんでもって来ました。光男を片手でおんぶして，片手でバケツをさげていました。私がとうちゃんにいったようなことを話すと（土曜の放課後，作文の指導教室がある），『そうか。そんなら，おこうこうをだしてやろう』といって，長さ15センチくらいのきゅうりをだしました」。

「私がゆうべねようとする時，古ぼけたかやの中で，かあちゃんが光男をねかせていました。（中略）私はねまきを着てかやの中に入りました」。

「そのばん7時ころ，ねよとしていたら，かあちゃんがうらの方へ私をよんで，『あしたになったらたくさん買うから，きょうだけは，お米をこれだけ買って来ておくれ』といって，50銭銅貨一つと，きょう父ちゃんがしょうかいじょでもらってきた，お米のふだをよこしました」。札で一人5銭で，5人家族の25銭のお米を買えるので，お米を買ってかえると，「かあちゃんはさもうれしそうに『どうもありがとう』と言って，そのお米の半分とちょっとを出して，うらの井戸へとぎにゆきました」[19]。

豊田正子は生活を忠実に写実しただけなのであろう。しかし，井戸や蚊

帳,バケツなどを通して,昭和初めの生活が生き生きと浮かんでくる。

　豊田正子だけでなく,子どもの作文を読むと,昭和初めの子どもの暮らしが伝わってくる。岩国市の子どもの作文を学校史から紹介しよう。

　「いつかいつかと,指折りかぞえて待って居たお正月も,もうとうにすんでしまった。

　私はお正月の日,朝早く起きてしいのお様へ参拝し,山へ上って初日の出を拝んだ。そうしてうちへ帰っておぞうにをいただいてうちをきまりよく出た。(中略) うちへ帰ってから,はねや手まりなどをついておもしろくあそんだ。また,夜になるとみんなとかるたやすごろくをしてたのしくあそんだ。私はお正月がたのしみです」。(小学3年,宇本澄子)

　「『おきよ』の父のこえにめをさますと,たいようはきらきらとかがやいています。もう夜があけたとひとりごとを言いながら,ほをすりに井戸ばたにゆきました。

　夏の山々は,一面の青葉につつまれています。そよそよと吹く朝の風が,木の葉にあたると,つゆがぽたりぽたりと地の上におちています」。(小学3年,松村茂)

　「ぺったん,ぺったんと夢のように聞こえるきねの音,思わず餅のにおいが鼻をさす。飛起きて下駄の音高くうらの方へと足をはこんだ。ぺったん,ぺったんと,ねばいような音を立てながら,だんだんと餅になっていく」。(小学5年,吉敷彰)[20]

　自然に囲まれた環境の中で,人々がゆったりとしたペースで暮らし,子どもも急かされることなく成長していった時代である。経済的に貧しいかもしれないが,明治や大正の頃より,はるかに豊かになった。少なくとも,飢えに苦しむことは減ったし,子どもが小学校へ入学し,卒業するのは当然になった。遊ぶ時間も持てるようになった。

　こうした昭和の子どもの姿をこれから紹介することにするが,全体として6章で構成している。子どもが子どもらしさを発揮する場面,つまり,子どもにとっての遊びの意味を1章で概観する。以下,2章で子どもの勉強,3章で子どもの労働についてふれる。そして,4章で戦時下,5章で

戦後の子どもの姿を紹介する。そして，テレビの普及が子どもに与えた影響を6章で概観することにしたい。

〈参考文献〉
(1) 上笙一郎『児童文化の森』大空社，1994年
(2) 上笙一郎『聞き書・日本児童出版美術史』太平出版，1975年
(3) 加藤理『〈めんこ〉の文化史』日本児童文化史叢書，久山社，1996年
(4) 竹内オサム『戦後マンガ50年史』ちくまライブラリー，1995年
(5) 中江克己『おもちゃの戦後文化史』泰流社，1983年
(6) 佐藤秀夫『ノートや鉛筆が学校を変えた』平凡社，1988年
(7) 山本信良・今野敏彦『大正・昭和教育の天皇制イデオロギーⅠ』新泉社，1976年
(8) 藤本浩之輔『聞き書き・明治の子どもの遊びと暮らし』本邦書籍，1986年
(9) 秋山正美『少女たちの昭和史』新潮社，1992年
(10) 上笙一郎編『激動期の子ども』日本子どもの歴史6巻，第一法規，1977年
(11) 野垣義行編『現代の子ども』日本子どもの歴史7巻，第一法規，1977年
(12) 中野光『戦後の子ども史』金子書房，1988年
(13) 明石要一『戦後の子ども観を見直す』明治図書，1995年
(14) 野本三吉『近代日本児童昭和生活史序説』社会評論社，1995年
(15) 深谷昌志『子どもの生活史－明治から平成』黎明書房，1996年
(16) 向田邦子『父の詫び状』文春文庫，1981年，70頁
(17) 久世光彦『家の匂い，町の音』主婦の友，2001年，16頁
(18) 吉村昭『昭和歳時記』文春文庫，1997年，36，97，90頁
(19) 豊田正子『定本綴方教室』理論社，1965年，26，37，69，91-92頁
(20) 『岩国小学校百年史』1972年，275-279頁

1章　群れ遊ぶ子どもたち

1　子どもの群れ遊び

1）　野原を舞台として

　自叙伝に目を通していると，子ども時代の遊びについて多くを費やしているのに気づく。藤沢周平（昭和2年，山形県東田川郡生まれ）は，山形の山村で育っているが，「自然界についての認識が自分のものになると，そこから友だちと小流れで小魚を捕ったり，泳ぎをおぼえて川底にもぐり，石探しの遊びをするようになる」[1]と，子どもの頃，自然を舞台に多くの遊びに時間を使っている。

　藤沢は自然に囲まれた環境の中で育っているから当然としても，自然とふれあう生活を送ったのは，山村の子どもだけでなかった。中野孝次（大正14年，千葉県市川育ち）は「原っぱの真ん中に，大きな洞のある気味の悪い柳の古木が立っていた。人数が少し集まると，その木を中心に馬とびや陣取りをする。鬼ごっこをする。大きな子も小さな子も一緒になって遊ぶその時間くらい楽しいときはなかった」と群れ遊びを回想している。「夏になればそこに塩からトンボや銀ヤンマがすいすい飛びかっていた。陽が沈んでもまだ遊んでいると，夕焼けがまだ残る空に黒いかげをちらつかせて夥しい数の蝙蝠(こうもり)が飛び始めた」[2]の記述もある。

　漆原喜一郎（昭和4年，東京浅草生まれ）も，原っぱについて，「学校から帰ると，私たちは満州原っぱ（満州のように広い原っぱという意味－筆者注）に遊びに行き，走ったり跳んだり，思い思いに趣向をこらし，グループを作って遊んだものである。『かくれんぼ』『鬼ごっこ』『悪漢探偵』『水雷艦長』『宝探し』『ボール蹴り』『虫取り』など自由勝手に遊びまわっ

た」が，こうした遊びをするにはガキ大将が必要になる。漆原の場合，「花屋のYちゃん」が「気っぷがよくて，気前がよくて，気がやさしくて，3つの気がいいがき大将だった」。そして，「『めんこ』『ビー玉』『竹馬』『縄とび』『かくれんぼ』『悪漢探偵』などから始まって，『自転車乗りの指導』『お賽銭の盗み方』まで教えてくれた」[3]という。

奥野健男によれば，群れ遊びの土台に「原っぱ」があった。そして，原っぱについて，「幼少年期の思い出として，吸いこまれるようなかなしさ，なつかしさで，ぼくの心を揺するのは，『原っぱ』である」。また，「『原っぱ』での遊びがたけなわになるのは夕方であり，ちりぢりに分かれ，家に帰る悲しさに通じた」と記述している。同じ遊びの小空間でも，公園は「公認された明るい，けれど味けないしらじらした遊戯空間」で「お仕着せの遊び場」だった。それに対し，原っぱは「非公認，非合法に子供たちが占拠した秘密の遊び場だった」と指摘している[4]。

このように，昭和10年代までは，大都市でも，地域に小川や野原があり，子どもはそうした「原っぱ」に出向いて，遊んでいた。そうして，自然の中で遊んでいると，虫や鳥などとの係わりも増える。

鈴村一成（昭和4年，横浜生まれ，目黒育ち）は子ども時代の遊びについて，「幼い頃は，網で容易に捉えることができるムギワラトンボやシオカラトンボで満足していたが，小学校3年生にもなると，トンボの王者であるオニヤンマやギンヤンマを手に入れたくなってくる」[5]と回想している。

川本博康（昭和5年，東京育ち）は，遊びを通して，生き物とのふれあいが印象に残るという。「夏休みになれば，林や木立にいろいろな蝉が，空にはさまざまな蜻蛉が群れていた。しかし，蝉や蜻蛉には土地の子供たちは洟もひっかけなかった」（中略）「ただし，銀ヤンマだけは妙に好きで，ときどき取っていた」。これは，メスを囮として，オスをとる技法だが，魚取りでも，「小川の上下に泥を固めて堤を作り，その仕切った小川の中の水をかい出し，その仕切りの中に閉じ込められた小魚をすくい獲る」[6]「かい掘り」をしている。

佐々淳行（昭和5年，東京麻布生まれ）によれば，昭和10年代，都心の

麻布でも，子ども時代に自然とのふれあいがあった。「オニヤンマの美しさはまた格別だが，これにはめったにお目にかかれなかった。もちろん捕らえれば鼻高々だが，ギンとチャンを捕らえるだけでも十分えらかった。ギンに比べれば，ムギワラやシオカラ，赤トンボなどは，2束3文だった」[7]。

筆者（昭和8年，東京下谷生まれ）の生家は上野の駅前で老舗の下駄屋を営んでいた。そのため，家から近い不忍池のあたりが遊び場だった。上野にもトンボがいたが，ムギワラやシオカラなどをとるのは低学年までだった。そして，小学校の中学年になると，仲間にバカにされないためにもトンボに見向きもせずに，ヤンマを目指す必要があった。

第2次大戦が始まり，従業員たちが兵役に赴き，廃業に追い込まれ，一家は東京に隣接する市川市へ移住した。家の近くに広い野原があり，夏になると，夜が来るまでヤンマを追いかける毎日だった。ヤンマでも，腹がギン（銀）色のギンより，キン（金）の値打ちが高く，キンより尾に輪のあるオタイコや全身が黄色のデンキはさらに人気があった。蟬捕りも，羽に捕りモチがつかないようにとるのがコツだが，同じ蟬でも，アブラゼミの値打ちは低く，羽のきれいなミンミンや小粒なヒグラシ捕りに熱中した。

このように子どもたちが自然に恵まれた環境の中で昆虫とふれあったのはたしかだが，遊びの中心となるのは，友だちとの群れ遊びだった。

吉本隆明（大正13年，東京の月島生まれ）は，「小学校に入るか入らないという時期，ほとんど毎日のように，おない年ぐらいの仲間たちと近所の路地や家の周りで遊び呆けた。近所での遊びは，道路に蠟石で輪を描いて，片足でとびながらの石けり，路地から路地を使ってのかくれんぼや『悪漢探偵』などが，そのころ流行っていた」[8]と語っている。悪漢探偵は，誰か一人が探偵となり，残りの子が悪漢になって，隠れるという一種の鬼ごっこだ。

吉村昭（昭和2年，東京日暮里生まれ）は，「男の子の遊びは，動きがはげしく，電信柱や屋根にものぼる悪漢探偵と称する遊びでは，悪漢の役をふりあてられた少年が逃げ，探偵役の少年が，家並みの間を路地から路地へと追う」[9]と，回顧しているが，この文章の前後によく遊んだ種目と

して，ベイゴマ，メンコなどさまざまな遊びが登場している。

同じように安田武（大正12年，東京府巣鴨生まれ）は，遊びの種類として，「ベー独楽やケン玉ばかりしていたのではない。鬼ごっこ，水雷艦長，かくれんぼ，石蹴り，縄跳びもした。『かごめかごめ』『せっせっせ』もやった」[10]をあげている。

宮脇俊三（大正15年，東京の渋谷生まれ）によれば，渋谷近くで子どもが遊んだ「原っぱ」は3ヶ所あった。一つは，市電の青山車庫に付随した試運転場，そして，梨本の宮邸，さらに，宮邸と線路の間の空地だった。この内，前の2ヶ所は「子どもの遊び場として公認されていたわけではなかった」という。そうした遊び場で，「低学年の私たちは『水雷艦長』をよくやった。これは両軍に一人ずつ『艦長』を置き，あとは『水雷』または『駆逐』となって戦う戦争ごっこだった」[11]。帽子のつばの方向で，まっすぐが艦長，横が駆逐，後ろが水雷というように役割が決まる。そして，艦長は駆逐に勝ち，駆逐は水雷に勝つ。水雷は艦長に勝ち，艦長が負けると負けになるルールである。

さらに，渡辺文雄（昭和4年，東京府神田生まれ）は，遊びには，その遊びに合った場所があると指摘している。「コマやベーゴマ，メンコ，ケン玉，それと女の子達のゴムナワトビや石けりには，露地はせまいし暗すぎた。あの暗さが似合うのは，やはり探偵ごっこと鬼ごっこ。（中略）ベーゴマやメンコは横丁の陽だまりとか，ナワトビや石ケリは通りの電信柱の所とか，何となく場所が決っていた」[12]のである。

小沢昭一（昭和4年，東京府根津生まれ）は，子ども時代の遊びとして，かくれんぼ，メンコ，ビー玉，ベーゴマ，野球，相撲，ままごと，チャンバラごっこ，兵隊ごっこ，ボール投げ，なわとび，ゴムなわとび，馬とびなど，75種類の遊びをあげている[13]。中でも，小沢が熱中したのは，「私は幕内の全力士のメンコを部屋別にしたり番付順にしたりして，アルバムに貼ったり小引き出しや箱の中に整理して楽しんだ」という相撲メンコだった。

このように遊びが何十種類あるのに加えて，同じビー玉遊びでも，たん

にビー玉をぶつける単純なものから，複数のビー玉を使うルールの複雑な遊びまで，多様だった。それでも，ビー玉で遊ぶのは幼い子どもたちで，中学年位になると，遊びの中心はメンコに移る。

　筆者の体験では，メンコ遊びでも1枚ずつひっくり返すのは初心者向きで，子どもの間で人気のあったのは「ツミ」（東京の下町の言いかた）だった。これは，何十枚のメンコを積んであるヤマに1枚のメンコを打って，2枚裏にし，2枚の距離が指の届く範囲なら勝ちというルールだった。ツミは技術が必要な上に，賭博性が強い。ツミをして勝てば何十枚のメンコを取れる代わり，負けるとドカンとメンコが減る。といって，負けて愚痴をいうのは弱虫になるので，勝負に文句をいえない。いっぱしのバクチ打ちの気分でメンコをしたのを思い起こす。

　大川幸太郎（大正12年，東京浅草生まれ）は，「私の子どもの頃は，ベーゴマやったり，メンコやったりであんまり勉強する子は少なかったです。学校でしまいにベーゴマやメンコなんかやっちゃいけないなんて，先生に言われたりしましてね。兵隊ごっこもやりましたね。軍事色が強くなって，将棋でも軍人将棋なんてのがあってね」と語っている[14]。

　このように子どもは幼児から子どもに成長するにつれ，何十種の遊びに加わり，その遊びの技術を身につけていく。正月はタコをあげ，春には草笛を作り，メンコをする。夏になると，ヤンマをとりながら，川を泳いで魚をとり，秋は木に登って栗をとり，ビー玉に興じる。どんぐりに楊枝を挿して駒を作る。あるいは，木の小枝を利用してパチンコを作るなどもあった。子どもにとって，遊びの中で毎日が過ぎ，どの子どもも遊びの技術を身につけ，高学年になると，遊びのプロとして成長していく。それと同時に遊びを通して，子どもの人間性が育つ。

2）　群れ遊びの情況

　これまで自伝の回想を中心として，子ども時代の遊びを紹介してきた。たしかに，子どもは元気に野山を走り回り，群れて遊んでいたと思う。しかし，歴史的な資料に目を通すと，多くの子どもが家事の手伝いや子守り

などに追われ，遊び時間の短い姿が浮かんでくる。それでは実際に放課後の子どもは群れて遊んでいたのであろうか。

　大正の頃まで，多くの子どもは家事に追われ遊ぶ時間をとれなかった。そうした状況は3章でふれることにするが，大正末頃から，大都市の下町を中心に，群れ遊ぶ子どもの姿が見られるようになる。調査データの中から，昭和初めの子どもの遊びを扱った資料を拾ってみよう。一例をあげると，表1-1のようなデータがある[15]。

　これは，東京の子どもを対象に，どんな遊びをしているのかを尋ねた結果を示している。表の結果を要約すると，①「よくしている遊び」の上位に，男子では野球とボール投げ，女子ではまりつきと鬼ごっこが位置する。このように遊びに男女差が見られる。②それと同時に，男子の「ボール投げ」や女子の「まりつき」のように，よく遊んでいる学年は小学中学年までで，高学年になると遊びが減少する。③高学年になると読書が好きな子どもが増え，読書好きの子どもは小学6年生の半数に達する。

表1-1　子どもがしている遊び（%）

	尋常小学1年	2年	3年	4年	5年	6年	高等1年	2年
男子								
野球	7.7	14.8	14.8	23.1	28.8	27.2	31.0	35.5
ボール投げ	7.7	13.0	38.9	35.2	23.1	18.2	10.3	6.7
鬼ごっこ	23.1	14.8	27.8	26.9	17.3	12.7	10.3	6.7
読書	0	1.9	3.7	1.7	44.2	50.9	20.6	33.3
かくれんぼ	5.8	9.3	18.5	9.6	5.8	0	1.7	0
女子								
まりつき	30.0	33.3	48.1	30.0	9.6	7.7	9.3	9.3
鬼ごっこ	24.0	19.6	42.6	40.0	7.7	5.6	2.3	0
お手玉	14.0	15.7	38.9	38.0	14.0	11.1	4.7	7.0
読書	0	1.8	0	4.0	26.9	52.7	48.8	30.2
ままごと	2.0	17.6	25.9	20.0	1.9	0	0	0

数値は「よくしている」割合　アンダーラインは学年内の最大値
小椿誠一「児童の環境生活調査」『教育時論』昭和8年12月25日，28-31頁

表1-1とは別に，東京の子ども819名を対象にして，子どもの放課後の生活をたしかめた調査がある。昭和8年1月20日を調査日として，実施された結果は，表1-2の通りとなる。

表1-2　放課後の生活（％）

	小1，2 男　女　計	小3，4 男　女　計	小5，6 男　女　計	高等1，2 男　女　計
何もせずに遊ぶ	43.4　42.6　43.0	38.6　36.5　37.6	21.5　20.8　21.2	6.8　3.5　6.2
勉強して遊ぶ	37.7　31.7　34.7	34.9　30.8　32.8	39.3　28.3　33.8	17.5　10.5　14.0
子守や家事	18.9　25.7　22.3	26.5　32.7　29.6	39.2　50.9　45.0	75.7　86.0　80.8

小椿誠一「児童の生活調査と校外教育」『教育時論』昭和8年12月25日，27-32頁

　表から明らかなように，「何もせずに遊ぶ」は，低学年の43.0％，中学年の37.6％で，中学年位までの子どものほぼ4割がのんびりと遊んでいる。そして，「子守や家事」をする子どもは，低学年22.3％，中学年29.6％，高学年45.0％，高等科80.8％のように，高学年になると家事をする割合が高まる。つまり，子どもがのんびりと遊べるのは4年生位までで，高学年になると，勉強と同時に家事をする割合が増す。

　そうした中で，どんな遊びをしていたのか。具体的な遊び名を，男女・学年ごとに集計すると，表1-3のようになる[16]。

　この結果は，多くの示唆に富む内容を含んでいる。男子も女子も，中学年頃まで，鬼ごっこやかくれんぼなど，さまざまな遊びに興じている。そして，もう少し細かく表を考察すると以下のような傾向が認められる。

　①男女で遊びが共通しているのは，鬼ごっことかくれんぼ位で，遊びに大きな男女差が見られる。男子の場合，よくする遊びは「ボール蹴り（22.9％）と野球（20.7％）」，女子は「お手玉（31.9％）とまりつき（26.5％）」である。

　②学年ごとに，遊びに着目すると，男子の1位は低学年の鬼ごっこから，中学年のボール蹴りを経て，高学年の読書となる。女子の場合も，まりつきから鬼ごっこ，読書と，学年を追って，遊びの種類が変化していく。

　③たこあげやすごろくのように，季節感を持った遊びが多い。

④詳しい数値は割愛したが，遊びの種類は男子が56種，女子が52種と，50種を超える。13位以下の遊びとして，男子は石蹴り，ベーゴマ，ゴロベース。女子はトランプ，編物，手拭落としなどがあがってくる。

表1-3　よくしている遊び（％）

男子	小1，2	小3，4	小5，6	全体
ボール蹴り	10.4	①37.7	20.6	①22.9
野球	②11.3	24.5	②26.2	②20.7
読書	0.9	4.7	①47.7	17.8
鬼ごっこ	①18.9	②27.4	5.0	17.1
たこあげ	7.5	26.4	7.5	13.8
けんだま	7.5	17.9	11.2	12.2
アウト鬼	9.4	14.2	9.3	11.0
かくれんぼ	7.5	14.2	7.5	9.7
すごろく	1.8	18.9	8.4	9.7
兵隊ごっこ	10.4	12.3	4.7	9.1
カルタとり	2.8	17.9	5.6	8.7
追かけコマ	0	22.6	0	7.5

女子	小1，2	小3，4	小5，6	全体
お手玉	14.9	38.5	②12.3	①31.9
まりつき	①31.7	②39.4	8.5	②26.5
鬼ごっこ	②21.8	①41.3	7.5	23.5
かくれんぼ	12.9	30.8	7.5	17.1
なわとび	18.8	26.0	0	14.9
読書	1.0	1.9	①40.6	14.5
学校ごっこ	18.8	21.1	0.9	13.6
まるとび	5.9	25.0	0	13.6
ままごと	12.9	23.1	0.9	12.3
デッドボール	2.0	26.9	4.7	11.2
おばさんごっこ	8.9	17.3	0.9	9.0
下駄かくし	5.9	17.3	1.9	8.4

①，②は学年内の順位，文献は表1-2に同じ

なお，男子の「ボール蹴りと野球」，女子の「お手玉とまりつき」などは，1人で遊んで楽しいものではなく，友だちと群れて興じる遊びであろう。したがって，放課後の子どもは，何人かの友だちと群れて遊んでいたことが分かる。

教育研究同志会が，昭和15年に，「決った遊び相手がいるか」と「主な遊び場はどこか」の調査を行なっている。その結果は，表1-4のように，小学高学年の場合，「決った友だちがいる」が6割を超える。そして，遊び場として，「原っぱ」や「家の庭」で遊んでいる子どもが多い[17]。

表1-4 遊び友だちと場所（％）

	決った友だちがいる	遊び場					
小学高学年							
都市・男子	77.2	①原っぱ	34.5	②通り	26.8	③空き地	25.0
女子	66.4	①家の中	33.9	②通り	27.0	③家の庭	25.8
農村・男子	60.6	①家の庭	59.5	②通り	15.1	③川原	9.5
女子	70.5	①家の庭	25.8	②通り	15.1	③川原	9.5
高等科							
都市・男子	40.4	①原っぱ	36.1	②家の中	33.9	③空き地	17.2
女子	46.2	①家の中	62.5	②家の庭	21.2	③原っぱ	15.8
農村・男子	37.6	①家の庭	60.2	②家の中	14.3	③空き地	11.0
女子	43.2	①家の庭	72.2	②家の中	29.5	③通り	5.6

「遊び場はどこで遊んでいますか」の問いに対する答え
教育研究同志会事務局『学童の生活調査』昭和17年，53-56頁

このように，遊ぶ時には友だちの存在が大事になるが，友だち関係について，簡単な調査結果がある。小学2年，4年，6年，計336名を対象とした小規模で素朴な調査[18]だが，結果を要約すると，表1-5のようになる。

友だちの好きな理由の1位は，低学年で「勉強ができる」，中学年は「やさしい」，高学年は「親切」である。それに対し，嫌いなのは「いじめたり，意地悪な子ども」である。このように意地悪で乱暴な子どもを避け，

親切な子どもと友だちになりたいという気持ちは現代の子どもにも共通するように思われる。

表1-5　友だちの好きな理由・嫌いな理由（％）

	男子			女子		
	2年	4年	6年	2年	4年	6年
好きな理由						
勉強ができる	①75.8	21.1	3.8	①68.4	7.1	0
やさしい	3.2	①49.1	3.8	0	8.9	19.2
親切	0	0	①94.3	15.8	①89.3	①80.8
おとなしい	0	24.6	0	49.1	28.6	11.5
遊んでくれる	48.4	15.8	9.6	17.5	12.5	0
嫌いな理由						
いじめる	①48.3	①61.4	23.1	0	0	0
理由なくぶつ	21.1	28.1	①65.4	①56.1	8.9	7.7
意地悪	12.9	15.8	15.4	36.8	①35.7	①44.2
勉強ができない	24.2	0	0	17.5	0	0

上ノ坊仁「子どもと友達」『児童』昭和11年9月，102-107頁

3）子どもの群れ集団

　子どもという言葉に子どもの遊ぶ姿を連想する。これまで紹介してきたように，昭和に入ると，子どもは遊びに多くの時間を費やせるようになるが，遊ぶ時には遊び仲間の姿があった。

　加太こうじ（大正7年，東京府下谷生まれ）は，子ども時代の遊びにふれた文章の中で，「私たちはアウト鬼とか，水雷艦長とか，ゴロベースの野球をすることが多かった。いつも，二十人ほどの子どもたちのうちの十人くらいはあつまってくる。そのなかにはチビッ子もいる。そういう年齢のちがう子どもたちがいっしょになって遊ぶのであるから，メンコやビー玉のように，技術や熟練を必要とする遊びよりも，チビッ子を外野手にしておくゴロベースとか，高学年の者が艦長や鬼になる水雷艦長やアウト鬼

のほうが，みんなで遊ぶには適している」[19]と記述している。

　小林善一（大正14年，東京生まれ）の回想によれば，「子供たちの中にちゃんと序列があって，その中に必ずガキ大将ってのがいて，遊ぶ時は，そのガキ大将に従って遊ぶんです」。特に，荒川で遊ぶことが多いので，川遊び特有の危険が生まれる。「流れがあるし，海が引き潮の時は川に水が少なくて，目の前に州があったりして，その州のとこまで行って遊んでいるんだけれど，上げ潮になると，あっという間に増水して」，州が危なくなる。それだけにリーダーであるガキ大将の力量が問われた。

　子どもが群れていれば，いさかいが絶えない。「喧嘩する時は素手でね。組み打ちはするんだけど，場所は土手の原っぱだし，負ければゴメンで，けじめをつけた。ガキの仲間でも，そういうルールがあった」[20]。

　現在でも，各地を訪ねると，子どもの群れにまつわる挿話を耳にする。高知を訪ねた時，四万十川の清流下りを楽しんだ。船頭と話している内に，子ども時代の思い出話になった。夏の終わりに，幼い子どもを四万十川の横断をさせるのが，ガキ大将の役割だったという。四万十川の中ほどは水温が低い上に川の流れが激しい。そこで，ガキ大将は年下の子どもを，四万十川を上流から下流に，下流から上流にと泳がせる。そして泳ぎに自信を持てそうになった夏の終わり，年上の子どもが年下の子どもを囲んで，四万十川を横断する。横断できると，その子ども仲間から一人前の子どもとみなされる。そうしてどの子どもも四万十の子どもとなる。

　それと同じような話をどこかで聞いたと思った。郡上八幡の中央を吉田川が流れている。川には岩場があり，そこから飛び降りるのが一人前の男子の証だった。しかし，いきなり10メートル位の高さから，清流に飛び込むわけにいかない。そこで，年上の子どもが3メートルくらいの高さから年下の子に飛び込み方を教える。そして，4メートル，5メートルと岩場を高くしていく。そして，一番高い岩から飛び込めた子どもは，子どもとして一人前の男の子と見なされる。それだけに，郡上八幡の人は何歳の時にどんな情況で川へ飛び込んだかを憶えている。

　その他でも，山形県では，夏に子どもたちが群れを作り，羽黒山の山奥

1章　群れ遊ぶ子どもたち

まで踏み込むのが子ども時代のもっとも貴重な思い出だった。あるいは，千葉の安房では，舟の櫓を漕げるのが子どもとしての一人前の証なので，夏場に競って，舟の漕ぎ方を憶えたという。

　こうした事例が示すように，子どもは群れの中で育ち，一人前の子どもになれるように頑張る。先ほどの例に戻るなら，川を渡れない，あるいは，岩から飛び込めないと，半人前扱いを受ける。だから，本人はむろん，まわりの仲間も，懸命に一人前の子どもになれるように手助けする。それが，子どもの群れの特性だった。

　すでにふれたように筆者は，上野に古くからある履物屋の跡取として生まれた。上に姉が2人，他にも家業の使用人がいたので，わがままな子どもだったと思う。隣家に小さな魚屋があり，その家に同じ年齢の友がいたが，彼は7人きょうだいの5番目，世慣れてたくましい男の子だった。こうした2人が群れても，仲良く集団生活を過ごすことはできない。筆者はおっとりしていたが，わがままだし，友人はたくましいが，こすからかった。育ちを反映して，タイプの違う子どもだった。それだけに，互いにけんかをくり返したように思う。そして，年齢の上の子どもから注意されたりしながら，群れの中での行動の仕方を覚え，家の色を薄めていく。群れを通して，家の子どもから町の子どもへと成長していく。そして，2人とも仲良しになる。それが，遊び仲間の持つ意味であった。

　考えてみると，近隣に住む何人かの子どもが，低学年から高学年まで群れて遊んでいる。時には，兄や姉との関連で就学前の子どもも仲間に加わる。そうしたミソッカスと呼ばれる子どもも含めて，群れができる。

　それぞれの家で育ったさまざまなタイプの異年齢の子どもたちが群れを作る。それだけに集団内に争いが絶えない。しかも，親も含めて，大人は子どもの中に入ってこない。そうなると集団内を仕切るリーダー格の子どもの存在が大事になる。しかも，そうした群れが街角ごとにできるので，リーダー格の子どもは自分の集団内部だけでなく，他の集団との関係にも気を配る必要があった。

　そうした子どもの群れはギャング集団と呼ばれる。この言葉はシカゴ大

学の研究者が，子どもの群れ遊びを見て，その頃，シカゴを支配していたギャングを連想して名づけたといわれる。たしかに，子どもの群れは限られた地域を縄張りとしている。そして，地域を舞台として，固定したメンバーの子どもが集まる。集団は，異年齢の子どもから構成され，集団内に地位や役割が分化し，集団にはその集団らしい行動の仕方がある。さらに，秘密の隠れ屋のような場もある。その上，時として，群れて悪事を働くこともある。

　このように子ども集団は，本物のギャング集団に通じる条件を備えていた。それだけに，子どもの群れをギャング集団という呼び名は，アメリカに限らず，多くの研究者の共感を得て，世界的な市民権を獲得したと考えられる。こうしたギャング集団を子どもの成長からとらえると，子どもは小学低学年からギャング集団に身を置き，上の子の指示に従って下っ端的な地位で，集団内の行動の仕方を覚える。そして，中学年になると，集団の中核となる。なお，小学校を卒業すると，どのリーダーも子どもの群れを離れ，若者の群れに入る。そして，高学年の子が，次のリーダーとなり，リーダー的な役割を果たす。

　こう考えてくると，子どもが，群れを通して，どのような遊びをしたかは問題でないような気持ちがする。多様な仲間から構成される群れの中に身を置いて，集団の中での行動の仕方を身につけていく。そして，どの子どもも「町の子」「村の子」として育っていく。そうした意味では，子どもの群れは子どもの人間性を育てる場だった。なお，子どもの群れ集団には大人の影は見られない。換言するなら，家庭や学校での子どもは，大人の目を意識して行動する。しかし，遊び仲間は子どもだけで作るコミュニティーで，それだけに，他とは異なる集団としての独自の機能を果たしたと考えられる。

4）悪の香りがただよう

　これまでの指摘は，ギャング集団の効用を高く評価しすぎたのかもしれない。実をいえば，子どもが群れると，ギャング集団の名前の通り，悪に

近い行為を始める。その代表的な遊びがベーゴマやメンコだった。川本博康（前出）によれば、「背の高い、上面の丸い、黒ずんで決して格好いいコマではない」。そんな新品のベーゴマで、遊んだとしても、すぐにはじき飛ばされて、負けてしまう。そこで、ベーゴマを苦労して、グラインダーで削り、「丈を低くし、コマの上面の周囲を鋭角的に加工した」ペチャを作る。無敵なはずのペチャだが、それでも、「小さな子供の回し方にはスピードがない。一発で相手のベーゴマにはじき飛ばされ、簡単に負けて」しまう。ベーゴマは奥の深い遊びだった[21]。

しかし、メンコやビー玉は賭け事で、学校から禁止されている所に特色があった。「男の子はベーゴマとか面子とか、でも学校では禁止されていたのね。路地裏でベーゴマなんかやっていると、たまに先生が通ることがあるでしょう。そうすると、一目散に逃げるの」[22]と、柳下恵子（昭和6年、東京生まれ）が語っているように、女の子から見ても、ベーゴマやメンコは学校から禁止されている遊びだった。したがって、家庭によっては、「わが家では賭け事は厳禁だった。だから情けないことに、ベーゴマ遊びにさえ加われなかった」[23]子どもの姿があった。

すでに紹介した吉本隆明（前出）は、ベーゴマは賭け事なので学校から禁止されていたが、禁止されればされる程、隠れてやりたくなるもので、「べえ独楽をやるときには、交替で曲り角に見張り番をたてて、先生が来たぞ、というとズックでできた床を片付けてどこかに消えてしまい、去ったぞ、というとまた集まってやっていた」[24]と回想している。

学校で、ベーゴマやメンコが禁止されている。東京都北区の岩淵尋常高等小学校を例にすると、同校では、親向けの会報で、「子供に流行って来る遊戯も毎年定っています。此の遊戯にも随分悪いものがあります。特に禁じて貰ひ度いのは、火を弄ぶことと、メンコ、ベーゴマなどの賭事遊びで之は固く止めさせて貰ひ度いと思っています」と要請している[25]。

また、山口県防府の麻里布小学校の「児童心得」には、禁止事項として、
1　かりごとあそび（めんおこし、むく、ゞブルなど）
2　あぶないあそび（はな火、かみかん、いしなげ、マッチなどを持ち

歩くことなど）
　　3　子供同士の品物のかえごとや売買など
　　4　親の許しがなくて物を買う，または買い食など（以下略）(26)
のように，禁止事項の1位にかけごとがあげられている。

　男の子にとって，メンコ以上に魅力的だったのは，ベーゴマだった。ベーゴマは高学年にならないと，一人前になれなかった。なにしろ新品をコンクリートにすり，重心を低くして，反発力を強める。相手のベーゴマの強さをよみ，自分の中から勝てそうなコマを繰り出す。それだけに，トッテオキのべーをとられると，わが身を切り取られる思いがした。

　ベーゴマは賭け事だからと禁止するのは，学校として当然の対応策であろう。しかし，子どもは，禁止を説く教師の声を無視して，ベーゴマに興じていた。ふたたび，筆者の子ども時代に戻るが，「メンコやベーゴマをするな」と学校からいわれていたが，そんな注意は気にかけなかった。さすがに表通りでのベーゴマはしないようにした。そして，裏道に入り，コンクリートにこすって，強いコマを作っては，ベーゴマ遊びに打ち込んだ。

　上野生まれなので，近くに不忍の池がある。寛永寺の境内だから，魚とりは厳禁だが，池で仲間と大きな鯉をとり，広小路を走って逃げたのを思い起こす。してはいけないと知ってはいたが，禁を犯す緊張感があって，楽しかった。そういえば，地面に大きな円を描き，そこに「八百屋からきゅうりを取ってくる」とか「はげた人の頭をたたく」「魚屋さんの店先でおしっこをする」などを書く。それぞれが，石を投げ，石の止まった場所に書いてあることをする遊びがあった。そうしたいたずら度の強い遊びが，刺激的で楽しかった。

　見方によると，悪さをするのが子どもの群れの特性だった。子どもは俗的なものと係わりながら育っていったといえよう。大人は俗悪を理由に，子どもが俗的なものへ接するのを禁止しようとする。しかし，子どもは大人の声を無視して，俗悪なものに近づく。

　俗的なものにあこがれる子どもと俗を禁止したい大人。こうした俗をめぐる子どもと大人の関係は，本書の中でも，これから先同じ構図がくり返

し提起される。メンコやベーゴマを例にするなら，賭け事であることを考えると，学校が賭ベーゴマを禁止するのは妥当な対応だと思う。しかし，大人の禁止を振り切って，メンコをするのが子どもらしさだった。大人に逆らう勢いを持つのが子どもだという気持ちがする。

5）遊びの場としての駄菓子屋

こうした子どもの遊びを描いていると，筆先が駄菓子屋に及ぶことが多い。

大川幸太郎（前出）は，「孫三地蔵のそばに駄菓子屋がありましてね。ここはいつも子どもの集まる場所だったですね。芋ようかんとか，あんこ玉とか，煮こごりなんていうのが三角に切って，子どもが自分で取って，お金を払って，子どもがいじるわけです」[27]と記述している。このように子どもが自由に出入りできる店が駄菓子屋だった。

佐々淳行（前出）は，駄菓子屋について，「当時の駄菓子屋といえば，グリコや森永のキャラメル，なめていくと色が変わる『変わり玉』，氷砂糖，水で溶かして作るラムネの錠剤，ドリコノという，冷水で割って飲む黄色がかった濃縮甘味清涼飲料などが主流だった」[28]と語っている。

また，森川直司（昭和2年，大阪生まれ，昭和7年に東京へ移住）によれば，「駄菓子屋はどこにでもあって，自分の家の通りにはなくても，一本向こうの通りにはあるという具合だった」。そして，「駄菓子屋のお菓子や遊び道具で1銭で買えないものは，正月の凧などの特殊なもの以外はなかった」[29]と回顧している

このみひかる（昭和3年，東京府千住生まれ）は駄菓子屋の思い出として，「ベエゴマやメンコを売っているのが，ご存知『駄菓子屋』で，下町では石を投げれば，必ず一軒や二軒にあたるというほどたくさんあった。店はたいてい爺さんや婆さんの商いでボロ家が多く，それがかえって子どもたちの共感を呼んで，あっちからこっちから集まってくる溜り場」だと語っている。そして，「『駄菓子屋』というくらいのものだから，あんまり上等のものは置いてない。『あてもの』の一本むき，あんこ玉，みそまつ，

細いびん詰めの色つきカンテン,水鉄砲やかんしゃく玉,映画スターのプロマイドむき。ほとんど1銭玉1個で用が足りた」[30]という。

菅山修二(昭和3年,東京の下谷生まれ)は,駄菓子屋の思い出を,「駄菓子屋ですから当然ガキどもの溜まり場,店の前には縁台があり,学校から帰ると皆,集まってきます。1銭とか2銭とか持って買い食いします」[31]と語っている。なお,1銭で買えるのは,サクラ煎餅10枚,げんこつ飴2個,もんじゃ焼き1枚位で,そうした買い食いが終わると,また,チャンバラごっこやかくれんぼなどをして遊ぶのが子どもの生活だった。

こうした駄菓子屋は大正時代に広まったようで,内務省が大正10年に東京の佃島や月島地域で行なった調査によると,9,353世帯の住む地域に131軒の駄菓子屋があった。72世帯に駄菓子屋が1軒ある割合である。そして,「道路の両端に,しかも各端の両側に,駄菓子を見ることさえあるのであって,児童はその駄菓子屋を本拠となして,其の付近にて,多数集まって遊び戯れる有様に接する」[32]と指摘している。

このように駄菓子屋は,子どもの欲しい物が並んでいる昭和版ミニコンビニ的な性格が強く,子どもにとって,安心のできる溜り場だった。駄菓子屋はお婆さんやおばさんが番をしていたが,この人たちは先生でも親でもない。子どもは店にとってのお客なので,店は子どもを大事にした。

したがって,駄菓子屋のお婆さんが,あれこれと注意することはなかった。子どもが多少の万引きをしても,アテモノでインチキをしても,大目に見てくれることも多かった。そうはいっても,お婆さんも大人だから,本当に怒らせると怖かった。万引きの度がひどくなったり,けんかやいじめが深刻になると,お婆さんはきちんと注意をする。子どもにとっては,子どものことをよく知り,子どもの味方でもあり,頼りになる。そうした主が駄菓子屋のお婆さんだった。

もちろん,すべての家庭の子どもが駄菓子屋通いをできたわけではない。向田邦子(前出)は,父親が保険会社の支店長などを務めるサラリーマン家庭に生まれた。山手風で,しつけが厳しい家庭なので,「今と違って子供はお金を持たされず,買い食い厳禁だった」。「ゆとりのない暮らしの中か

ら，母は母なりの工夫で4人の子供たちのお八つを整えたのであろうが，私は一銭玉を握って駄菓子屋へ飛び込む買い食いが羨ましかった」[33]という。

2　紙芝居を楽しむ

1)　紙芝居を見る

「昔の紙芝居っていうのは，一枚の紙じゃなくて，ちゃんと紙で人形が出来てたんですよ。それに棒がさしてあって，舞台の後ろから黒い幕の後ろから手を入れてセリフを言いながら動かしてやる紙芝居でした」[34]は丹羽武一（大正元年，東京生まれ）による，大正末から昭和にかけて見られた立絵（舞台式の紙人形を操るもの）の紙芝居についての記述である。

大島政男（明治44年，東京生まれ）によれば，立絵の紙芝居は家や木などのかき割りがあり，舞台装置があって，「紙芝居のおじさんの語る歌舞伎調の科白を聞きながら，買ったアメをしゃぶりながら，小型舞台を食い入るように見ていた」という。演目は「岩見重太郎狒狒退治」や「里見八犬伝」などだった[35]。

また，玉川一郎（明治38年，東京の渋谷生まれ）は，子どもの頃，縁日になると，近くの神社の境内にテントが張られ，紙芝居がかかるのを見に行っている。玉川は，友だちと2銭ずつを持って出かける。しかし，その紙芝居は，「ボール紙に，人物が1人1人描いてあって，それに竹の串が下につけてあり」のような立絵話だった[36]。

進藤恒一郎は，立絵時代から，紙芝居を始めているが，「絵話が流行りだしてから失業者がどんどんこの商売に入って来，貸し元がそちこちに現れた。同じ場所に一日に五人も六人も来るようになり」[37]，紙芝居の隆盛期を迎える。

紙芝居研究者の上地ちづ子が指摘しているように，紙芝居のルーツは江戸時代の絵解きやのぞき眼鏡，写し絵などに求めることができるが，立絵に代わって，現在連想するような平絵の紙芝居が開発されたのは，昭和5年頃で，その代表作が「魔法の御殿」（後藤時蔵・脚本，永松健夫・画）

だった。その頃の紙芝居の制作は,「基本的には,貸元といわれる業者が,作家にストーリーを考えさせ,それに従って画家に画面を描かせて,制作にあたっている」というシステムだったという[38]。

　紙芝居作者であった加太こうじによれば,関東大震災後の不況によって,失業者が増加し,日銭を稼げるという理由で,紙芝居を始める者が増加した。加太自身も,始めは縁日に出かけ,紙芝居をしていたが,同業者が増えたので,地域に出向くようになった。そして,昭和7,8年頃から,紙芝居の売人が飛躍的に増加すると同時に,紙芝居の絵描きや原稿描きも増え,飴専門の製造業者も誕生して,紙芝居の問屋制度がしっかりとしてくる。その結果,昭和7,8年になると,紙芝居が小さな産業に成長してくると回顧している[39]。

　こうした資料を参照すると,子どもが紙芝居を見るようになるのは,昭和6,7年以降であろうが,紙芝居は印象が深いらしく,多くの人が子ども時代の印象として紙芝居の思い出を語っている。

　吉村昭（前出）は「紙芝居は自転車でやってきて,(中略) 1銭出すと半分に切った割箸に色つきの水飴をつけて渡してくれる。2本の箸を勢よく飴をこねると,なぜかわからぬが白く変色し,最も白いものを突き出した子供に景品をくれたり翌日の無料観覧券ともいうべきものを渡してくれる」[40]と描いている。

　また,青木正美（昭和8年,東京府千住生まれ）は「町には紙芝居の小父さんが毎日3人くらい来た。その内カチカチの小父さんが2人でもう一人は太鼓の小父さん。カチカチの小父さんは拍子木で,太鼓の小父さんはそのデカい太鼓を胸に吊るし叩きながら,それぞれ路地から路地を廻ってやって来たことを知らせた」[41]という。

　漆原喜一郎（前出）は紙芝居の記憶を以下のように語っている。紙芝居の雰囲気が伝わるので,やや長めに引用してみたい。

　「学校から帰って一息ついて4時頃から夕暮れまでの時間帯になると,きまったように紙芝居屋さんがやってきた。

　大太鼓をドンガドンガと打ちならして子どもを集めるのが『太鼓の紙芝

居』と言われる，背の大きなおじさんで，出しものは『黄金バット』の連続上演だった。

　拍子木をたたいて物静かにふれて回るのが『カチカチの紙芝居』と言われる，小柄な髪の毛が半白のおじさんで，出しものは『猿飛佐助』『塚原卜伝』などの上演だった。

　1銭でせんべえ5枚，2銭で水飴，3銭でアンヅをくるんだ水飴で，平均2銭を持っていないと，ただ見になる」[42]。

　もちろん，駄菓子屋がそうであったように，全部の子どもが紙芝居を見られたのではない。鈴村一成（前出）は，「紙芝居のおじさんが拍子木を叩きながら客寄せを始めると，路地の奥や原っぱから子どもが集まってくる。自転車の荷台には飴や煎餅の入った箱が据えられ，その上に紙芝居の舞台がしつらえてある」。しかし，鈴村の「家ではこの紙芝居見物が禁止されていた。『紙芝居を見るくらいなら，本を読んでいたほうがずっとためになるでしょ。第一，あの飴をなめている顔は下品』と断言する母だった」。そのため，1銭の紙芝居賃を払えないので，隅の方からタダ見をするしかなかったと語っている[43]。

　宮脇俊三（前出）も，「午後になると，自転車の荷台に道具を積んだ紙芝居屋がやってきて，拍子木を鳴らす。1銭銅貨を握った子が集まってくる。金を渡すと棒アメを1本くれる」。しかし，「たまに1銭を払って紙芝居を見，棒アメをしゃぶっていたことが露見すると，母に叱られ，押入れに閉じ込められた」と回想している[44]。

2）　紙芝居の仕組み

　進藤恒一郎は自分の紙芝居屋体験を手記にまとめているが，進藤は10数人の紙芝居の売人と松島会という組織に入会した。そこに，専属画家がいて，「講談本や雑誌や映画から筋を取って絵を創った」。しかし，「彼のものはばい（バイ，売人－筆者注）の経験がないからやりにくいといふ苦情が起こって居た」。このように紙芝居は，専属画家による手作りの絵なので，作品に出来不出来があり下手な絵に売り手から不満の声も上がる。

その後，松島会は会員200名，専属画家5名の大きな組織に成長していく。その結果，絵も豊富になり，子どもは喜劇を「面白いもの」，悲劇を「可哀そうなもの」と呼んで歓迎した。しかし，松島会は紙芝居の大ヒット作「黄金バット」を持っていなかった。そのため，「『黄金バット』の演出者は傲慢で非礼であった。他はとてもかなわないとこそこそ引き揚げた」こともあったという[45]。

　紙芝居といえば「黄金バット」を連想する。しかし，「黄金バット」には，昭和5年に蟻友会が作った「怪盗バット」(田中次郎作，永松健夫絵)という前作があった。真珠『志摩の女王』が盗まれたので，犯人を追うと，黒衣の怪人が風のように去り，その場にこうもりの群れが乱舞していたので，「怪盗バット」と命名された。その後，同じ蟻友会の鈴木一郎が田中の後を受けて，作品を発展させた。夜陰にうごめく妖魔・怪盗バットに対抗する強力な正義の味方を作り上げた。それが「黄金バット」だった。

　「封切った日の人気はすばらしかった。蟻友会所属の売人の売上は5倍にはねあがり，他会所属の売人のショバを席捲していった」。その後，鈴木と永松は「話の日本社」を創設して，そこから「黄金バット」を製作し，昭和6年から8年にかけて「黄金バット」の全盛時代を迎えた。しかし，紙芝居は毎日ストーリーを展開する必要があるので，作品は行き詰まりを見せ始めた。そして，昭和7年秋に，山川そうじの「少年タイガー」が製作され，「黄金バット」の人気に取って代わったといわれる[46]。

　それでは，紙芝居屋はどの程度の商売になったのか。加太こうじによれば，平均して1日2円50銭の売上があるが，支出は，飴の仕入れ値35銭，絵の借り賃30銭，自転車借り賃10銭で，もうけは1円75銭になる。ちなみに，飴は7本1銭で仕入れ，1本1銭で売るので，1本あたり8.5厘の利益となる。そして，月に25日働くとして，月収は42円50銭で，これは「30歳くらいの工員の収入」だった。なお，紙芝居画家の収入は1巻14枚を描いて，1円が相場だった[47]。

　雑誌『紙芝居』によれば，昭和7年頃，飴は1銭で10本，原価は1厘，高くて2厘，それを1銭で売る。純益は日に1円，大学での初任給が

30～35円程度の頃，その程度の収入は可能だったという[48]。こうした記述も加太こうじの指摘と一致している。

　紙芝居の研究者でもある今井よねの指摘によれば，紙芝居屋は2円から5円程度の保証金を払って，貸元の会員となって紙芝居を借り受ける。紙芝居そのものは「画用紙若しくはポスター紙に描かれたものをボール紙の台紙に貼り，無色透明の速乾ニスで塗ってありますから，30日位の使用ではいたみません」という仕組みである。そして，昭和8年当時，東京絵噺協会（会員200名，画工4名）やさうじ社（150名と5名），神風会（100名と4名）などの93社の貸元があり，画工も143名を数える。画工は「大体は1日1人1巻13枚位を描くのが普通」で，画工料は1巻が1円から2円位なので，少ない人で30円，多い人で100円が収入になる。

　昭和8年に警視庁が貸元に問い合わせた数値では，売り子の数は1,265名だった。しかし，これは少なめな数で，東京だけでも，2,500名位の売り子がいると見込んでいる。そして，売り子は，原価2厘5毛程度の飴を1銭で売るので，儲けは売り値の75％になる。そして，1日の収入が2～3円，雨の日を除いて，25日働くと，売上が50円から75円になり，40円弱から60円弱が手取りとなると見込んでいる[49]。

　東京市役所が発表した「紙芝居に関する調査」（昭和10年）は，紙芝居についての優れた調査報告書で，同報告書を読むと，紙芝居の実態がかなり正確に浮かんでくる。

　まず，売り子の場合，活劇，悲劇，漫画を各1巻，計3巻を貸元から借り受けるが，借り賃は平均して3巻で1日25銭である。これに，3本1銭の飴や3枚1銭ののしいかなどの「ねた」を1日50銭から1円程度仕入れる。そして，1日に10ヶ所程度の「ショバ」で紙芝居をする。報告書に何人かの売人の1日が紹介されている。その中の一人を紹介すると，表1-6の通りとなる[50]。

　これを見ると，移動時間を含めて，1ヶ所30分である。この間に，拍子木を叩いて，子どもを集め，飴を売る。そして，紙芝居を始めるから，紙芝居に費やす正味の長さは10分程度だったのであろう。

表1-6 売人の1日

時間	場所	子どもの数	売上
2時00分	京橋区八町堀	40人	30銭
30分	新富町	60人	50銭
3時15分	芝区　新橋	60人	50銭
45分	田村町	60人	40銭
4時10分	兼房町	100人	70銭
40分	芝口	30人	40銭
5時10分	京橋区西銀座	50人	40銭
40分	大根河岸	70人	70銭
6時10分	湊町	40人	40銭
計		510人	4円30銭

　先に紙芝居の日程を紹介した人は8年のキャリアを持つベテランなので,収入が多い。1日4円の売上で25日働けば,100円が売上になる。この内から,借料や飴代を多めに1円50銭と見て,25日で1ヶ月37円50銭が元手となる。そして,60円以上が収入となる。しかし,報告書によれば,売上は平均して月に40〜50円が多く,30〜40円の売人も目につく。
　そこで,売人についての数値を紹介すると,以下の通りになる[51]。
　①　性別・年齢＝女子は調査対象者565名中2名。99.6％は男子。年齢は20代が40.9％,30代が37.9％である。
　②　就業期間＝3年間18.6％,2年間19.3％,1年間22.7％で,3年未満の者が60.6％を占める。
　③　教育程度＝尋常小学卒34.5％,高等小学卒28.3％,中学卒7.1％,中学中退11.2％,専門学校卒2.3％で,中学に籍を置いた者が2割を占める。
　④　前職＝商業31.5％,接客6.4％,事務5.3％など,多様で,映画の活弁士は1.8％である。

3)　「黄金バット」の登場

　内山憲堂と野村正二の『紙芝居の教育的研究』[52]は数少ない紙芝居の研

究書だが，紙芝居について子どもを対象にアンケート調査を行なった結果を紹介している。

① アメを買うか　毎回38％　時々31％　ただ見31％
② 毎回買う金額　男子1.8銭　女子1.6銭
③ 紙芝居と活動写真との好き嫌い
　男子：活動写真68％　紙芝居21％　両方好き7％　両方嫌い4％
　女子：活動写真50％　紙芝居40％　両方好き4％　両方嫌い6％
④ 親の関与
　男子：見てよい22％　いけない29％　何もいわない49％
　女子：見てよい31％　いりない32％　何もいわない37％

このように紙芝居が人気があるといっても，活動写真の方がもっと好きなようで，紙芝居を見ていない子どもも目につく。それと同時に，「見てはいけない」という親が3割程度にとどまる反面，「何もいわない」親が4割前後を占める。紙芝居に肯定的な親が多いのが興味深い。

すでにふれたように紙芝居は手作りの作品なので，営業に使うと，すぐに反古になり，廃棄される。そのため，現在では断片的な資料が残っているだけで，紙芝居の全体像をつかみにくい。そうした中で，『紙芝居大系－街頭紙芝居編』（大空社，平成7年）全14巻は紙芝居の雰囲気を知ることができる数少ない資料である。14巻の中に，120タイトル，1,000巻の紙芝居が，1万頁に収録されている。各頁の上半分に絵が，下半分に説明文がつけられており，「黄金バット」の一部は第2巻に収められている。山梨にある世界的な物理学者・篠原博士の研究所にナゾーの一味が怪タンクなどの武器を使って侵入する。助手のマサル君は柔道4段の強者だが，怪タンクの一振りで4階建ての鉄筋コンクリートが崩壊する。博士やマサル君に危機が迫った時，アルプスの上から黄金バットの「ウハハ……」という声がして，博士を救いに来るというストーリーである。

加太こうじの作・画だけあって，ストーリーの構成がしっかりしている上に，展開のテンポが速い。さらに，画がリアルなので，紙芝居の中の傑作だと思う。研究所を舞台にしたストーリーに鉄腕アトム，ナゾーと怪タ

ンクの出現に怪獣やゴジラを連想する。戦後にヒットしたアニメの土台を築いたと思えるような優れた作品である[53]。

しかし「黄金バット」は，紙芝居の中の数少ない名作だし，『紙芝居大系』に収録されている紙芝居も水準以上のものであろう。それでも，多くの作品の筋立ては荒唐無稽で，画は荒っぽい。もちろん，こうした絵を台本として，紙芝居屋の感傷的な実演が加わる。さらに，子どもに水飴などを売る商いもある。

したがって，紙芝居に熱中する子どもに，大人は悪の香りがただようのを感じる。そして，紙芝居は俗悪という社会的な批判が強まる。児童文化の研究者・堀尾青史は，紙芝居に対する批判は，①紙芝居の内容が公安秩序を乱す，②街角に子どもが集まるので交通のじゃまになる，③飴などが不衛生，などを理由としている。しかし子どもは，①見る，②聞く，③食べるを同時に味わえるし，語り手のおじさんと子どもとの親和状態もある。したがって，紙芝居はそれ程悪いものではないと評価している[54]。

松永健哉は東北地方で紙芝居を活用した教育運動を展開しているが，紙芝居のレベルが低い理由として，製作者と演者の双方に問題があるという。まず，紙芝居作りにあたり，紙芝居の「筋や場面の設定は専ら，画家自身の記憶や想像によってデッチ上げられる」。何しろ１巻（12枚１組）の画料が１円から３円のため，画家は１日に１巻は描きたいので，「教育的な価値というが如きは顧みる暇がない。そのために殆どは染料を多彩に塗りつぶした毒々しいもの」になる。それに加え，紙芝居の演者にも問題がある。「毎日新しい材料を三巻づつもらい，朝始めて借入れて，ただその大体の筋だけを聞き，直ちに街頭に出て実演する」ので，見ている子どもが「出来るだけ面白がるように，少しでも笑はせ，怖がらせるやうに，下卑な，誇張した言葉を立てつづけにシャベリまくる」という[55]。しかし，松永は，紙芝居が悪いのではないから，学校で見るのを禁止するのでなく，「教師が一緒に観てやる」のも街頭紙芝居対策となると提案している[56]。

しかし，両者の発言は，紙芝居に好意的な立場のもので，社会的には紙芝居批判の声は高まってくる。そうした事態に対応して，昭和７年12月２

日，浅草の公会堂に500名の紙芝居関係者が集まり，日本画劇教育協会の発会式が行なわれた。同日に決議された綱領は，
1　紙芝居を改善して，興味と娯楽とに基づく児童教育補助機関たらしめんとす。
2　紙芝居業者の素質を向上し，その社会的地位の確立を期し，以って社会教化の一助たらしめんとす。

である。これは，紙芝居の質を高めて，社会的な認知を求める動きである[57]。

4）　紙芝居への規制

　紙芝居業者のそうした動きがあっても，紙芝居への社会的な批判は鎮静化せず，「紙芝居を見る事を禁じる小学校も出てくる。皇居の御近くで紙芝居はまかりならぬとあって麹町警察署管内は立ち入り禁止になるし，草菊屋橋署でも演っているとどしどし連れて行ってぶち込んでしまう」状態だった。「警視庁でも近く都下の紙芝居を一掃するという」噂が流れ，「うつしえ業組合（現在の日本画劇教育協会の前身）の幹部連が警視庁にお百度を踏み，2千名の開業者とその家族の死活問題ですと嘆願する。甲斐あって，仕方がない，それなら近く絵の校閲をするとのお達しである」の情況だった[58]。

　実際に，昭和10年11月，警視庁は，紙芝居の「魅惑的ナル絵画ニ引付ケラルル児童ノ延人数ハ1日約百万ト称セラル」，「純真ニシテ感受性強キ」子どもに悪影響を与えるから，紙芝居業者は自己規制に努めて欲しいと通達を発した。警視庁の興行係長・大蔵省三は，紙芝居は興味本位で問題が多い。そこで，「随時紙芝居の製作者を招致して注意を与え，又実際に当って取締を為してきた」と状況を説明している[59]。

　しかし，紙芝居業者による自己規制が効果をあげなかったので，警視庁は昭和13年2月に，各警察署長に「紙芝居取締ニ関スル件」を発し，紙芝居の取り締まりに乗り出す態度を明らかにした。通牒によれば，紙芝居は，①「残忍ニ過グル」，②「猟奇ニ過グル」，③「徒ニ童心ヲ蝕ム」，④「教

育上児童ニ悪影響ヲ及ボス」の観点から校閲することとし，昭和13年4月から，紙芝居に対する校閲が開始された。

そして，昭和13年5月の「紙芝居絵画及説明書校閲一覧表」によれば，校閲結果は以下の通りだった[60]。

表1-7　紙芝居の校閲結果

種類（18,507種類） 　　支障なし（18,137種）98.0% 　　（活劇28.6　新派17.2　マンガ28.9　その他25.3） 　　一部訂正（173種）0.9% 　　取り下げ（197種）1.1%
売人の教育程度（％） 　　中学卒13.7　中学中退11.2　高小卒39.5　尋常小29.7　尋常以下5.9
売人の経歴（％） 　　商業29.9　店員11.9　職工11.0　工業10.5　その他36.7

加太こうじは，「昭和11年頃からはオマケとして売る食品の選択や売り方について紙芝居屋の多くが注意するようになった。それは街の芸人から，子どもの遊び相手としての行商人に紙芝居屋の質が変化したことを意味する」と回想している[61]。

こうした紙芝居業者の自粛への動きとは別に，子どもの問題に関心を持つ人たちの中で，紙芝居を「教育紙芝居」として活用する動きが強まった。紙芝居を広義の教育に役立てようとする動きで，上笙一郎は，これを3つに分類している。第1はキリスト教普及を目的とした今井よねなどの「キリスト教紙芝居」，次いで，「仏教紙芝居」，そして，東京帝国大学学生などのセツルメント活動に基礎を置く「プロレタリア紙芝居」である[62]。

この内，今井よねは，東京女子高師卒業後，香川豊彦に師事して社会福祉に携わる。その後，3年間アメリカに留学し，帰国後，日曜学校を開く。しかし，紙芝居が来ると子どもが外へ見に行く体験から，紙芝居をキリスト教布教に生かそうと考える。昭和8年に紙芝居伝道団を結成し，日本日

曜学校協会を母体に教育紙芝居運動に乗り出している。

　また，プロレタリア紙芝居の流れとして，東京帝国大学でセツルメント活動をしていた松永健哉は浦辺史や管忠道らと，昭和8年に児童問題研究会を結成し，校外教育の一環として，紙芝居にも注目した活動を行なっている。さらに，昭和12年に，城戸幡太郎を中心に，保育問題研究会の中で質の高い紙芝居作りを試みる動きもあった。しかし，資力が不足している上に，販売ルートもなく，製作された紙芝居は「海へながれていったくつ」と「タンポポの三つの種子」の2作に止まった。そうした延長線上に，昭和12年に日本教育紙芝居協会の結成，さらに，発展させた形で，昭和13年に日本紙芝居連盟の発足へと続く[63]。そうした中で，すでにふれた松永健哉（日本教育紙芝居協会理事）は，紙芝居の有効性について，①時間的に何時でもでき，②空間的な拘束もなく，③技術的に誰でもでき，④自由に動かせる，⑤経済的に安価の長所があると指摘している[64]。

　やや先回りをした指摘をすることになるが，第2次大戦下，紙芝居に対しても統制の度合いが強まる。日本教育紙芝居協会によれば，紙芝居の内容は，国体，国策，教化，行事，ニュース，教材，文化，名作，大東亜工作，娯楽，輸出の11のジャンルに分類される。そして，これまでの紙芝居は娯楽のジャンルに入っていた。しかし，これからの紙芝居は「国体の精華」や「日本民族の偉業」「皇室と国民」といった国体の精神を大事にする必要があると提起している[65]。

　こうなると，紙芝居が官制化され，紙芝居の魅力がなくなり，子どもの紙芝居離れが予想される。しかし，実際には，戦争が激化し，空襲などが始まって，子どもも紙芝居どころではなくなる。そして，町に紙芝居の来ない時代を迎えることになる。

3　子ども雑誌や活動写真とのふれあい

1）子ども雑誌の世界

　子どもの世界に紙芝居が登場する前，子どもに人気があったのは子ども

雑誌だった。子ども雑誌が読まれるようになったのは大正時代で，その代表が，立川文庫と『少年倶楽部』である(66)。

藤沢恒夫（明治37年，大阪市中ノ島生まれ）は「私なども三百頁くらいある『猿飛佐助』，『岩見重太郎』その他の数十冊を手当り次第に，平均日に一冊読み上げた」(67)と回顧している。そして，村上信彦（明治42年，東京府下谷生まれ）によれば，立川文庫の定価は20銭だが，「下町には貸本屋がたくさんあって，立川文庫は人気の的だった。自分の持っているものに3銭をつけると他のものと交換できた」という。3銭払うと，新しい本を手にできるので，3銭を出しては，まだ読んでいない文庫を入手している(68)。

南条範夫（前出）によれば，立川文庫を手にして，「総ふり仮名つきで読んでいるうちに，いつの間にか漢字を覚えてしまい」，「栴檀（せんだん）は二葉よりかんばしとか蛇は寸にして人を呑む（中略）といった程度の簡単な格言や言い回し」(69)を覚えたと回想している。

こうした3人に限らず，立川文庫の魅力にとりつかれた子どもは多い。現在では，立川文庫といっても，知る人は少ないが，立川文庫は，明治44年，立川文明堂から発刊された文庫サイズの子ども向けの講談本で，『一休禅師』を1冊目として，以下，『水戸黄門』『大久保彦左衛門』の順で大正13年までに196冊が刊行された。

登場人物が水戸黄門や一休というと親しみが感じられる。それでは実際に立川文庫はどういうものだったのか。

一例をあげるなら，5冊目として発刊された『真田幸村』の書き出しは，「想へば憐れ大阪の土さえ裂くる夏の陣，金さへ凍る冬の陣，吹き来る風の西東乱れ行く世の浪花江や，芦の触りは茂くとも，故主のために身を尽くし，尽くさんとても筑紫潟，浪上の岸の儘ならぬ」(70)の通りだった。もう一例，55冊目の『霧隠才蔵』の書き出しを紹介しよう。

「朝には剣戟の音，夕には矢叫の響，明けても暮れても，生臭き風吹き荒む武威殺伐を誇りとしたる，慶長，元和の時代において，天下三百有余大名を尻眼に掛け，厳然一方に雄飛したる蓋世の英雄があった」(71)。

このように漢字の多い文章で，現在だと，高校生でも読むのを苦手とする文体であろう。加えて，話の筋も荒く，あまり魅力的な読み物ではない。しかし，テレビはむろん，ラジオもMDもない時代に，立川文庫は，子どもにとって十分に魅力的な読み物だった。

　『少年倶楽部』は，博文館の『少年世界』や時事新報社の『少年』，実業の日本社の『日本少年』などの先行雑誌を追う形で，大正3年に講談社から発刊された。「編集方針」によれば「学校において授ける事柄は，児童にとって既に十分である。（中略）雑誌が更に又学習に関するが如き事柄を授けるということになっては，児童は寧ろ食傷する。（中略）児童自ら進んで愉快に読むように拵えなければならない」[72]の通りで，『少年倶楽部』は，子どもが楽しんで読む娯楽雑誌を目指していた。

　そして，滑稽大學や滑稽和歌，メチャ博士などの企画が当り，発行部数は大正9年の8万部から，大正12年の12万部，大正15年には40万部と大幅な伸びを示した。そして，昭和2年から「ああ玉杯に花うけて」，昭和6年から「のらくろ」を連載して，さらに子どもの人気を集めた。ちなみに，発行部数は昭和5年1月号63万部，8年70万部である。

　『少年倶楽部』は，娯楽雑誌として片付けられやすい。しかし，『少年倶楽部』は，予想以上に良心的で，魅力的な雑誌だったような気がする。昭和6年新年特大号は復刻版が出されているので，その号を例にすると，本文319頁の厚い雑誌で，編集部によれば「この新年号を作るためには，私たちが桜の花の散りかける四月頃から，白いゆきのちらちらする十一月の末まで，筆にも言葉にも尽くす事の出来ない忙しさを繰り返したものです」と準備に時間をかけたという。読者を，「長い間のお友達」だから，「この新年号によって，あなたと少年倶楽部とは，かたいかたい握手が交されたのです」と呼びかけている。

　本誌の目次を見ると，マンガらしいのは田河水泡の「のらくろ二等兵」の白黒2頁の10コママンガにすぎない。そして，山中峯太郎の「亜細亜の曙」や佐々木邦「村の少年団」のようなヒット小説，大佛次郎の「青銅の鬼」や宇野浩二「花の首輪」のような著名作家の読み物が掲載されている。

その他，四大付録として，「最新世界大地図」や「動物組み合わせ双六」などが並ぶ。さらに，「誌友クラブ」のような読者コーナーや「私が感心している友の美点」や「滑稽和歌」などの応募への呼びかけがある。そして，応募作品の一等には自転車や蓄音機などの豪華な景品がつけられている[73]。全体として，大人の編集者が子どもを子ども扱いするのでなく，お客だからと子どもにこびるのでもない。子どもと対等の目線で，子どもの成長を願って，編集をする態度が伝わってくる。

　なお，子ども雑誌の付録は，「本誌に必らずその関連記事がなければならない」と決められていたため，「新年号に双六をつけるのが付録らしい付録だった」。しかし，『少年倶楽部』は，昭和2年，本誌とは別に，「考え物宝典・少年智恵合戦」の付録をつけ，人気を集めている[74]。

2）『少年倶楽部』と『赤い鳥』

　このように見てくると，立川文庫は娯楽中心の講談本だし，『少年倶楽部』は総合的なバランスの取れた子ども雑誌で，子どもの人気を集めたのは理解できる。現代の感覚からすると，それ程問題が多いとは思えないが，当時の学校関係者からの評判は良くなかった。新潟県の小千谷小学校では大正15年に「児童読み物としての児童雑誌」調査を行なっている。その結果をふまえ，親向けに，雑誌ごとのコメントをつけている。

　『コドモノクニ』＝絵が全部立派で芸術的で申し分ない。活字の大きさも適当。

　『子供之友』＝絵も色彩も上品だが，活字がやや小さく，記事が多い。

　『赤い鳥』＝芸術的気品が高い。できるだけ多くの子に推薦したい。

　そして，『少年倶楽部』や立川文庫について「こんなものばかりを，毎月読んでいたら，子供はどうなるのであろうか。いくら売るべき商品とはいえ，之では余りにひどくはないでしょうか」[75]と評価している。

　子ども雑誌として『赤い鳥』が優れているという評価は一定している。『赤い鳥』は鈴木三重吉が提唱した児童文化運動で，大正7年7月の創刊号には，発刊の言葉として，「少年少女の読物や雑誌の大部分は，その俗

悪な表紙を見ただけでも，決して子供に買って与える気になりません。こういう本や雑誌の内容はあくまで功利とセンセィショナルな刺激と変な哀愁とに充ちた下品なものだらけ」[76]と書かれている。

そして，『赤い鳥』に掲載された童話や詩は，芥川龍之介の「杜子春」や「蜘蛛の糸」，有島武郎の「一房の葡萄」，北原白秋の「からたち」など，現在の教科書などに採択されている名品が多い。

この時期，北原白秋は『赤い鳥』，野口雨情は『金の星』，西条八十は『童話』と，著名な詩人が児童雑誌に多くの作品を発表している。特に，『赤い鳥』には，鈴木三重吉の「綴方」，北原白秋の「童謡と自由詩」，山本鼎の「自由画」の投稿規定があり，「後藤さんの『向うの木』は明るくて，笑ひが光っている。いい作である」（北原白秋），「大山融君の『えんま堂』もおもしろい絵です。舞台の光景がよくかけています」（山本鼎）のように，毎号投稿作品への寸評と入選者名が掲載されている。それだけに，鈴木三重吉や北原白秋の寸評を目当てに投稿する子どもが多かったように思われる[77]。

しかし，『赤い鳥』は昭和5年に休刊となり，昭和6年1月に復刊している。復刊1号で，鈴木三重吉は，「私が発行者でなかったらまず四年くらいで倒れていたのです。最後の七年は苦闘につぐ苦闘でした」と経営の大変さを訴えている。そして，これまで店頭販売に頼らず，会員制を基本としてきたが，これからは，地方講演をして読者確保に努めたいと述べている。そして，40銭の定価を30銭に下げて，販売増を目指している[78]。

あらためて復刊後の『赤い鳥』を読んでみると，品の良い雑誌だとは思うものの，初期の頃の芸術的な香りが薄れ，描かれている子ども像も良家の子女に限定された感じがする。そのため，教科書的な感じが強く，子どもを惹きつける魅力に欠ける印象を受ける。したがって，子どもが楽しみにしたのは教科書的な『赤い鳥』でなく，定価は60銭と高くとも，娯楽的な『少年倶楽部』だったように思われる。

宮脇俊三（前出）は，子ども時代の雑誌の思い出を，「私たちは『少年倶楽部』の愛読者だった。山中峯太郎の『亜細亜の曙』，平田晋策の『昭

和遊撃隊』や『新戦艦高千穂』，南洋一郎の『緑の無人島』，それから佐々木邦の『苦心の学友』などを熟読した。いずれも胸がドキドキしてくるようなクライマックスで『次号へ続く』となっていたから，次号の発売日が待ち遠しかった。『少年倶楽部』の発売日は，みんな道草をせずにまっすぐ家に帰ったほどだった」[79]と回顧している。

また，藤沢周平（前出）は，子ども時代の読み物体験を「私は少年倶楽部や譚海，立川文庫，それに，高垣瞳，南洋一郎，海野十三，佐藤紅緑，山中峯太郎の軍事探偵本郷義昭物，少年倶楽部に連載された吉川英次の『天兵童子』などを夢中で読み耽った」[80]と語っている。

なお，メタルやサックなどの「グリコのおまけ」で知られるグリコは，最初，「紙メンコや指輪など，駄菓子屋に売っているようなできあいのおもちゃだった」。しかし，昭和2年頃から，グリコオリジナルのオマケを作り，売上を伸ばしている[81]。そうした影響を受けて，『少年倶楽部』も，昭和7年から8年にかけて，「軍艦三笠」や「万里の長城」「日新丸の鯨狩」などの大型の組み立て付録をつけ，付録は本誌を支える土台のような機能を果たし始めている。

もちろん，天野祐吉（昭和8年，東京生まれ）のように，「小学3年生のある日，ぼくは離れの部屋の押し入れのなかで『第2の接吻』という本を見つけた。（中略）その日から，ぼくはベーゴマやメンコの時間をさいて，こっそり離れの部屋に通う読書人になった」[82]と，禁断の大人の社会に足を踏み入れた子どもの姿もある。

3）活動写真を見る

活動写真に子どもが惹かれるようになったのは明治40年代といわれる。そして，明治45年に輸入された「ジゴマ」のような怪奇な探偵冒険劇に子どもが殺到している。

大島政男（前出）が初めて活動を見たのは，小学5年生（大正11年）だが，その頃は，弁士つきの無声（サイレント）の時代だった。「当時カツドウを見る者は下等な人間とされていた。だから同級生でもサラリーマン

の子弟や，金持ちの家では一切映画を見せなかった」[83]という。なお，昭和に入ると，トーキー（有声）が輸入され，昭和4，5年頃まで，弁士とトーキーの競合時代が続く。大島は，昭和4年に邦楽座で初めて部分トーキーの「レッドスキン」を見ている。

民衆娯楽の研究者として知られる権田保之助は，子どもが活動写真に熱中するのを見て，大正10年に，子どもと活動写真との関係を調査している。具体的には，映画館へ行き，映画を見ている子どもの数を調べている。そして，土日はむろん，夜間でも，子どもたちが映画館に出入りしている姿を明らかにした（表1-8）。そして，調査を通して，半数以上の子どもが月1回以上映画を見ている。特に女子より男子に映画好きが多く，高等小学より尋常小学の方が映画を見ているという結果を明らかにした（表1-9）[84]。

こうした状況に対し，学校関係者などから，活動写真は子どもを非行化するという声が高まってくる。大正6年2月，帝国教育会は文部省の委嘱を受けて，「活動写真興行取締建議」を作成し，①教育的な観点からフィルムを校閲する，②弁士に鑑札を与える，③弁士の説明要領を作成，④16歳未満は夜間入場禁止，⑤可能なかぎり，子どもの入場を自粛させる，などを内務省や警視庁に提出している。そして，大正6年から活動写真の校閲を始めると同時に，活動写真を甲乙に分け，甲は15歳未満を入場禁止にしている[85]。

表1-8　映画館にいる子どもの割合（％）

	昼間（午後4時）			夜間（午後8時）		
	平日	土曜	日曜	平日	土曜	日曜
浅草	4.3	6.8	8.3	4.2	4.0	6.3
神田	0	10.7	9.6	10.0	10.0	5.3

映画館にいた人の中での子どもの割合

表1-9　映画を見る割合（%）

	週1以上	10日1回	月2回	月1回	月1以下
尋常小学校・男子	11.5	10.8	16.5	19.5	41.7
女子	7.7	7.7	11.7	20.0	52.8
計	10.2	9.6	14.6	19.5	46.1
高等小学校・男子	10.2	11.4	16.2	17.0	45.2
女子	2.2	3.8	11.9	20.1	61.8
計	6.9	8.3	14.4	18.3	52.1

権田保之助「民衆娯楽問題」（大正10年）『権田保之助著作集』昭和49年，文和書房，84-85頁，98頁

　帝国教育会は，教育界を統合する組織だけに，各県では，教育会の建議をふまえ，子どもの活動写真への入場規制に乗り出した。徳島県，愛媛県，兵庫県では，14歳以下の単独入場の禁止，長崎県では映画を甲乙に分け，乙は16歳未満入場禁止，岩手県は午後8時以降児童の入場禁止などの処置を取っている。また，昭和2年，東京や富山，宇都宮などの都市で「児童映画日」が制定された他，全国教育事務担当者講習会が開かれ，「教育上適当と認めらるるものの外，観覧せしめざること」が通達されている[86]。

　しかし，映画を見るのは子どもの私的な行為なので，公的な対策に限度がある。そこで，文部省と内務省が協議して，昭和8年，映画統制委員会を発足させた。内務省警保局長，文部省社会教育局長などを委員として，教化映画の製作や国産映画事業の指導，年少者映画鑑賞の制限などを検討する委員会である[87]。

　映画が子どもに与える影響について，当時の指導的な教育誌『帝国教育』は「純真な児童生徒が暗黒な室内にさんさんと写し出される『動く画』に興味を持たぬ筈はない。しかもその映画の内容たるや大衆の低俗な喝采を拍し，安価な涙を絞らんとするものであるに至っては影響たるや正に戦慄に値する」。それだけに，「識者が筆舌に叫び，教育者が子弟に対し映画館出入を阻止しても，殆ど本能の欲求にまで化したと考えられる映画

熱は如何ともすることが出来なかった」[88]と，映画の禁止に諦めに似た心境を吐露している。

漆原喜一郎（前出）が，子どもの頃の思い出として，「週に1度は必ず，浅草の映画館に行った。浅草六区の映画館は，当時全盛を極めており，通りの左右は，映画館がぎっしりと軒をつらねて，どこも繁昌していた」と語っている通りに，多くの子どもは活動写真に熱中していた[89]。

昭和初めに山口県の子どもを対象とした調査によると，映画が「好き」は男子の47.9％，女子26.6％で，男子の映画好きが目につく（表1-10）。この場合，「見なくてもよい」の設問が，子どもの反応にブレーキをかけ，「好き」の割合を低めたとも考えられるが，この調査では，親を対象とした調査も行なっている。親の内，「映画を絶対に見てはいけない」と禁止するのは，16.6％で，「内容によって，許す」が残りの83.4％だった[90]。親が子どもの映画にそれ程批判的でないのが分かる。

表1-10　映画の好き嫌い（％）

	嫌い	見なくてもよい	好き	とても好き
男子	7.7	44.4	38.4	9.5
女子	18.2	55.5	22.9	3.7

武永彦一「活動写真に対する調査」『教育時論』昭和2年5月5日，24-25頁

昭和8年11月下旬に東京府下芝近郊の子どもに「映画が好きか」，「誰と映画を見るか」などを尋ねた調査結果がある[91]。結果によると，子どもの7割は，学年や性別を越えて，「映画が好き」と答えている（表1-11）。

映画を好きな理由として，男子の47.0％，女子の39.5％は「面白いから」をあげている。

表1-11 映画の好き嫌い（%）

	尋1	2	3	4	5	6	高1	2	全体
男子	85.4	72.0	65.8	88.0	68.4	76.3	91.2	83.9	75.1
女子	79.5	75.4	76.1	73.8	69.7	45.2	33.3	56.1	68.3
全体	82.3	73.7	71.0	80.9	89.1	60.8	62.3	70.0	71.7

映画を「好き」か「嫌い」かを2分式で尋ね、「好き」と答えた割合
表中の数値は，紹介されている数値をもとに筆者が算出した結果である
小椿誠一「児童の環境生活調査」『教育時論』昭和9年2月15日，30-34頁

また，表1-12の「映画を1ヶ月間に見る回数」によれば，映画を「見ない」は，男子の2割，女子の3割で，「月に1回」が3割，「2回以上」が4割程度となる。そうした意味では，子どもにとって，映画がなじみの深い娯楽の対象であったことが分かる。

表1-12 映画を1ヶ月間に見る回数（%）

	1回	2回	3回	4回以上	不定	見ない
男子　1，2年　(403)	26.6	13.9	7.9	11.9	8.9	30.8
3，4年　(397)	39.0	16.9	6.5	16.9	12.1	8.6
5，6年　(363)	36.1	16.0	14.0	6.3	7.2	20.4
高1，2年　(113)	22.1	23.0	18.6	11.5	0	24.8
平均　(1,276)	31.0	17.5	11.8	11.4	7.1	21.2
女子　1，2年　(395)	35.7	13.7	11.4	9.0	8.4	21.8
3，4年　(367)	33.8	20.7	13.4	12.0	0.8	19.3
3，6年　(367)	26.7	15.0	6.8	25.1	11.7	14.7
高1，2年　(114)	26.3	15.8	9.6	2.7	0	45.6
平均　(1,243)	30.6	16.3	10.3	12.2	5.2	30.6

元の資料より作表，表1-11に同じ

4）親と活動写真を見る

親と子とを対象に映画について調査した結果がある。子どもの場合，表1-13のように「誰と見たか」について，「一人で見た」子どもが少ないの

が目につく。それと同時に,「友だちと行く」割合は,学年が上がるにつれて高まるが,高等科男子でも47.8％,女子も33.3％にとどまる。したがって,映画を「父や母,きょうだいと一緒」という家族で見に行く形が多いのであろう。また,表1-14の「見た映画の種類」の結果では,見た映画の半数以上が「滑稽もの」という結果が得られている。

そして,親調査によると,表1-15のように,「子どもが映画を見る」のを許可するかについて,娘の異性関係が心配なのか,高等科の女子の親が映画見学に反対しているのが目につくが,その他の学年では,「見るのを反対しない」が7割に迫っている。

表1-13 映画を誰と見たか（％）

	父	母	きょうだい	友	その他	一人で
男子 1,2年 (403)	33.7	21.6	45.9	12.9	5.7	2.5
3,4年 (397)	28.0	21.9	54.2	22.7	7.1	6.5
5,6年 (363)	18.7	13.5	39.4	34.7	6.9	14.9
高1,2年 (113)	14.2	17.7	61.1	47.8	9.7	31.0
女子 1,2年 (395)	45.3	37.0	33.2	2.3	6.3	2.3
3,4年 (367)	39.8	36.8	57.2	12.0	6.8	2.2
5,6年 (367)	25.9	19.6	39.8	21.8	2.5	6.0
高1,2年 (114)	22.8	24.6	75.3	33.3	4.4	5.3

小椿誠一「児童の環境生活調査」『教育時論』昭和9年2月15日,30-34頁

表1-14 見た映画の種類（％）

		男子	女子	合計
①和洋別	日本もの	42.9	50.3	46.6
	西洋もの	37.1	26.6	31.9
	両方	20.0	23.1	21.5
②時代別	昔の話	33.7	22.1	27.9
	新しい話	13.7	16.3	15.7
	滑稽もの	49.2	57.2	53.2
	その他	3.4	4.4	3.9

表1-13に同じ

表1-15 「子どもが映画を見る」のを許可する割合（％）

	小1，2	小3，4	小5，6	高1，2	計
男子	70.1	82.6	73.8	76.1	75.7
女子	76.5	68.3	61.5	38.7	61.3
計	73.3	75.4	67.7	57.4	68.5

表1-13に同じ

　このように子どもの映画とのつきあいは，月に1，2回，親と一緒に滑稽なものを見る形が一般的のように見える。このように親たちは子どもが映画を見るのに反対はしていない。親子で娯楽として映画を楽しんでいるのであろうか。

　なお，教育研究同志会が行なった遊び調査についてはすでにふれた通りだが，先月に映画を見た割合は表1-16の通りである[92]。都市の場合，6割以上が映画を見ており，映画が子どもの世界に浸透しているのが分かる。

表1-16　先月，映画を見た割合（％）

初等				高等小学			
都市		農村		都市		農村	
男子	女子	男子	女子	男子	女子	男子	女子
72.0	59.2	49.0	26.5	74.2	64.4	48.6	35.2

教育研究同志会事務局『学童の生活調査』昭和17年，53-56頁

5）ラジオを聞く

　昭和6年に山口県熊毛郡の勝間小学校を卒業した山田道秋は，小学5年生の時，「村の有志の方からその頃村内では珍しかったラジオの寄付がありました。朝顔の花の形をした大きなラッパのついた受信機です。早速これが裁縫作法室に備付けられ，昼食時各学年交替で，お弁当を食べながら聞くのです」[93]と，ラジオの思い出を語っている。昭和5年のできごとである。

　昭和5年前後，子ども向けのラジオ番組として，6時から20分の「子供

1章　群れ遊ぶ子どもたち

の時間」に続いて，20分から5分の「コドモの新聞」が放送されていた。「村岡のおばさん」（評論家の村岡花子）と「関屋のおじさん」（科学評論家の関屋五十二）が1週間ごとに担当する「コドモの新聞」は昭和3年7月のBK（大阪）に続いて，7年6月から全国放送を開始し，子どもからの人気を集めている。

なお，「子供の時間」の内容は，童謡などの音楽と童話または童話劇という構成だった[94]。雑誌『児童』に，昭和10年9月1ヶ月間の「子供の時間」のラジオ番組が紹介されているが，番組は，①音楽＝群馬師範附小の子どもの唱歌や海軍軍楽の吹奏楽，②童話やお話＝中島研六「小人の汽車」や関口亮也「支倉長右衛門」，③童話関係の劇＝童話劇「はだかの王様」，徳川夢声の「モダン浦島」などから構成され，娯楽性の少ない教育的な内容である[95]。

なお，すでに紹介した教育研究同志会の調査の中で，子どもの生活を調べたデータがある。その結果では，「ラジオを毎日聞く」子どもは，農村部で5割強，都市で8割を超える[96]。そして，表1-18のように「聞いている番組」として「小国民の時間」や「コドモの新聞」があげられて，子どもの生活にラジオが密接に関連していることが分かる。

表1-17　子どもの生活（％）

	小学6年		高等2年	
	都市	農村	都市	農村
自分の勉強机がある	58.0	59.9	50.0	60.9
稽古ごとをしている	21.5	1.0	18.0	1.0
決った遊び友達がいる	71.8	65.6	43.3	40.4
雑誌を毎月とる	27.1	13.1	12.3	11.5
ラジオを毎日聞く	90.1	55.3	82.0	55.5

教育研究同志会事務局『学童の生活調査』昭和17年，53-56頁

表1-18 聞いているラジオ番組（%）

小学高学年			
都市・男子	①小国民の時間 99.5	②コドモの新聞 95.5	③相撲 71.8
女子	①小国民の時間 83.5	②コドモの新聞 48.4	③落語 56.0
農村・男子	①ニュース 47.5	②子供の時間 47.0	③講談 43.4
女子	①子供の時間 48.8	②ニュース 43.4	③小国民の時間 41.9
高等科			
都市・男子	①小国民の時間 38.8	②落語 33.6	③講談 26.5
女子	①小国民の時間 40.5	②落語 33.2	③我等の歌 26.9
農村・男子	①講談 74.5	②ニュース 66.4	③相撲 55.4
女子	①コドモの新聞 42.4	②ニュース 40.0	③小国民の時間 37.7

表1-17に同じ

　なお，昭和10年頃から学校でラジオを聞く形の学校放送が始まった。波多野完治は，ラジオを「娯楽のためきく」のでなく，「子供に何かをあたへる」ことが大事だと指摘している[97]。

　これまでふれてきたように，大正期までの子どもは，子守りや家事などに追われ，遊びの時を十分に取れなかった。しかし，昭和になると，都市を中心に，子どもは自由に放課後を過ごせるようになり，友と群れ遊ぶ時間を持てるようになった。そうした群れ遊びに，紙芝居や駄菓子屋，子ども雑誌，さらに，活動写真，ラジオなどが加わり，子どもの余暇の楽しさが増した。

　そうした半面，子どもの遊び文化に俗悪的な雰囲気がただようから，俗悪な文化から子どもを引き離すべきだとの声が社会的に高まる。子どもの俗悪さを排除しようとするのは，大人としての当然の態度であろう。その一方，子どもは俗に染まりつつ，俗を超えていく力を持っていることもたしかだ。つまり，俗の部分と接点を持ちつつ，俗に溺れることなく，俗を乗り越えていくのが子どもらしさのように思われる。そう考えると，俗を敵視し，俗的な文化を子どもから排除することが正しいとはいいにくい。俗を批判しつつも，俗の存在を大目に見る。それが，大人としての良識のように思われる。そうした意味では，紙芝居やメンコ，活動写真へどう対

処するのが望ましいのか。つまり，子どもと俗的な文化との距離をどうとらえるかは現在の子どもにも通じる問題のようにも思われる。

〈注と参考文献〉
(1) 藤沢周平『半生の記』文芸春秋，1994年，12頁
(2) 中野孝次『わが少年記』弥生書房，1996年，16頁
(3) 漆原喜一郎『浅草子どもの歳時記』晩成書房，1997年，57頁，34-35頁
(4) 奥野健男「原っぱ，隅っこ，洞窟の幻想」高田宏編『子供』日本の名随筆 Vol. 67，作品社，1996年，68-74頁
(5) 鈴村一成『下町少年倶楽部』エスシーエヌ，2001年，102頁
(6) 川本博康『昭和ひとけたの東京』文芸社，2002年，203頁，161頁
(7) 佐々淳行『戦時少年・佐々淳行』文春文庫，2003年，164頁
(8) 吉本隆明『少年』徳間書房，2001年，38頁
(9) 吉村昭『東京の下町』文芸春秋，1985年，143頁
(10) 安田武『昭和東京私史』新潮社，1982年，44頁
(11) 宮脇俊三『昭和八年渋谷駅』PHP，1995年，34頁，68-71頁
(12) 渡辺文雄『江戸っ子はやるものである』PHP文庫，1994年，184頁
(13) 小沢昭一『わた史発見』文春文庫，1987年，150頁
(14) 大川幸太郎「江戸っ子阿部川町九代目」『古老がつづる 下谷・浅草の明治，大正，昭和 7』1991年，99頁
(15) 小椿誠一「児童の環境生活調査」『教育時論』1933年12月25日，28-31頁
(16) 小椿誠一「児童の生活調査と校外教育」(15)に同じ，27-32頁
(17) 教育研究同志会事務局『学童の生活調査』1942年，53-56頁
(18) 上ノ坊仁「子どもと友達」『児童』1936年9月，102-107頁
(19) 加太こうじ『少年画家ひとり町をいく』ポプラ社，1977年，102頁
(20) 小林善一「ガキ大将がいて，喧嘩にもルールが」『すみだ区民が語る昭和生活史』(上)，1991年，95頁，164-166頁
(21) (6)に同じ，19-20頁
(22) 柳下恵子「駄菓子屋さんが子供のたまり場」(20)に同じ，174-176頁
(23) (6)に同じ，121頁
(24) (8)に同じ，55頁
(25) 『青空』31号，1930年，北区教育史編纂調査会『北区教育史 通史編』東京都北区教育委員会，1995年，237頁
(26) 『麻里布小学校百年史』1973年，395頁

(27) (14)に同じ、99頁
(28) (7)に同じ、170頁
(29) 森川直司『昭和下町人情風景』広済堂、1991年、80頁、91頁
(30) このみひかる『なぞなぞ下町少年記』筑摩書房、1985年、116-117頁
(31) 菅山修二『下町長者町ありし頃』文芸社、2001年、52-53頁
(32) 内務省『東京市京橋区月島に於ける実地調査報告』1921年、『月島調査』生活古典叢書第6巻、光生館、1970年、159頁
(33) 向田邦子『父の詫び状』文春文庫、1981年、203-205頁
(34) 丹羽武一「紙芝居屋さんがラッパを吹いてやって来る」(20)に同じ、152頁
(35) 大島政男『大正も遠く』日本社、1983年、24-25頁
(36) 玉川一郎『大正・本郷の子』青蛙房、1977年、79頁
(37) 進藤恒一郎「紙芝居体験記」『児童』1935年6月、79-83頁
(38) 上地ちづ子『紙芝居の歴史』日本児童文化史叢書、1997年、34頁
(39) 加太こうじ『紙芝居の昭和史』立風書房、1971年、19頁、38頁
(40) (9)に同じ、61-62頁
(41) 青木正美『昭和少年懐古』私家版、1977年、45頁
(42) (3)に同じ、138頁
(43) (5)に同じ、57頁
(44) (11)に同じ、16-17頁
(45) (37)に同じ、79-83頁
(46) 永松健夫「黄金バットのころ」『紙芝居』1948年4月25日、17頁
(47) (38)に同じ、37-38頁、50-55頁
(48) 『紙芝居』1948年10月25日、2-3頁
(49) 今井よね編『紙芝居の実際』基督教出版、1934年、47-65頁
(50) 東京市役所『紙芝居に関する調査』1935年、35頁
(51) (50)に同じ、50-66頁
(52) 内山憲堂・野村正二『紙芝居の教育的研究』玄林社、1937年、35-41頁
(53) 加太こうじ作画「黄金バット（ナゾー編）」『紙芝居大系－街頭紙芝居編』第2巻、大空社、1995年、14-48頁
(54) 堀尾青史「戦中における教育紙芝居運動」子ども文化研究所『紙芝居』童心社、1972年、310-311頁
(55) 松永健哉「街頭紙芝居の現状(1)」『児童』1938年1月、79-80頁
(56) 松永健哉「街頭紙芝居の現状(2)」『児童』1938年2月、77頁
(57) (49)に同じ、85頁

(58) (37)に同じ，80-82頁
(59) 村田享『教育紙芝居』中行館書房，1938年，225頁
(60) (56)に同じ，77頁
(61) (39)に同じ，109頁
(62) 上笙一郎「紙芝居略史」日本演劇教育連盟編『紙芝居を見直す』晩成書房，1988年，214頁
(63) 安部明子・上地ちづ子・堀尾青史『心をつなぐ紙芝居』童心社，1991年，222-230頁／子ども文化研究所『紙芝居』童心社，1972年，305-309頁
(64) 松永健哉『教育紙芝居講座』元宇館，1940年，19-21頁
(65) 梅本富雄・今井敏彦『紙芝居と戦争』マルジェ社，1985年，171-172頁
(66) 足立巻一『立川文庫の英雄たち』大和書房，1980年，142-152頁
(67) 藤沢恒夫『大阪目叙伝』中央公論社，1981年，57頁
(68) 村上信彦『大阪・根岸の空』青蛙房，1977年，46-47頁
(69) 南条範夫「立川文庫と私」『歴史と私』立川文庫傑選，1981年7月，34頁
(70) 加藤玉秀・述，東啓三郎「真田幸村」『立川文庫傑作集』歴史と旅臨時増刊号，1981年6月，140頁
(71) 雪花山人・述，加藤敏郎・画「霧隠才蔵」，(70)に同じ，140頁
(72) 加藤謙一『少年倶楽部物語』1968年，16頁
(73) 『少年倶楽部』昭和6年新年特大号（復刻版），1931年，講談社，広告頁
(74) (72)に同じ，139-141頁
(75) (新潟県)『小千谷小学校史』1968年，336頁
(76) 根本正義『鈴木三重吉と赤い鳥』鳩の森書房，1973年，105頁
(77) 『赤い鳥』21巻4号，昭和3年10月号，1928年，155-156頁
(78) 『赤い鳥』1巻1号，昭和6年1月号，1931年，108頁
(79) (11)に同じ，58頁
(80) 藤沢周平『半生の記』文芸春秋，1994年，37頁
(81) 北原照久『「おまけ」の博物誌』PHP新書，2003年，82-86頁，121-125頁
(82) 天野祐吉『バカだなア』ちくま文庫，1995年，229-231頁
(83) (35)に同じ，22頁
(84) 権田保之助「民衆娯楽問題」1921年，『権田保之助著作集』文和書房，1974年，84-85頁，98頁
(85) 不破祐俊「児童映画政策」『児童文化（下）』西村書店，1941年，216-219頁
(86) 小川一郎「児童映画発達史」『児童文化（下）』西村書店，1941年，184-185頁
(87) 『帝国教育』1933年4月1日，93頁／『帝国教育』1933年10月15日，42頁

(88) 星野幸雄「映画教育の実際問題」『帝国教育』1933年10月15日,36頁
(89) (3)に同じ,26頁
(90) 武永彦一「活動写真に対する調査」『教育時論』1927年5月5日,24-25頁
(91) 小椿誠一「児童の環境生活調査」『教育時論』1934年2月15日,30-34頁
(92) (17)に同じ,69頁
(93) 山田道秋「若木の頃のヒマラヤシーダ」(山口県熊毛郡)『勝間小学校百年史』1976年,252頁
(94) NHK編『放送の五十年』日本放送出版協会,1977年,49-50頁
(95) 「家庭と学校へ何が放送されているか」『児童』1935年11月,152-155頁
(96) (17)に同じ,68頁
(97) 波多野完治「ラジオを聞く子供の心理」『児童』1935年6月,11-14頁

2章　中学受験体制下の子ども

1　小学校の生活

1）　昭和初めの学校生活

　明治や大正という言葉は，はるか昔という感慨を伴うが，昭和には，現在とそれ程変わらない世相を感じる。しかし，昭和の初め，今とはかなり異なる学校生活が見られる。

　「昭和2年入学時には，男女とも膝位までの長さの着物に帯（3尺）の着流し姿が多かった。男子はこれに学帽を被り，下駄か草履かゴム靴を履くのが普通のスタイルだった」は，静岡市内の小学校に入学した人の回想である[1]。

　東京都府中第一小学校の記念誌に，昭和初めの卒業生の座談会が掲載されているが，昭和4年卒業の榎本武助は，学校での服装について，「私たちの組で袴を着けているのは5，6人くらいで，あとは筒っぽの着物のままです。私なんか悪戯小僧でしたから，袷を着ると冬洗濯ができませんので，単衣物をその上から着せられて」と語っているし，文具は「『書き方』のときに新聞紙を半紙大に切って，それを使ったのです。半紙を使うのは清書のときだけです」の状態だった[2]。

　地方の事例になるが，山口県の熊毛郡の勝間小学校を昭和2年に卒業した木村勇は「小学校6年間は，木綿の着物に，下駄と草履で，とおしたもので，（中略）布製の粗末な雑嚢も，風呂敷とランドセルの，中間的学用品として，その頃，使われた」[3]と語っている。

　同じ地方でも，山形県舟方の事例になるが，「教具なども，言うなれば黒板は白黒だけという言葉がぴったりする程度に少ないもので，音楽など

も古ぼけたオルガンが一つ，5線黒板すらありません。（中略）服装も学生服を着て来る生徒はクラスで2,3人，いわゆるお役人の子供か金持ちの子供だけで，他の者は皆夏はゆかた1枚に細帯。（中略）冬は綿入れにモンペ，それにドンプクを着てというのが普通で，モンペの代りに股引をはいて来るものもありました」[(4)]のような学校生活も見られる。

昭和2年に群馬県吾妻郡の入山小学校へ入学した黒岩善一は，「学級は1年だけが単独で，3年，4年と，2年5年6年が複式，全部で3学級しかありません。（中略）1時間の中でも先生の授業と自習が交互になされました」と語っている。また，昭和5年入学の山本海太郎は，「校舎は3教室と職員室があり，1教室に2学年ずつ入り，5,6年生の教室には高等科もあり，1教室で4学級の生徒が勉強していました」と回顧している[(5)]。

同じ昭和5年，山本海太郎と同じ入山小学校に入学した山口徳彗の小学校生活は，「学校までざっと5キロの山道を通った。山道は細くやっとカラ身の馬をひいて通れるくらいであった。あたりは一面の雑木の自然林，草原をくねくね曲がった道であった。（中略）学校の帰り道，山へ入って苺，栗，くるみ，あけびなどとりに行った。（中略）あの頃の私たちは学校から帰って勉強するなどという時間もなく，すぐに仕事に追われていた。子供の仕事は子守，水汲み，夕飯炊きだった。当時の常食は稗（ひえ）で，まことにお粗末なものであった」[(6)]だった。

もっとも，昭和8年に勝間小学校に入学した坂本克代は，「当時の服装は殆どの生徒が着物で下駄，ゴム靴，草履など。間もなくズック靴が出まわってゴム靴に代わり，衣類も急速に洋服になり，木綿のセーター服はまたたく間に毛織のサージに代りました」[(7)]と語っている。

もう一例，長野県戸倉小学校を昭和5年に卒業した滝沢豊四郎は「生徒達は全部，和服だった。男の子は冬はカスリの綿入れに筒ポコ半纏，女子は紫の袴をはいていた」と記述している。しかし，昭和15年に同じ戸倉小学校を卒業した西沢光夫は，入学の日のことを，「真新しい学帽に金ボタンの学服，ランドセルを背負って，手にぞうり袋を下げて校門をくぐっ

た」と回顧している[8]。

　このように，昭和といっても，初期と10年代とで，子どもの生活が変わっている。したがって，子どもが「洋服を着て登校する」に象徴される子どもの姿が現代風になったのは，昭和10年代に入ってからなのであろう。

　服装に限らず，学校の雰囲気も現在に近づいてくる。東京の滝野川小学校に在籍した子どもは，「今日は私達のたのしい運動会の日です。朝からよいお天気なので，見物人が黒山のようです。運動場では，万国旗が風にゆられてひらひらしてきれいです」（滝野川小学校，昭和5年，3-2　木野八重子）と記録している。この滝野川小学校では，運動会の服装は男子が白シャツ，白パンツ，運動帽，女子は白上着，黒パンツ，白タビで，取替競争から徒競走，支度競争，騎馬戦など，41の種目が行なわれている。

　「今日は読方，算術，理科の考査です。始まりの鐘がなった。皆教室に入ってしんとしている。遠くからこつこつと先生の足音がだんだん聞こえて来た。胸がどきどきし出した」（滝野川第六小学校，昭和7年，5-3　高橋はん）は，試験（考査）についての思い出で，「学業考査」は「毎学期各教科2回以上」実施すると定められていた[9]。

　いかにも学校らしい風景だが，そうした一方，先の山形県舟方小学校を卒業した沼澤治男は，「今習ったことを復習させられてできなければすぐ雷が落ちる。それも序の口で，毎日毎時間戦々恐々たるものがあった。太折から来る人は途中道端から太い笹竹を切ってこさせられ，そのむちで叩かれる」[10]と，小学校時代を回顧している。

　同じ小学校を昭和12年に卒業した佐藤寅雄は，「教室での授業もムチ打ち方法で，先生は長い竹のムチを持っての授業でした。授業中でも頭の上にムチがある状態が普通で，忘れ物をしたり，宿題でも忘れたりすると，それこそ廊下に立番を1時間から2時間もさせられたものです」[11]。

　そうした記述は，昭和12年に，長野県戸倉小学校を卒業した深津一兄にもみられ，「当時の教育は，スパルタ式でビンタは日常茶飯事，授業中わき見，無駄話をしていれば，細竹で，ぴしぴしたたかれ，顔にみみずばれが出来た生徒がいた」[12]と回顧している。

2) 大正自由教育の名残

このように多くの学校では，規律を大事に，団体行動を重んじる教育が展開されているが，そうした中で，大正自由教育の名残が感じられる実践も見られる。一般的に「大正自由教育」と呼ばれるのは運動の総称で，個々には多様な実践が含まれているが，運動の主たる担い手は都心部の私立学校や師範の附属学校だった。そして，大正自由教育を代表する成蹊小学校の設立趣旨（大正4年）によれば，成蹊は「児童の個性に応じて適当に教育を施す事」をスローガンにしている。「教育の理想からいへば何処迄も個人本位であるべき筈で，教授や訓練の徹底といふことも，この個性的取扱をして始めて臨み得らるる」[13]と提唱し，そのためには一学級の定員を30名以内に抑えると公約している。

また，大正6年に開校された成城小学校は，「個性尊重の教育」「自然と親しむ教育」「心情の教育」「科学的な基礎」を教育目標に掲げている[14]。大正8年に成城に入学した正宗猪早夫は，成城での思い出を「試験がないこと，席次，序列のないこと，出欠簿のないこと」が印象的だったと語っている。小学高学年になると，「午後の体操，音楽，図工，修身を除き，午前中は時間割なし，生徒は全く自由」の教育が行なわれていた[15]。

このように大正自由教育を象徴するのは，子どもたちの個性尊重だった。そうした主張は，これまでの画一的に教材を伝達する学校に対する批判として多くの教師たちの心をとらえた。大正10年に，東京で大日本学術協会の主催した「八大教育主張講習会」には，3,500人を超える受講希望があった。そして，2,000人を超える教師が熱心に8人の講師の話に耳を傾けている。講師と講演題目の一例をあげると，小原国芳の「全人教育論」や千葉命吉の「一切衝動満足論」である[16]。

古島敏雄（明治45年，長野県飯田生まれ）は大正7年に長野県の飯田小学校に入学しているが，大正8年に学校の教育方針が変わり，通信簿が廃止され，理科では国定の教科書に代わって，信濃教育会の編集した「理科学習帖」を利用するようになった。また，図画も手本に従って描くのでなく，自由に題材を選ぶ自在画が取り入れられている[17]。

また，歴史学者の家永三郎（大正2年，名古屋生まれ）は大正10年に東京牛込の余丁小学校の2年に編入したが，この学校では大正自由教育的な実践が行なわれていた。担任の先生は「修身の教科書など，つまらないことばかり書いてあるから読む必要がない」といって，教科書をまったく使わなかった。理科も実験や観察が中心だったという[18]。

　このように大正自由教育は，私立や附属などの特定の学校でなく，公立学校にも広がっていた。そして，個性尊重を謳う大正自由教育の考え方は，昭和になっても，多くの学校の実践の中に認められる。例えば，東京の北区滝野川小学校では，大正3年に校長となった山崎菊次郎のもとで，昭和12年まで新教育が実践されている。

　「私の学校経営」（昭和5年）には，「1児童を中心として学習を進めること」，「2環境の整理をなし，生活の即したる学習をさせること」，「3個別的な扱いを重んずること」，「4自発的創作的に学習を指導すること」，「5過程を尊重して，内面的な活動を価値あらしむること」などの10項目が提示され，大正自由教育の思想を忠実に受けついだ実践を展開している。子どもの「自発・自治・自律」を重視して，全学級を男女組とする。そして，同じ担任が1年生から6年生まで受け持つ。校内では各教師の自主性を尊重し，学級ごとの活動を尊重すると同時に，授業では合科教授に力を置く実践を展開している[19]。

　神奈川県相模原市の大沢小学校の場合，明治末の「校訓」は，教育勅語の文字から抜粋した「1忠孝ノ道ヲ忘レルナ」，「2智仁勇ノ人トナレ」，「3カタク規律ヲ守リ，ヨク遊ビヨク学べ」，「4カラダヲ丈夫ニセヨ」，「5倹約ヲ旨トシムダヅカヒスベカラズ」のような5項目から構成されていた。

　しかし，昭和初めになると，「1自治－自分ノコトハ自分デ致シマショウ」，「2勇気－元気ヨク致シマショウ」，「3忠実－真面目ニ仕事ヲ致シマショウ」，「4礼儀－礼儀正シク致シマショウ」「5協同－多勢ノタメニツクシマショウ」のように変化している。「忠孝」「智仁勇」から「自治」「勇気」への変化である。「自治」という言葉に，大正自由教育の影響が感じられるが，同じ市の田名小学校でも，自治会組織や学級活動などの「自治制度」と「自習

による自治」などの自治的訓練を軸として学校経営を図ろうとしている[20]。

3) 自由教育への批判

東京の都心部・千代田区の錦華小学校は，明治6年に開校された名門だが，大正時代から意欲的に自由教育の実践に取り組んでいた。そして，昭和2年に学校自治会が作られている。3年生以上の各クラスで，学級自治会が作られ，クラスごとに4人の自治会員を選んで，毎月1回クラス自治会を開く。そして，毎学期1回6年生が議長と記録掛になって，学校自治会を開く制度である。

そして，昭和3年に制定された「教訓」も，
　　身体を，健康にすべし　カラダヲ，ヂャウブニセヨ
　　学業を，勉励すべし　ガクモンヲ，ハゲメヨ
　　規律を，よくすべし　キマリヲ，ヨクセヨ
　　博く人を愛すべし　ヒトニハ，シンセツニセヨ
　　言行一致を，期すべし　イウタトホリニ，オコナヘ
の通りで，この学校では，忠孝的な校訓が作られていない[21]。

東京都練馬区開進第一小学校の級長規定（昭和7年）によれば，3年から級長と副級長が置かれ，①集合解散，②命令の伝達，③当番の監督，④授業の助手，⑤教師から頼まれた仕事を職務とするよう定められていた。そして，級長の選出にあたって，「第2条　級長及副級長ハ各選挙ニヨリテ之ヲ定メ其最高点者ヲ当選トス」や「第7条　級長及副級長ニ当選セルモノニ対シテハ所定ノ辞令及徽章ヲ交付スルモノトス」の規定が見られる。この頃，多くの学級では，担任が級長を任命するのが一般的だった。しかし，開進第一小学校では，子ども相互の選挙により級長を選出すると規定したあたりに，新教育運動の影響が感じられる[22]。

また，昭和8年，福島市第六小学校で個性調査票が作られている。これは，個人ごとに「気質，自己表現，行動，社会性，道徳判断，性癖」などを記録し，そうした個性に応じて指導を試みようとしている[23]。

こうした事例が示すように，大正自由教育では子どもの個性を尊重する。

大正13年に児童の村小学校に勤務した野村芳兵衛は、「子どもたちは、ひとしきり遊ぶと、部屋へ入って、思い思いに本を読んだ」、そして、「教師の仕事といえば、子どもたちを危険から守ることと、子どもたちの学習の跡を記録して行くことであった」と回想している[24]。

　これだけを読むと、学校というより、体験学習の場的な印象を受ける。しかし、玉川学園を創立して自由教育運動を担った小原国芳は、いわゆる「自由教育」は単なる自由な教育であってならない。そして、自由教育の特徴を「１教師中心から児童中心へ」、「２教授から学習へ」、「３他律的から自律的へ」、「４拘束から自由へ」、「５画一的から個性的へ」などの10項目をあげている。表面的でなく、内面的自由を育てたいと指摘している[25]。

　黒柳徹子の『窓ぎわのトットちゃん』は、周知のように、黒柳がトモエ学園に在学した時の記録である。トモエ学園は、成蹊小学校の音楽教師をしていた小林宗作が、昭和12年に創設した学校である。そして、公立学校で不適応を起こした徹子が、トモエ学園へ行くと、「その日、１日やる時間割の、全部の科目の問題を、女の先生が黒板にいっぱいに書いちゃって、『さあ、どれでも好きなものから始めてください』、といったんだ。だから生徒は、国語であろうと、算数であろうと、自分の好きなものから始めていっこうに、かまわないのだった」という。

　また「女の先生が、『みなさん、今日は、とてもよく勉強したから、午後は、なにをしたい？』と聞いた。（中略）みんなが口々に『散歩！』といった。すると先生が『じゃ、行きましょう』といって立ち上がり、みんなも、電車のドアを開けて、靴をはいて、飛び出した」のような回想もある[26]。

　こうした事例を読むと、子どもの自主性を尊重する学校の雰囲気が伝わってくる。しかし、自由教育は、子どもの自主性や自由を尊重するだけに、社会に自由の雰囲気が失われるようになると、自由教育は反体制的な危険思想のように見なされ始める。すでに大正13年８月、文部大臣岡田良平は、地方長官会議で、自由教育について、「軽信盲動徒らに新をてらい奇を弄して、彼の人の子を賊（そこな）うのみならず其の法令に背反する如きに至りては、厳に之を誡めざるべからず」[27]と、自由教育批判を展開している。

たしかに，自由教育は教師や子どもの自主性を基盤とした実践だった。それだけに，社会が戦時体制化し，体制への準拠が求められるにつれて，自由教育に対する批判が高まる。滝野川小学校の実践も，校長が深川の小学校へ転任させられる形で実践が終わった。
　特に昭和5年，世界的な不況の影響で，教員減や俸給の未払いなどが始まった。それと同時に，教育に軍事色が強まることへの危機感もあって，教員間に教員組合結成の動きが強まる。それが，日本労働組合全国協議会（全協）の結成の動きとなり，全協の動きの一端として，新興教育運動が展開された。
　教育運動に参加した平井英雄は「児童に対する懲罰をいっさいやめる。通信簿のなかの操行欄の廃止を職員会議に提案し，いれられないときには全員甲をつける。作文指導を通して児童に人間としての自覚を持たせる」のような自由教育的な実践を展開した。しかし，新教育運動は体制批判と受け取られがちで，昭和7年7月には，全協の指導者は治安維持法違反で検挙される状況になる。
　また，島根県の広瀬小に勤務したある教員は，大正自由教育的な考えを，「自分の学級経営の中にとり入れて，実施したこともありますが，歴代校長の方針で明確にこの旗印を掲げられず，ただ児童の個性と自主性，自発性を尊重する教育理念に立って比較的着実な教育」を行なったと回顧している[28]。
　もう一例，茨城県の代用教員だった羽田松雄（明治34年生まれ）は，大正10年，大正自由教育の推進校として知られる茨城県の石下小学校主催の自由教育講習会に出席し，小原国芳の講義を聞いている[29]。
　石下小学校の教育は，いわゆる「千葉の自由教育」の影響を強く受けた実践だった。その千葉師範附小の教育は，手塚岸衛が附属小学校主事として大正8年から取り組んだ活動である。手塚は，実践の理念として，「自由学習の児童本位」の「教育主義」を提唱している。この「教育主義」について，手塚は「自学の教育は自覚の教育」，「自覚の教育は自由の教育」，「自由の教育は責任あり」，「責任は人格」と述べる。したがって，「責任な

き自由ありとせばそれは自由にあらずして放縦なり」のように，自覚に裏打ちされた自由教育を提唱している[30]。そして，石下小では，千葉附小の「教科における自学主義」「科学的な自由主義」「児童による自治」の3本柱を参考にして，自由教育をスタートさせている。そして，授業面だけでなく，作文や図画などの改革を試みている。『赤い鳥』の影響を受け，何人もの子どもが自由詩や児童画を投稿し，北原白秋の「推奨」をえている。

　石下の講習会から刺激を受けた羽田は，自由教育の実践を目指し，綴方教育を発展させていく。しかし，昭和16年に治安維持法違反で逮捕された。いわゆる「教員赤化事件」で，取調べの時，生活主義綴方が赤化思想と見なされ，羽田は刑務所暮らしを送っている。

　このように自由教育的な実践は反体制的と見なされ，弾圧の対象となった。そうした事情は民間教育運動史ではよく知られた事実である。ここでは，昭和以降も，自由教育的な実践が教育現場に広まっていることと，そうした広まりが見られるだけに，自由教育は体制に合わない危険思想と見なされがちであった。その結果，学校から自由の雰囲気が薄れるのに反比例する形で，学校は教育面で軍事色を強めていく。この変化を子どものサイドから見ると，学校からのびのびとした雰囲気が失われ，自分たちの気持ちを汲み取り，支えてくれる頼りになる先生が減る。そして，学校生活が集団訓練の場的な感じになる。そうした動向は，教育の戦時体制化に関連させて，4章で扱うことにしたい。

2　入試制度の見直し

1)　進学熱の高まり

　昭和の子どもを考える時，一つの変化は進学熱の高まりであろう。もちろん，昭和の初め，進学できた子どもは決して多くはない。具体例として，福井市の旭小学校をあげると，昭和9年と15年の子どもの進路は表2-1の通りである。小学校卒業後，進学する者は実業系の学校を含めても3分の1程度にとどまる。進学は少数例で，高等小学校に進むのが普通の進路だ

った。

表2-1 福井市旭小の進学率（％）

	昭和9年			昭和15年		
	男子	女子	全体	男子	女子	全体
中学・高女	14.7	14.5	14.6	7.3	19.3	13.3
商業・工業など	12.6	20.9	16.8	10.4	13.2	11.8
小計	27.3	35.4	31.4	17.7	32.5	25.1
高小	63.2	26.4	44.8	66.9	50.0	58.5
就職	9.5	38.2	23.8	5.4	17.5	16.4

『福井市旭小学校百年史』昭和50年，213頁，230頁

　旭小の数値が示すように，子ども全体の中で，進学者の占める比率は多くはない。だからといって，中等教育へ進学しやすいのでなく，進学は少数激戦の様相を示している。大正5年を基準として，大正年間の中学受験について，全国的な動向をまとめると，表2-2の通りになる。大正5年から14年までの10年間で，受験者は倍増している。そうした受験者増に対応して，中学校の入学者も倍増した。入学定員を増やしても，志願者増に追いつかない。その結果，入試倍率は大正年代を通してほぼ2倍に終始している。

表2-2 中学志願者と入学者の変化

	志願者	入学者	志願者増	入学者増	入試倍率
大正5年	76,660	36,994	100.0	100.0	2.07
7年	83,850	39,562	109.4	106.9	2.12
9年	122,316	46,826	159.5	136.6	2.61
11年	157,490	62,481	205.4	169.7	2.52
13年	156,832	73,997	204.5	200.0	2.11
14年	148,572	75,572	193.8	204.2	1.97

『文部省年報』各年度より作成

もう少し細かく東京の状況を示すと、大正13年の場合、東京府の公立の中学や高等女学校の入試倍率は表2-3のように、一中の5.5倍、二中の2.9倍など、平均して4.0倍に達する。また、高等女学校の入試倍率も、第一高女の4.6倍など、平均して4.2倍である。

全国平均で2倍、東京府立中学で4倍というと、入試倍率がそれ程高くないように思われがちだ。しかし、この時期、何となく上級学校を受験する子どもは少なく、受験意欲を強く持っている場合が多い。それだけに、入試倍率以上に厳しい入試競争が展開された。

表2-3 東京の公立中学入試倍率（大正13年度）

中学	定員	志願者	倍率	高女	定員	志願者	倍率
一中	220	1205	5.5	一高女	240	1108	4.6
二中	100	291	2.9	二高女	100	546	5.5
三中	250	734	2.9	三高女	184	618	3.4
四中	230	812	3.5	四高女	50	203	4.1
五中	200	1507	7.5	五高女	200	1298	6.5
六中	270	1305	4.8	六高女	240	584	2.4
七中	270	643	2.4	品川高女	80	418	5.2
八中	270	783	2.9	小松川高女	100	282	2.8
全体	1810	7280	4.0	全体	1194	5057	4.2

『教育時論』大正13年4月5日、34頁

表2-4 中学卒業生の進路（昭和2～5年）（％）

	高校	専門	他校	進学計	軍人	教員	公務員	会社	その他
昭和2年	23.7	23.2	0.9	47.8	2.8	8.9	0.2	11.2	29.1
昭和3年	28.7	23.3	1.7	53.7	3.6	9.3	1.7	10.5	21.3
昭和4年	27.4	25.2	1.5	54.1	4.0	9.5	2.4	10.7	19.3
昭和5年	25.8	27.4	1.5	54.7	4.8	9.4	2.6	12.5	16.0

『教育時論』昭和7年3月15日、35頁

それでは、中学進学者は、卒業後どのような進路をたどるのか。昭和に入っての（旧制）中学卒業生の進路を表2-4に示した。（旧制）高校への進学者が4分の1を占め、専門学校進学者を含めると、進学率は卒業生の半数を上回る。この時期の統計の場合、専門学校には、早稲田や慶応など、いわゆる私立の有力学校が含まれている。したがって、「専門学校」を、現在風に読み取るなら、難関大学入学に感覚が近い。

このように中学進学者の半数は高等教育へ進んでいる。その中でも、（旧制）高校進学者の比率が高い。いうまでもなく、明治時代以来、（旧制）高校への進学は、難関として知られ、現役で入学できずに、浪人生活を送って入学する若者が少なくなかった。そして、表2-5の通り、大正13年の場合、（旧制）高校の入試倍率は、5倍を上回っている。

表2-5　高校の入試倍率（大正13年）

	定員	志願者	入試倍率		定員	志願者	入試倍率
一高	380	3,261	8.6	六高	280	1,686	6.0
二高	280	1,438	5.1	七高	240	1,320	5.5
三高	320	1,954	6.1	八高	280	1,511	5.4
四高	280	1,405	5.0	小計	2,380	14,091	5.9
五高	320	1,516	4.7	その他	3,040	16,190	5.3

『教育時論』大正13年2月15日、33頁

昭和初めの中学生は、中学受験という難関を突破したエリート候補生だった。知力や体力はむろん、財力にも恵まれた一握りの選抜された生徒である。そうした県レベルの俊才が、国レベルの俊才を目指し、5倍以上の難関へトライするのが（旧制）高校受験だった。高校へ入学できれば、国レベルのエリートへの達成が保証されたのと同じだった。さすがに高校進学者は4分の1程度にとどまるが、中学卒業生の半数以上が高等教育へ進む。したがって、中学進学は高等教育予備門への合格を意味していた。

2) 補習教育の取り組み

　このように中学入学は、立身出世の第一段階クリアーを意味した。しかし、入試倍率が高いので、合格は容易でない。そうなると、中学合格のための準備教育が必要になる。

　鹿島孝二（明治38年、東京上野生まれ）は東京上野の西町小学校に入学した。同小学校の、進学者は50人中6、7名程度だったが、孝二が6年生になった大正6年には、15名程度に増加した。その結果、補習が必要ということになり、朝6時から9時までの3時間、放課後は3時から5時まで、計5時間、国語と算数の補習授業を受けている[31]。

　大正8年に東京府立三中を受験した寺松絃二は「受験勉強は6年になると始まる。2学期からますます強化された。10月頃から朝、始業前に30分、放課1時間、準備教育を担任の先生がしてくれた」[32]と回想している。また、昭和5年に旭小学校を卒業した富田清は、6年生になると、「進学希望者に算術、国語、地理、歴史、理科の5教科を収録した学習書が与えられ、（中略）3月の受験日近くまで毎日日暮れて帰宅する日課がくりかえしました」という[33]。

　吉本隆明（前出）は「今氏塾に行くようになったのは小学5年生の頃だ。どこからか親たちは、東京で最低の小学校だから勉強しないと上の学校には行けない、と聞き込んできたのだ」[34]の情況から、塾通いを始めている。

　こうした事例が示すように、大正の終わり頃から、全国的に、学校で中学受験生を対象とした補習教育が実施されるようになる。そうなると、学級の中に進学組と非進学組との溝も生まれる。そして、進学組の子どもは朝学習に加え、放課後の補習が続くので、体調を崩しがちになる。そうした情況を避けるために、各県で補習教育の自粛を求める動きが強まる。しかし、希望する学校へ入学したいという親子の気持ちは強い。担任として、その期待に沿いたいので、補習教育を続けることになる。その結果、補習禁止の通達は効果をあげにくい。そうなると、補習教育をより厳しく規制する通達が出されるようになる。

　一例をあげると、大阪府では、大正13年7月に補習教育の禁止や補習目

的での正規授業のやりくり，自宅での授業の禁止などを通達している[35]。そして，三重県でも，大正14年，①受験指導は6年生になってから週2～3時間，入試前も6時間を限度とする。②日曜の指導は禁止，③教員の私宅教授は禁止，④試験科目のみの指導は禁止などを指示している[36]。

　もっとも東京府の場合，大正13年を例にすると，中学への進学希望者は8,198人なのに，中学の入学志願者総数は2万5,043人，そして，入学者は8,551人である。つまり，一人平均2.7校を受験するので，受験競争が厳しいように見える。しかし，実際の合格者数は志願者数を下回る。単純に考えると，受験生が1校ずつ受験していれば，全員が合格できる計算である。しかし，特定の有名中学に受験生が殺到し，高い入試倍率が生まれる。そうなると，志望校に入学したいが，入試失敗も予想されるので，滑り止めを確保する。そうした形で，複数受験が一般化するので，受験競争が生まれる仕組みである。

　高等女学校も，高等女学校の志願者は7,813人，志願者総数1万8,637名，実際の合格者7,330名で，女子は一人平均2.4校を受験している計算になる[37]。したがって，全員が1校ずつ志願することにすれば，483名が不合格になるものの，合格率は93.4％になる。

　また，岡山市の昭和2年の場合，中学や高等女学校の学年別の入試状況は表2-6の通りで，中学や高等女学校の受験者が小学6年生に限られていない。中学の場合，6年生からの志願者率（志願者の中で尋常6年生の占める割合）は67.1％，6年生の合格率は65.9％にとどまる。また，高等女学校の場合，志願者の中での6年生の割合は79.9％，合格率は79.7％である。女子は浪人を避けるためか，現役合格率が高い。しかし，男子の場合，6年生の受験者や合格者は3分の2で，残りの3分の1は，高等小学校へ在籍し，一浪や二浪して，中学校へ入学している。

表2-6　受験生の学年構成－岡山市（昭和2年）

	中学				高等女学校			
	志願者	合格	不合格	合格率	志願者	合格	不合格	合格率
尋常5年	1		1					
尋常6年	635	459	176	72.2	549	429	120	78.1
高等1年	246	189	57	76.8	118	97	21	82.2
高等2年	64	48	16	75.0	22	12	10	54.5
全体	946	696	250	73.6	689	538	151	78.1

『教育時論』昭和2年5月5日, 37頁

　有名中学に入学し, 卒業できれば, 高校や大学に進学でき, 社会的な達成が可能になる. 女子の場合も, 高等女学校を卒業すれば, 良家との縁組が可能になる. だから, 浪人してでも, 中学へ進学したいという社会的な気運は高まる. 東京都北区第三岩淵小学校を例にとると, 昭和2年から6年の5年間に, 男子の中学進学率は47.4％から61.2％へと, 13.8％上昇している. 女子の高等女学校進学率も34.2％から51.6％へ17.4％増加し, 進学傾向の高まりが見られる（表2-7）.

表2-7　進路の構成－北区第三岩淵小（％）

	昭和2年	昭和3年	昭和4年	昭和5年	昭和6年
男子・総数（人）	153	176	137	114	124
進学	47.4	43.9	55.0	62.1	61.2
高小	42.1	29.3	30.0	27.3	35.8
実務	10.5	26.8	15.0	10.6	3.0
女子・総数（人）	124	158	160	126	140
進学	34.2	32.3	39.5	46.9	51.6
高小	42.9	20.6	31.3	38.8	36.7
実務	22.9	47.1	29.2	14.3	11.7

『北区教育史　通史編』平成7年, 248頁

そうなると，受験のための準備教育は避けられなくなる。すでにふれたように補習教育は大正時代から行なわれていたが，昭和になると，多くの学校で，長い時間をかけての補習教育が展開されるようになる。そして，大都市とはいえない地方都市の学校でも，補習教育が試みられている。

　例えば，「1ヵ年日曜日以外，殆ど休みなしで勉強と取り組んだ。毎日放課後日の暮れる頃まで，殊に冬の日は早く落ち，火の気のない教室は随分寒かった」(亀井三枝，山口県勝間小，昭和3年卒業)[38]，「学校で遅く迄補習勉強をし，字東坂を帰る頃は真っ暗になり，厳寒の頃とて身を切られる程でした」(石川さき，静岡県堀之内小，昭和2年卒)などである[39]。高学年担当の教員は「社会は好んで，各学校の入学歩合などを比較し，学校の優劣を云々したがる。父兄はこの結果によって，学校と教員に対して，信用の差別をつける」[40]。そうした競争に巻き込まれ，心身ともに過労に陥ったと回顧している。

　こうした状況の中で，補習教育の自粛を通達しても，上級学校への入学試験がある以上，効果を発揮できない。それなら，補習教育の根底にある受験制度の改正が必要だという議論が高まってくる。そして，入試制度の改革に向けて，いくつもの試案が提出されるようになった。

3) 入試制度改革への提案

　現在では，進学準備というと，進学塾を連想する。基本的な学習を行なう場が学校で，進学的な機能は学習塾が担う。そうして2元化された教育のシステムが定着しているが，昭和初期の場合，学校は補習教育の面でも指導的な役割を果たしていた。そうした学校に対し，補習教育の禁止を指示するだけでは問題が解決されない。むしろ，補習しないですむように，中学入試そのものを検討することが重要という気運が強まってくる。

　入試をめぐる状況が深刻なだけに，教育雑誌も数度にわたって入試問題を特集している。しかし，当時の有力な教育雑誌『教育時論』によれば，中学校サイドは，適当な選抜方法が見つからないから，現状でやむをえないという見方が多い。それに対し，小学校サイドは小学校の成績を重視す

べきというだけで，それ以上の対策を考えようとしない。そのため，具体的な方策を論じられることなく，問題が混迷するだけと，嘆いている(41)。しかし，教育誌を読むと，入試改革についてのいくつかの具体的で現実的な提案が試みられている。その中から，何人かの提案を紹介してみよう。

栃木女子師範主事の小林友雄は，中学受験の弊害は，①義務教育完成期の破壊，②児童の疲労過重，③教育関係者の情実関係，④教育上の差別的な取り扱いなどを招く。特に，④について，「希望輝く少数者は優待され，学力なきもの資力足らざるもの其他の家庭関係によって，上級学校に進むことの出来ぬ所謂恵まれない多数の人々が軽視せられることは大なる弊害」(42)という。しかし，「多数の者の中から少数を選抜すると云ふ以上は自ら其処に競争が起こり，従って又必然的にその競争に勝たんとする為準備努力の起こることは当然である」から，準備教育は避けられない。そう考えて，受験緩和の対策が検討されてきた。しかし，そうした対策は，①補習教育を全廃しても，担任が家庭教師になる，②成績による選抜は学校差を考えると不公平，③市町村長による推薦は情実を生む，④抽選による選抜は偶然に頼る，⑤申し込み順は早朝より列ができるだけなど，いずれも有効性に欠ける。したがって，「入学の志願者は該学校で全部収容し」，仮入学させ，学習態度や成績を見て，定員まで在籍生を削減したらどうかと提案している(43)。

大分師範校長の越川弥栄も，入学準備教育を制限しても実効性に乏しいという見方では，他の論者と一致している。かといって，入試を全廃して，①抽出法（抽選），②出願順序法，③小学校長信頼法（推薦を信頼）などの無試験法を採用してもよいが，どれをとっても問題が多い。④形式法（知能テストなどの利用），⑤内容法（全教科の基礎的な学力検査）も準備教育が復活する。そう考えると，試験制度の手直しも解決になりにくい。それだけに，中学の増設が望ましいが，中学を増やすのは，中等教育の水準を低下させるだけだ。結局，実業学校の増設を図ってはと提唱している(44)。

東京府第二中学の校長・原田長松は，校長としての経験から，学科中心の筆記試験を廃止し，①小学校長の提出する学業成績，②中学での口頭試

問，③体育検査を総合判定する制度を導入してはと提唱している⁽⁴⁵⁾。また，東京高師附属中学の斎藤斐章は①「内申によって，箸にも棒にもかからぬと思はれるものを省き」，②体力測定で「中等教育を受くのに堪えぬものを省き」，③口頭試問で「児童の理解力，想像力，推理力の如何を考査」，④「優劣の判定に苦しむものに限り抽籤」という4段階の選抜が良いと提案している[46]。

このように教育関係者の多くは，①受験勉強が過熱し，補習教育が広まっているが，②補習教育を禁止しても，成果を期待できない。したがって，③入試制度の検討が必要という見方では一致している。しかし，具体的な対策になると，小林友雄の「全員入学案」（その後，選抜），越川弥栄の「実業学校増設案」，斎藤斐章の「抽選入試」のように，意見に開きが見られる。

こうした情況に対応して，大正14年10月に東京府教育会が音頭をとり，帝国教育会などの47団体が参加し，「中等学校入学試験撤廃期成同盟会」が結成された。これは，同会の指導者・野口援太郎が指摘しているように，「中等学校に入学する者が多くなったのに，それに対して中等学校の設備が充分でなく，志願者の悉く収容するだけの能力が足りない」のが原因である。したがって，①中等学校の増設拡張と，②私立の中等学校に大幅な補助を与えることを求める運動であった[47]。

4）文部省の提案

文部大臣の三土忠造は，補習問題を放置できないので，「現時の学校教育は，試験のための教育となって，学校本来の目的から大分遠ざかって来ている」。したがって，「小学校から中等，高等学校，専門校，大学に至るまでの試験制度は，一括して統一整理し，所謂準備教育の大弊より救うべき大改革を行ふ」[48]と力説している。

そうした中で，文部省の関屋普通学務局長は，「入学試験の撤廃は法令がある以上これを行はなければならぬ。然し法令を廃止しても現状の如く志願者が多く，それを入るる器が不足して居るから矢張り何等かの方法で選抜しなければならぬ」と，入試改革の難しい状況を指摘した後，具体的

な中学入試案として、「①入学試験を全廃し抽選によるべし」、「②従来の学科偏重の試験方法を改め試験問題を常識的にすべし」、「③学校在学中の成績を参考にして前項常識的試験方法を採用すべし」の３案を示して、どの案が妥当なのか、各界から意見を寄せて欲しいと、要請している[49]。

『教育時論』誌は昭和２年７月５日号で、３案に対する17名の名士の意見を紹介している。３案の中で、もっとも評判の悪かったのは①の抽選によるもので、文学博士の吉田熊次は「最悪法と存じ候」、早稲田大学教授の帆足理一郎は「非教育的な愚案」、三輪田女学校の三輪田元道は「抽選の方法は万事競争原理を基調としている社会生活と一致せず」などとコメントしている。そして、入試の全廃も現実的でないから、③が妥当という声が多数を占めた[50]。

そうした状況をふまえて、昭和２年９月、文部省は、昭和３年の入試に向けて、以下のような「試験制度改革案」を発表した。

① 小学校長は、小学５、６年生時の学業成績、身体特性などの必要事項を調査し、志望中学校長に内申。
② 中学校長は、小学校の内申に基づきながら、身体検査と人物考査を行なう。人物考査は「平易なる口頭試問」とする。
③ 願書は小学校長経由で中学へ提出する[51]。

このように文部省案は、①筆記による学力試験を禁止し、②小学校からの内申書を主に、③簡単な口頭試問で、合格者を決定する骨子である。こうした文部省提案に対し、各地の教育会は、対応策を検討しているが、全体として、慎重論や反対論が多かった。

具体例として大阪市では、９月15日に中学校長らの中学校入試検討委員会の委員26名が集まり、反対意見を集約した。そして、清水大阪商業学校長や杉田都島工業学校ら３人を委員に選び、委員は９月19日に文部省に出向き、陳情を行なっている。大阪市の「理由書」によれば、「人物考査のいはゆる口頭試問には相当の時間を費やして従来の試験に類したる方法を用ひざるかぎり選考の順位を公正に定めるのは不可能である」。したがって、混乱を避けるため、「実施の時期を２、３年延期せられたい」を、武

部普通学務局長に申し込んでいる。また、9月19日に開かれた東京府の小学校長会も入試問題に疑念が続出し、「成績の標準は甲の学校と乙の学校と著しく異なる場合がある。この成績標準の統一をどうするか」などが、論議されている[52]。

もっとも、昭和2年の改正は、文部省として、自信を持って提出した案ではないらしく、岡田良平前文相（就任期間は大正13年6月から昭和2年4月）も、「試験苦から学生を救はんがため試験の廃止を前提として案出したものと思はれるが中等学校の入学に全部試験を廃止して小学校長推薦の人物の考査と体格とによって入学者を決定しようとするのは今日よりも寧ろ甚だしく不公平を生ずる恐れがある」と述べている。また、水野錬太郎文相（就任期間は昭和2年6月から3年5月）も、今回の改正は「単なる一策なんだから今後ともに不備の点はどしどしと改良して行く必要がある」と、改正を始める前から、改正をさらに改正することの必要を認めている[53]。

昭和2年10月26日から3日間、全国中学校長会が開かれ、山崎政務次官より試験制度改正についての説明が行なわれた。文部省案が「絶対の最良方策、理想案」とは思わないし、訓令で画一的に強制するものではないが、①小学校長の内申、②人物考査の口頭試問、③同一順位の抽選を骨子にする。口頭試問実施にあたって、「書かせることも悪くはないが、原則としては口頭試問を行ふべき」という説明である。そうした説明に、会場から、「入試は重要な問題なのに、諮問事項にしないで、説明の形をとったのは何故か」との質問が出された。文部省側からは、今回の改正は事前に多くの教員から意見を聞いているし、各学校の創意工夫を促したいので、説明の形をとったとの回答がなされている。

昭和2年11月10日に開催された全国学務部長会議でも、文部大臣は「此度の改正案が必ずしもベストなるものとは思はぬ。然し、従来の制度に比しベターなるものと信ずる」と述べ、「教育の改革の第一歩」と位置づけている[54]。改革案として、ベストではないし、実施後も、検討を加えるから、とりあえず了承して欲しいという態度である。

3　筆記試験なしの入試

1)　筆記試験なしへの反応

　文部省は昭和2年11月22日に，中学選抜試験の改正についての訓令（19号）を発した。そして，「（中学志願者が）準備ニ没頭シ知ラズ識ラズノ間ニ其ノ心身ノ発達ニ悪影響ヲ及ボス」と，状況を要約した後，「試験ヲ行ハザルコトヲ以テ本体トシ」，「小学校ニ於ケル成績ニ拠リ更ニ人物考査並身体検査ヲ用ヒテ」選抜を行なうよう指示している。同時に発せられた「中等学校試験制度改止ニ関スル件」は，以下の内容だった。

① 　小学校での成績は，最終2学年のもの。
② 　人物考査は常識，素質，性行などの「平易ナロ頭試問」で行なう。
③ 　成績と口頭試問，身体検査で，順位を決められない場合，抽選による。

文部省の訓令を受け，東京府学務課は，各学校に以下のような通牒を発している。

① 　成績は国語（読方，綴方，書方），算術，国史，地理，理科，図画，唱歌，体操，裁縫，手工，家事，実業などを，それぞれ10点満点にして，6年生の2学期まで加算し，総点順に順位をつける。
② 　身体検査の他，「志願学童ノ性質，行為，知能，言語，趣味など」の特性や，家庭環境なども記述する。
③ 　中学校は小学校の内申を尊重し，厳正公平に選抜すると同時に，情報が外部に漏れないように配慮すること[55]。

　こうした訓令に対し，京大教授の教育学者・小西重道は，今回の選抜が導入されると，小学校の内申が進学の基本資料となり，「小学校内部における成績競争は非常に激烈となり，教育上，人格養成上遺憾なことが多く起こる」から，問題解決にならないと危惧している。また，東京府立三中校長の広瀬男も「小学校長が順位を決定して推薦してよこすから自然生徒間父兄間の競争が激しくなり」[56]と改革案に疑問を提出している。

その他，文部省案に対する師範や中学関係者の反応を紹介すると，東京府豊島師範校長の桜井賢三は，内申書は「其学校だけのものなので客観的な基準に因ったものではない」から，判定の資料としては信頼できない。したがって，口頭試問で対応することになるが，これは，「幾分の緩和案」に過ぎない。したがって，①中学校の増設，②私立の充実，③夜間中学の増設などの「基礎的な緩和法」が大事だと強調している(57)。

　東京高師教授・斎藤斐章は，小学校からの推薦でふるい落とせるのは中学の勉強に堪えられない少数に限られる。身体検査でも，病弱以外は入学せざるをえない。そうなると，「多数の受験者ある場合は筆記せしめる外は無い」と，試験廃止に疑問を投げかけている(58)。

　千葉中学校長の西村房太郎は，試験制度は「何れも一長一短を免れない」。筆記試験の問題があるからといって，「口頭試問に限ると云ふことは，所謂羹に懲りて膾を吹くの類」になる。したがって，「テストもやる。人物考査もやる。口頭試問もやる。小学校長の内申も参考する」というように，総合選抜を試みてはどうかと提唱している(59)。また，名古屋女子師範教諭の酒井鋳太郎は，今回の改正はベターだと思うが，「小学校の成績なる者は，悉くを信じがたい」。したがって，中学校の増設に解決策を見出そうとしている(60)。

　このように中学や大学の識者の意見は，小学校の内申書を全面的には信頼できないから，内申重視の選抜は問題が多いと見る点で一致している。それでは，小学校関係者は，内申重視の動きをどう評価しているのか。

　横浜小学校長の山元盛太郎は，①小学校の内申書は「各校区々，同一校としても年度によりて実力は同一で無い」から，入試の判定材料としては信頼できない。②口頭試問も「数分くらいで一緒の浮沈を定め酔うとするのは危うい」。③抽選は「あまりに不合理」。そう考えると，「従来の選抜法と根本的には異ならぬ」ことになると要約している(61)。京都市明倫小学校の塩見静一校長は「採否決定の試験がある以上，之に対する準備が行われるのが当然」で，どんな制度を採用しても準備が始まる。「矢張教科について簡単な試験をした方が弊害が少ない」(62)と結論づけている。また，

大阪市育英高等小学校の村田次郎校長は「女一人に婿の多い時には最優の者が教育を受ける権利と義務とがある。その最優な者を選ぶ方法を公平にせしむる為には試験はやむを得ない」と述べている[63]。

このように予想外なことに、小学校長の多くは、入試に内申を重視する方策に消極的で、筆記試験による入試の方が妥当という意見を表明している。学校長として、内申の持つ問題点が分かるだけに、入試にあたり、内申書に頼り切るのは心配なのであろう。

東京高等学校校長の塚原政次は、自校の附属中学を具体例にとり、小学校でどの程度の学級内席次の子どもが中学へ入学したのかを明らかにした。東京高校では内申を参照し、口頭試問と簡単な筆記試験を行なって合否を判定している。

学級内席次	1番	2番	3番	4～6番	7～10番	11番以下
昭和3年度	44.2%	32.6%	11.6%	10.5%	2.3%	0%
昭和4年度	59.5%	18.9%	0%	14.9%	4.1%	1.4%

東京高校の附属中学であるから、優秀な受験生が受験する。学級内の席次が1、2番の者が入学する割合は、昭和3年度で76.8%、4年度が78.4%である。したがって、学業成績の上位者が入学するのはたしかだが、それ以下の子どもも、昭和3年で24.4%、4年で20.4%が入学している。したがって、小学校の内申書は信頼できるが、意欲的に勉強する子どもが多い学級の場合、席次が4番以下でも入学できる子どもがいる。このように内申書に学校差や学級差が見られるので、「単に内申書のみで入学選抜を決定するのは困難でありまた不公平なこと」と結論づけている[64]。

教育関係者だけでなく、教育に関心を持つ政治家も、入試改革に発言している。衆議院議員の荒川五郎は、内申書について、文部省案では高く評価しているが、「単級や多級や又複級の学校等学校にも種種あり、都市と農村漁村等各特色相違があるから、之を一律に査定できない」。試験に代わって、口頭試問を実施するというが、試験官の主観に左右されるから、「口頭試問ぐらい不公平なものはありますまい」と、文部省案を批判している[65]。また、衆議院議員の山桝儀重も、「各学校の各教師の採点標準は

区々である。甘い教師もいれば，辛い教師もいる」。これを「同分母に換算して比較するのは不可能」だ。だから，内申書重視は問題が多いから，従来のように筆記試験を基準にする他はない。そうした一方，学校数を増やすなどの抜本的な改革を行なってはどうかと提案している[66]。

　こうした状況をふまえ，文部省は，「各地方別に適切な方法を以って改善していく」ことが望ましいと，これまで以上に，地方ごとの自主的な対応を求めている。そして，各県も，中学校長会や小学校長会などを中心に論議を重ね，昭和3年度入試についての方策を検討した[67]。そして，多くの県では，文部省の入試案に当惑しながらも，文部省の原案に沿った入試の実施を決定している。例えば，島根県では，昭和2年12月9日，八木林作知事名で，「中等学校入試試験制度改正の要旨並びに実施上の注意に関すること」を発した。中学受験の準備のため，「準備ニ没頭シ知ラズ識ラズノ間ニ其ノ心身ノ発達ニ悪影響ヲ及ボス」ので，「主トシテ出身小学校ニオケル成績等ニ拠リ更ニ人物考査並身体検査ヲ施シテ入学者ヲ決定スベキ」と，指示している[68]。また，大阪府の場合，①小学校で同一校に2名以上を推薦する場合は序列をつける，②中学校で受験者が多い場合，抽選はせずに，口頭試問を行なうを定めている。さらに，長野県では，①小学校の推薦は10点満点で，②中学では，口頭試問の後，受験生が多ければ，抽選を行なう。東京府は，①口頭試問は学科の内容を避ける，②筆記答案を行なわない，などを定めている[69]。

2)　具体的な選抜過程（昭和3年）

　昭和3年に入ると，各中学校や高等女学校から，3月の入試に向けて，「入学試験考査法」が発表された。『教育時論』誌が掲載した資料によると，各校とも，考査方法として「成績・口頭試問・身体検査」が3点セットのように記載されている。高知県立高知城東中学の「文部省案により施行」，神奈川県立横須賀中学の「小学校より提出の調査書により口頭試問と身体検査を行ひ採否を決す」，埼玉県立熊谷中学の「小学校長の報告，本校で行ふ人物考査，身体検査」などが，典型的な記載例となる。

しかし，福岡県立小倉中学の「文部省案に準ず。但し筆答せしむる事ある可し」，大阪府立北野中学の「文部省指定通り。但し抽選は行はず。口頭試問，身体検査のみにて決定し難き場合は一部分の志願者には口頭筆答の第二次口頭試問を課す」のように，筆記試験実施の余地を残す記載も見られる。また，千葉県立千葉中学の「イ人物考査，ロ口頭試問，ハ筆問筆答，口頭筆答，ニ身体検査」，福島県立安積中学「口頭試問（筆答を併せ課することあるべし）」のように，口頭試問に筆記試験を加える学校も認められる[70]。

千葉県では，昭和2年12月，千葉中学や成東中学など，有力な中学の校長が，小学校長会の代表と会議を持ち，内申の標準化を図っている。論議は長時間に及んだが，①口頭試問や筆問試験も行なうが，入試の主たる判定資料は小学校の内申とする，②内申は小学6年生の2学期までで，甲上（10点），甲下（9点），乙上（8点）以下，乙下，丙上，丙下（5点），丁（0点）の7段階とする，③学級内の席次をつけ，成績の分布表をつける，④校長の所見をつけるなどを決定している[71]。

こうした論議を重ねた末，昭和3年の3月，各府県で，新制度による入試選抜が行なわれることになった。内申を主に，口頭試問を加えて，選抜を行なう画期的な試みである。

この年に高等女学校を受験した石川さきは，「この年はじめて筆記試験から口頭試問に入試の方法が一変したので，生徒はもとより先生もたいへんまごついた様でした」。そして，「『口頭試問の問題とその解答』なるクリーム色をした分厚い参考書を，夜遅くまで暗記しました」のように「学校で遅くまで補習勉強」をしている。実際の入試について，「入試はあれ程勉強したのにと思われる程簡単で，学科の内容には全く触れず常識問題でした」と，回想している[72]。

それでは，実際にどういう口頭試問がなされたのか。筆記試験を課さない新制度の入試には社会的な関心が高く，教育雑誌は各学校の口頭試問の問題を細かく紹介している。もちろん，どの学校も，口頭試問で受験者を選抜するのは初めてなので，手探りの感じで試問に臨んでいる。そして，

試問に，いくつかのタイプが見られるが，10問程度の設問を試みる形が多い。

具体的な設問例を紹介しよう。島根県の松江中学では，200名の定員に対し，329名が受験している．そして，口頭試験の問題は，「①朝目を覚ましてから，学校へ行くまでに何をするか」，「②家事の手伝いはどんなことをするか」，「③身体を強くするのに如何すればよいか」[73]であった。また，青森中学では，390名の受験者（この内，欠席は20名）を，8室の試験場に分け，一人ずつ5～6分質問する試験を行なった。「①釈迦はどこの国に生まれたのですか」，「②2で割れる数はどんな数ですか」，「③棒を水に入れるとどう見えますか」，「④なにが雪になりますか」，「⑤今上陛下が生まれたのは何月何日ですか」などが設問内容である[74]。

福岡県立修猷館中で実施された口頭試問の問題を全部紹介すると，以下の10問である。

1　皇太神宮について知っている事を云ってみなさい。
2　紀元節はどうした日ですか。
3　「人は火を用いる動物」というのは何故ですか。
4　日本移民の沢山行っている国々を云ってください。
5　元寇の来寇を退ける事を得たわけを云ってください。
6　5分の3，4分の3はどちらが大きいですか。どうしてそういえるのですか。
7　水の1リットルは何グラムですか。それを匁にしたらいくらですか。
8　人体の温度をわきの下で測ると何度くらいですか。
9　火消し壺に火を入れて消えるわけを云ってください。
10　電流はどんなものに応用されますか。

このように項目を並列させる形とは別に，順番を追って，一つのことを尋ねる形もある。県立大分中学の口頭試問は，『都をばかすみと共に立ちしかど秋風ぞ吹く白河の関』を，順を追って尋ねる形で，設問の内容は，「①これは何をしている時に詠んだ歌ですか」，「②都とはどこのことですか」，「③この人はいつ頃京都を発ったのですか」，「④どうして春と思いま

すか」,「⑤関とは何のことですか」などの9問である(75)。

このように松江中のような平易な質問では,選抜機能を果たせるかが疑問になる。といって,一問一問に時間をかけると,時間内に終わりそうもない。それに,修猷館中のような細かい設問は,選抜はできるものの,筆記試験と内容が変わらない感じがする。

そこで,大阪の市立高女のように,「口頭筆答」の形で試験を実施している学校がでてくる。受験者407名を8教室に分け,国語と算数の問題を各1問,20分かけて,教師が口述し,受験者が筆答する形である。

「春風が一たび野山をおとづれると,百花爛漫として咲き乱れます。これを大別すれば等しく花でありますが,これを仔細に観察すれば,桜あり桃ありれんげそうもあればたんぽぽもあって,各々特有の色と形と香をもっております」

引用したのは設問の4分の1程度で,まだ長い文章が続く。そして,言葉の意味を尋ねたり,全体の要約も求めたりしている。また,計算問題として,「231×909,26÷32」などもある(76)。

また,東京府立第二高等女学校の口頭筆答は「①大宝律令について知っていることを書きなさい」,「②次の文の□と△の中に数を入れなさい。974＝9×□＋7×△＋4」,「③卵が100個の内5個壊れた場合と5個壊れて100個残った場合はどちらの方が損失は多いですか」などの15問から構成されている(77)。こうした学校の事例は,口頭筆答といっても,筆記試験に近い内容の入試が行なわれたことを示している。

宮城県では,昭和3年の入試に,仙台一中2.5倍(200名の定員に受験者490名),仙台二中2.2倍,古川中1.7倍,仙台第一高女1.4倍(200名の定員に対し282名),仙台第二高女2.2倍のように,高い倍率の入試が行なわれている。そして,内申書と口頭試問と同時に,筆問筆答の入試も実施している。

仙台二中の場合,3日間にわたって,36問の口頭筆答の形で試問が行なわれている。

第5試問 「0.05÷4.01＋8×0.3」

第7試問　「博覧会ノ或見世物ノ入場者ノ子供ハ大人ノ五分ノ三デアル。或日曜日ニ大人ガ三五七三人，子供ガ二六七五人ハイッテ入場料ガ五一七円八十銭デシタ。大人一人ノ入場料ハイクラカ」

第19試問　「甲乙2人ノ所持金合セテ100円ナリ。甲乙各5円ヲ費ヤストキハ甲ハ乙ノ4分ノ5トナルト云ウ。甲乙初メノ所持金ヲ求ム」

第22試問　「左ノ語ヲ用ヒテ短イ文ヲ書キナサイ。1.とこしえに，2.無責任，3.散歩がてら，4.折りしも，5.見る見る」[78]

こうなると，入試らしくなってはくるが，口頭試問といっても，内容的には，筆記試験を行なっている感じがする。そして，内申書を中心に，口頭試問で選抜を行なうという入試改革の理念が崩れている印象を受ける。

3）　筆記試験なしへの評価

このように昭和3年3月，多くの中学や高等女学校で，内申書を基本に，口頭試問を加える形の入試が実施された。そして，文部省は同年5月，各県に昭和3年度入試制度改正についての評価を求めている。

青森県は，制度改正によって，「小学教育における無理なる受験勉強を除く」のに効果があっただけでなく，「国語算術の受験に全力を注ぎし傾向あったが，常識考査を執行したる結果全学科に亘る学習に努め」るようになった。また，内申を書くために，「個性及環境調査を真剣に」行なうようになった。さらに，「小学校と中等学校との連携が一層密接に」なったと，入試改革を積極的に評価する報告をしている[79]。

良い面をあげればそうであろうが，教育現場では，昭和3年の入試に批判的な声が高かった。仙台二中の校長は，ある小学校の内申の平均が82点で，他の学校が70点のように，内申書の評価に学校差が大きく，信用できない。かといって，口頭試問は「僅少時間の口頭試問によりて順位を定めるという事は不可能事」[80]という感想を述べている。

群馬県では，昭和3年の入試に，クラスごとに成績は小数点1位までつけ，序列をつけて評価する方式を採用した。しかし，入試を実施した結果，

2章 中学受験体制下の子ども

群馬県知事は「小学校長の内申と中等学校の口頭試問に対する懸念や不安は一掃されぬのみか益々濃厚になりつつある」と印象を述べている。特に「小学校長の内申には個人的にも割増しがあり、学校相互の間には客観的標準がない」のは問題と投げかけている[81]。

また、山梨県が入試改革について文部省に提出した「内申書」によれば、小学校の内申に記載された成績は学校による開きが大きく、内申書は「同一小学校内の志願者間に於いては容易なるも、しからざる場合は困難なり」だったという。そして、中学校の志願者1,030名の内、内申による1次不合格者が185名、口頭試問による2次不合格者は209名で、合格者は636名（61.7%）だった。高等女学校は1次不合格が108名（受験生1,170名で、9.2%）、2次不合格が361名で、合格者は59.9%だった。内申と口頭試問ではほぼ4割が不合格となり、合格者は6割という結果である[82]。

このように、多くの中学校では、内申書を中心に、口頭試問の結果を参考にして、合否判定を行なった。そして、口頭試問への疑問とともに、内申書への不信が強まった。中には、入試結果と入学後の成績とを対比させ、入試の妥当性を検討する学校も見られる。

東京府下の進学者が多い小学校の1クラス46名の場合、成績別の進路別に成績の平均をとってみると、以下のように、進学先と学力とがほぼ一致しているように見える。

①府立高校（中高一貫）　2名　97.5　　②府立中学　12名　93.6
③府立商業　　　　　　　7名　91.0　　④私立中学　5名　87.6
⑤府立工業　　　　　　　4名　86.3　　⑥私立商業　5名　84.6
⑦高等小学　　　　　　　11名　79.3

数値は6年生1学期の期末成績の平均値[83]

愛知県立一中の伊藤尤美校長は口頭試問と期末試験の結果とを対比させた報告を行なっている。その結果によれば、口頭試問の1番は期末で2番、2番が98番、3番が93番、4番111番、5番100番だった。つまり、口頭試問の結果と入学後の成績との間にかなりの開きが見られる。したがって、口頭試問の結果に信頼を置きにくいことが明らかになったという。また、

愛知県立第一高女の小林広吉校長も，今年度の選抜で，①入試の成績と入学後の学業成績との間に乖離が見られる，②全体として，歴史や理科の成績が良いものの，数学と英語の成績が振るわない印象が強いと要約している[84]。

　その他にも，小学校からの内申は信頼できないという情報が新聞や教育雑誌に寄せられている。例えば，ある小学校からの内申で，成績が満点の子どもが5人いて，中学が問い合わせたところ，「どの子どもも優劣をつけられないから，満点にした」と返答された。小学校の事情は分かるが，中学としては内申書を信じられなくなったという（昭和4年10月29日，東京朝日新聞）。別の学校では14名の席次をみんな1番にして中学に内申をだした（昭和4年10月30日，東京朝日新聞）などの記事も見られる[85]。

　このように小学校の内申書を重視したくとも，内申書の記載を信頼できない。時には，小学校内で不正が起こるという懸念が広まる。実際に，大阪では，昭和4年の入試で，中学校サイドが小学校の内申に疑問を感じた。そこで，入試直前に小学校を訪ね，内申書のチェックを行なったところ，実際の成績と内申書の記載との間にずれが見られた。そこで，市内の500校に，昭和4年度の内申について調査をしたところ，全体の1割にあたる55校で不正が確認された。多くは，子どもを合格させたいという気持ちからの手直しだが，中には地域の有力者などに頼まれ，内申の書き換えを行なった事例も見られた。さらに，親から教師への贈与や収賄がなされたという事実が確認され，入試疑獄として，大きな社会問題となった。そして，昭和4年12月に，校長の4名を含めて10名の教員が退職した他，5分の1減俸6ヶ月の13名を含めて51校120名の校長や教諭に戒告などの処分が行なわれている[86]。

　こうした動きを見ていると，定員枠のあるところに，大勢の志願者が押し寄せる。そうだとすると，何らかの選抜が必要になる。しかし，内申書に頼るのには無理があるし，口頭試問だけで選抜はできない。そうなると，入試制度をいじるより，学校制度そのものを検討することが重要という声が強まってくる。具体的には，私立の枠を拡大する方が入試緩和に有効と

いう論調が目につく。早稲田中学校長の中野禮四郎は，東京府下の中学生の78％は，私立中学に在籍している。しかし，府立中学に一人あたり50円の補助をしているのに，私立中学への補助は4円（女子は3円）にとどまる，したがって，私立助成を進めることが，入試緩和に役立つと提案している(87)。

昭和4年11月に開催された教育評論家協会も，入試制度を変えても，準備教育は減らないから，①私立校の充実，②学級定員の増員，③2部授業などで，入試の緩和を試みてはと提案している(88)。

昭和3年5月に開催された第12回全国連合教育会では，3号議案として入試撤廃の利害が審議された。そして，以下のような答申を行なっている(89)。

○利のある点＝1.小学校長の内申を重んじること，2.所謂準備教育の弊害を軽減できること
○害のある点＝1.公正を期しがたいこと，2.情実を伴いやすきこと，3.成績順位を重視する結果訓育上弊害を生じやすきこと
○入学難を解消するために＝1.公立校の収容力を増やすこと，2.私立校を助成すること

4）幽霊受験者と世界不況

こうした検討をしていく内に，当時の用語を使えば，「幽霊受験者」の存在が表面化してくる。昭和3年の中学入試の場合，8万3,341名の募集定員に対し，中学志願者の延数が15万2,725名，入試倍率は1.8倍になる。しかし，実際の中学入学者は8万6,699名なので，入試の実質倍率はもっと低い可能性が強い。念のために，受験した学校数を調べると，1校のみの受験は9万9,453名，2校に願書を出した者が2万349名，3校志願者が4,525名，4校以上が1,320名である。したがって，受験生が1校だけを志願すれば，9万9,453名が受験して，8万6,699名が合格する。1万2,754名が不合格になるが，入試倍率は1.15倍にとどまる。そうなると，入学が簡単というわけではないが，試験地獄という情況は回避できる。『教育時

論』誌は，文部省も入試の期日を私立も含めて統一し，受験先を原則として1校にしぼる対策をとってはどうかと提唱している(90)。

また，昭和4年の東京市の調査によると，中等学校の志願者は1万3,322人，入学者は1万2,516人で，入学率は93.9%だった。入学できなかった806名の内，405名が高等小学校へ進学し，実業学校が87名で，学校に入っていない子どもは314名だった。したがって，結果からすると，「子供の入学難は世間で見られる程ひどくない事がわかった」(91)という。

皮肉なことに，中学受験をめぐるこうした動向に大きな影響を与えたのは世界不況の到来だった。いわゆる1929年（昭和4年）の世界不況は，日本を不況の嵐に巻き込んだ。

そして，中学進学熱にもブレーキをかけた。実際に昭和元年から昭和5年にかけての入試倍率をたしかめると，以下のようになる(92)。

	中学校			高等女学校		
	志願者	入学者	入試倍率	志願者	入学者	入試倍率
昭和元年	145,898	76,436	1.91	143,671	77,540	1.85
昭和2年	146,692	78,233	1.88	145,619	80,487	1.81
昭和3年	137,222	80,990	1.69	141,469	85,722	1.65
昭和4年	122,114	78,540	1.55	132,954	84,384	1.58
昭和5年	108,328	82,191	1.32	127,225	82,732	1.21
昭和5年－元年	－37,570	5,755		－16,446	5,192	

このように昭和4年から急速に受験生が減少し，中学の志願者数は昭和元年と比べ，昭和5年は3万8,000名，高等女学校も1万5,000名減少した。それに対し，入学定員は中学や高等女学校とも5,000名増加している。そうした意味では，中学の進学難はかなり緩和されることになった。

実際に，昭和5年の中学入試では，全国553校中，定員を超えたのは，2倍以上9.8%，1.5倍以上17.3%，1.5倍以下51.0%で，小計は432校78.1%となる。それに対し，定員割れを起こした学校は，5割以下2.5%，8割以下6.0%，8割以上13.4%の合計21.9%で，5校に1校で定員割れが生じている。高等女学校も，全国750校中，定員を超えたのは，2倍以上

12.0％，1.5倍以上14.5％，1.5倍以下45.1％の合計537校71.6％。定員通りが1.8％，定員割れを起こした学校は，5割以下6.0％，8割以下9.7％，8割以上10.9％の合計26.6％で，4校に1校で定員割れが生じている⁽⁹³⁾。

　明星学園長で教育家としても著名な赤井米吉は受験状況の変化を，入学者の確保に「汲々としなければならない状態」と要約している⁽⁹⁴⁾。また，『教育時論』誌は「農村の疲弊は各農家を脅かし，子供を中学校や女学校に入学させる余裕を奪ってしまった」。山形県の高等女学校では，定員100名のところに，志願者は長井が51名，宮内が31名だった。広島県の田村中学は100名の定員のところに志願者17名で，募集延期にしている。埼玉の不動岡中学や小川高女も大幅な定員割れを起こしたと報じている⁽⁹⁵⁾。

　こうした状況を県別に集計すると，中学校の場合，志願者数が2倍を超えたのは東京（1万9,403名が受験し9,147名が合格，2.1倍）と沖縄（1,009名で495名，2.0倍）の2県で，定員割れを起こしたのは，京都，滋賀，岐阜，和歌山，岡山，宮崎，新潟，石川，福井の9府県に達する。高等女学校の場合も，山形，新潟，石川，福井，長野，奈良，宮崎，鹿児島の8県で定員割れが生まれている⁽⁹⁶⁾。

　また，中等学校の進学状況を，在籍学年別に集計すると以下の通りである。

		男子	女子	計
尋常小学5年	在籍	598,434	556,431	1,154,865
	進学	414	0	414
	進学率	0.07	0	0.03
尋常小学6年	在籍	622,885	572,395	1,195,280
	進学	60,876	78,033	138,909
	進学率	9.62	13.63	11.62
高等小学1年	在籍	417,532	275,950	693,482
	進学	7,915	5,852	13,767
	進学率	1.90	2.16	2.00
修了	在籍	350,955	214,246	565,201

進学	3,537	5,017	8,554
進学率	1.01	2.34	1.51

『教育時論』昭和6年7月25日, 28頁

　この数値によると, 昭和6年でも, 中学進学者は小学校卒業生中の12%程度で, 進学が子ども全体の中で1割に関連した現象であることが分かる。また, 進学者内で小6の占める割合は男子83.7%, 女子87.8%, 全体で85.9%である。換言するなら, 昭和5年の入試は不況のあおりで入学しやすくなったといっても, 浪人して, 高等小学校から入学している子どもが1割程度に達する。

　こうした状況をふまえ, 教育家として, 独自の視点を持っていた上田庄三郎は, 試験地獄の解消といっているが, それは, 中学へ進学できない子どものことを考えない論議で,「大衆児童にとっては『勝手にしゃがれ』以上の何ものでもない」となる。試験による選抜がなくなれば, 経済力さえあれば誰でも進学できることになる。本当に改革を考えるなら, 中等教育を義務化するか, それとも, 入試を難しくして準備勉強では追いつかないようにするしかないと論じている[97]。

　それでは, 実際に中学に進学した生徒は, その後どのような進路をとるのか。同じ昭和5年のデータによると, 卒業生の33.2%が上級学校へ進学している。また, 中学4年生の進路希望は, ほぼ半数が進学を予定している[98]。

　したがって, 状況を大きくつかめば, 上田庄三郎のいう通りで, 子ども全体の中で1割が中学に進学し, その半分5%が高等教育を目指すというのが中学という位置づけとなる。もちろん, 中学卒業後に就職した者も, 商業学校や農業学校の卒業生がそうであるように, それぞれの地元で貴重な人材として, 活躍が保証されていた。そうした意味では, 中学進学は社会的な達成を可能にする近道だった。しかし, 中学入試は限られた社会階層内での選択という性格を備えていた。そして, 入試競争に加われない子どもが9割を占めたことも忘れてはならない史実であろう。

4　中学入試のその後

1）筆記試験の再開

　これまでふれたように昭和3年3月の「筆記試験なしの入試」は混乱を招いただけという批判の声が強かった。そこで，昭和4年11月，文部省は，昭和5年の入試にあたり，口頭試問と内申書を中心とするが，筆記試験を加える事ができることを決定し，各府県に通達した。そして，普通学部局長は，内申に対する不信が強いし，口頭試問も疑念が多いようなので，筆記試験を導入し，筆記試験7割，内申3割という割合で入試を行なって欲しいと言及している。したがって，筆記試験の禁止は，昭和3年，4年の試みで，昭和5年入試から，部分的ながら，筆記試験が復活することになった[99]。

　昭和5年1月，青森市の教育会は，内申だけで，合否を決定するのは不安を伴うので，筆記試験を行ない，内申2，筆記5，体格3の割合で合否を決定してはどうかと，決議している。それと同時に，従来の試験が難問に過ぎるので，子どもの心理に即した出題にして欲しいという条件も付記している[100]。

　このように準備教育を排除するために，筆記試験を廃止し，内申と口頭試問で入試を実施しようとした。しかし，これでは選抜ができなかったので，筆記試験が復活した。そうなると，補習教育がこれまで以上に広まる可能性が強い。それでは，問題が解決されないままに，昔の状態に戻ってしまう印象を受ける。そこで，各県ではこれまで以上に補習教育の禁止を徹底させようとしている。

　東京府は，学務部長名義で「入学試験ニ関スル件」（昭和7年12月6日）を通達した。過度の受験勉強をしないようにこれまでも通達してきたが，「近時往々右ノ趣旨ニ反シテ所謂受験勉強ノタメニ小学校教育ノ本旨ニ反スル向キアルヤニ聞キ及ビ甚ダ遺憾ニ堪ヘス候」。だから，受験指導を慎むように指示している[101]。

さらに、昭和8年10月、東京府は、「入学試験準備教育取締ニ関スル件」の通牒を発した。準備教育の禁止について、昭和4年1月に通達を出したが、「近事其ノ弊ノ益々著シキヲ加エ」、「学問即入学試験準備」というような謬見も広まっている。そのため、補習教育の禁止を、「①学校授業日や規定時間外の補習（教授及復習）の禁止」、「②授業時間数を変えない」、「③教材の速度を変えない」、「④教師の私宅教授の禁止」、「⑤私塾や模擬試験に子どもが参加しないように指導」[102]のようにきめ細かく規定している。

さらに、昭和9年7月に、東京府は、前年の通達に「違反スル向アルヤニ聞キ」、通達の趣旨を徹底するために、追加項目を発表している。①平日の午後4時迄、あるいは、夏休みに1日2、3時間程度、「既習事項ノ復習整理ヲナス」場合は「此ノ限リニ非ズ」、②宿題の「過重ニ亘ラザルコト」、③教員の私宅授業、私塾授業の禁止、④入試目的の私塾や模擬試験に子どもを出席させない[103]である。

このように従来以上に細かな補習禁止を指示しているが、学校からすると、進学する子どもがいて、入試もあるから放置もできない。しかも、昭和3年の入試改革が失敗したので、筆記試験が復活する。そうなれば、担任としては補習教育を行ない、子どもや親の期待に応えざるをえない。その結果、隠れた形の補習教育はむしろ広まっていた。

例えば、昭和10年に東京府立九中を受験した安田武（大正12年生まれ）は「文部省がたびたび通達を出して、受験のための『居残り授業』を禁止していた。にもかかわらず、私たち6年生は、日の暮れ方、裏門からこっそり抜け出すように下校するのが、いつものことだった」[104]と回想している。また、大阪の事例になるが、同じ昭和10年に女学校を受験した佐藤愛子は「6年生になってから私たちは毎日、居残り勉強をさせられた。居残り勉強をする者は女学校志望の者だけである。その頃は小学校の居残り勉強をしていけないという規則があった。それにも関わらず石田先生は規則を破って廊下側の窓の前に机を積み上げ、中の見えぬようにバリケードを作って」[105]受験勉強を続けたと、述べている。

加藤周一（昭和8年、東京府渋谷生まれ）の入学した小学校では5年生

から進学組と非進学組とに分け，進学組はレベルによって3グループに分けた。「体操や図工の時間は，しばしば入学試験に必要な科目にふり替えられ，授業は時間表のおわったのちにも，遅くなるまで続けられた。夕闇の迫る学校の大きな建物に残っていたのは当直の小使いと私だけで，広い校庭には昼間の子供たちの影も形もなかった」と回想している[106]。

昭和9年の本郷誠之小学校の状況を紹介した報告書があるが，それによると，「居残り勉強を禁止されたので，宿題の分量がとても多くなった」「遊ぶ間もなく，その宿題をやらなければならない。そしてそれが十時十一時までかかる事も決して珍しくない」状況だという。そして，記者は，誠之の教育を「宿題校閲学校」のようだと皮肉っている。さらに，誠之小学校には，進学を目指す家庭の子どもが「学校区域内に寄留」して，入学してくる。寄留の手続きは簡単で，「妻と子供とを其の友人の家に寄留させる」だけでよい。そうなると，クラスに地元の子と寄留の子とがいる感じになる。しかし，高学年になると，地元の子どもが減少する。誠之小では，「受験準備本位の詰込主義の教育を猛烈にやる」ので，地元の親は，「誠之は自分達のような貧乏人の子供をやっておく所ではない。寧ろ何処か他の学校へ転向させよう」と考えるようになるからだという。

そして，中学－具体名は伏せてあるが，府立一中であろう－入学した6名の中学入学後の席次を紹介している。中学1年から4年までの席次が，220名中，①9番（中学1年）から50番（中学4年）までが一番できの良い生徒で，残りは②70番（中学1年）から142番（中学4年），③80番から130番，④110番から54番，⑤111番から88番，⑥175番から187番となる。このように，誠之小学校の卒業生の中で，中学入学後の成績が振るわない，というより，下位に低迷している生徒が多い。したがって，「受験準備教育が，本質的には児童の上に何物も加えていない」と要約している[107]。補習教育をして，生徒を入学させたが，それは，本来入学できない子どもを見せかけの力をつけて，入学させた。だから，成績不振者が多いという指摘である。

神奈川県の町田で，昭和10年から教師をしていた相原栄は「受験志望の

生徒は5年生になると毎日放課後から夕刻まで補習学習が行なわれ，4年生からの算術，綴方，理科，地理を主として殆ど暗誦出来るまで詰め込み学習を強行するのが普通だった」と，回想している(108)。

　雑誌『児童』には，親の立場から，受験勉強を見た座談会がのせられている。その中で，学校では「十回位づつ毎日毎日試験を致します。真夏の暑い盛りには朝7時半に参りまして直ぐ試験を致します。それが十回溜りますと其の一つ宛の点と平均点と学級順位をちゃんと表に書きまして親の方に下さるのです」(109)。そうした勉強の予習や復習があるので，「毎日寝るのが十時か十時半になりますし，朝は始まるのは7時半でございますので，それに間に合ふやうに参りますと，平素は食事もゆっくり致しません」の毎日という状況が語られている(110)。

　こうした受験勉強について，東京府立第一高女の市川源三校長は「大体受験勉強などといふものは，記憶万能詰込主義で押すもので，本当に頭が練れて理解力や実力がついたとは云ひにくい」と語っているし，東京府立八中の岡田等十郎校長も「準備教育は，吾々中等学校側のものから見ると全く不必要なものと思はれる」と答えている。

　そして，市川源三校長は，さらに，校長としての立場から，入学後，伸び悩む生徒のタイプに，「①上手に準備教育を行なった為に入学ができたものの，実は素質の足りない者」，「②入学出来た喜びで有頂天になってめっきり不成績になった者」，「③入学準備の為に健康を害し，入学後学業成績がた落ちする者」が見られると報じている(111)。

　なお，昭和7年になると，経済的な不況が回復し，受験者が増え始めた。東京府の場合，受験者は昭和6年より800名増えて，7,464名に達した。そして，入試倍率は，中学が府立一中の4.1倍から三中の2.7倍まで，平均して3.3倍，高等女学校は八高女の6.8倍から七高女の3.1倍まで，平均して5.9倍だった。

　しかし，東京府のデータによると，私立校を含めて，府全体の入学志願者が4万2,000人，募集定員4万8,000人，入学者4万5,000人で，全体としてみると，3,000人の定員割れを起こしている。したがって，進学難と

いっても，特定の学校は難関校だが，他の学校なら入りやすい状況だったのであろう[112]。

2) 進学にかかる費用

昭和12年，杉並区桃井第三小学校の卒業生の進路情況は表2-9の通りで，男子の71.3%，女子の73.3%が中等教育機関に進学している[113]。そして，就職者は174名中の6名にすぎない。東京の山手地区の場合，進学者が増えた。そして，小学6年生を修了して，就職するものは少数になったのが分かる。

表2-9　杉並区桃井第三小の進路

		志願者	合格者	入学者
男子（80名）	中学	64名	46名	41名 （51.3%）
	実業学校	18名	16名	16名 （20.0%）
	高等科	22名	22名	22名 （27.5%）
	就職	1名	1名	1名 （ 1.3%）
女子（94名）	高等女学校	73名	47名	43名 （45.7%）
	実業学校	39名	25名	25名 （26.6%）
	高等科	21名	21名	21名 （22.3%）
	就職	5名	5名	5名 （ 5.3%）

それでは，中等教育にいくら位の費用がかかるのか。雑誌『児童』は，昭和12年の場合，中学校卒業にかかる費用算出を試み，5年間で600円強が必要と見込んでいる。

1．入学金　2円
2．授業料　月5円50銭，年60円50銭（8月なし），5年で302円50銭
3．学習会費　月50銭から1円，年6円から11円，5年で30円から55円，平均43円
4．軍事教練費　4，5年生が8～10円で16円から20円，平均18円
5．服装　夏服1着8円3着で24円，冬服1着20円3着で60円，教練作業服5円，マント20円，計109円

6．靴　3足各2円，修理3回各1円50銭，計10円50銭
7．教科書・参考書　一学年18円，計90円
8．文房具代　毎月1円，一学年12円，計60円

　　　　　　　　　　　　　　　　　　　　　　　　計　635円

　この他に，日常的なこづかいや食費などを計算すると，生徒が中学に入学し，卒業するのに1,500円から1,800円程度必要だと見込まれている[114]。
　また，中学入学にかかる費用を学年別に積算したデータがあるので，その結果によると，中学卒業までにかかる費用の総額で1,326円90銭となる。
1年生
　① 入学当初の納付金　受験料，入学金各2円など，9円50銭
　② 書籍・文房具，教科書14円など，26円
　③ 衣代，冬服25円，夏服9円など，122円90銭
　④ 納付金，授業料70円など，85円
　⑤ 交通費などの雑費，交通費22円など，90円50銭

　　　　　　　　　　　　　　　　　　　　1年生計　343円90銭
2年生
　① 書籍・文房具，教科書13円など，17円
　② 衣服代，靴など，20円
　③ 納付金，授業料77円など，113円
　④ 交通費などの雑費，交通費22円など，92円50銭

　　　　　　　　　　　　　　　　　　　　2年生計　225円50銭
3年生
　① 書籍・文房具，教科書17円など，30円50銭
　② 衣服代，冬服25円など，90円
　③ 納付金，授業料77円など，94円
　④ 交通費などの雑費，交通費22円など，95円50銭

　　　　　　　　　　　　　　　　　　　　　　3年生計　316円

4年生
- ① 書籍・文房具，教科書12円など，16円50銭
- ② 衣服代，靴修理10円など，15円
- ③ 納付金，授業料94円など，97円
- ④ 交通費などの雑費，交通費22円，こづかい15円など，101円

4年生計　219円50銭

5年生
- ① 書籍・文房具，教科書13円など，17円50銭
- ② 衣服代，靴修理10円など，15円
- ③ 納付金，授業料94円など，97円
- ④ 交通費などの雑費，交通費22円，こづかい15円など，87円50銭

5年生計　217円

1～5年生合計　1,326円90銭[115]

　昭和11年に東京都北区滝野川小学校の場合，進学者と非進学者との学業成績別と家庭の経済状況別の集計結果は表2-10の通りで，経済状態が「乙」つまり，「余裕ナキモ現在ノ収入ニヨリ生活ニ困ラザル」は進学者に多いが，非進学者は「生活ニ困難ナル」「丙」ランクの階層の子どもに占められている[116]。学業成績の良さが進学に必要なのはたしかだが，経済的な保証も進学の前提になっていることを示唆している。

表2-10　進路別の成績・経済状態（北区滝野川小）（％）

	学業成績			経済状態		
	甲	乙	丙	甲	乙	丙
中学・高女進学	75.4	24.6	0	0	69.2	30.8
実業学校進学	42.3	57.7	0	0	26.9	73.1
高等小学校	19.7	78.7	1.6	0	0	100.0
進学せず	9.5	42.9	47.6	0	0	100.0
計	48.4	45.7	5.9	0	19.7	80.3

これまでふれてきたように中学進学にかかる費用は，5年間で少なくとも1,200円程度と見込まれる。1年に直すと240円。月当たり最低で20円となる。そこで，月20円の持つ重みが問題になる。昭和10年頃の物価を，現在に換算するといくらになるかを厳密に立証するのはそれ程簡単でない。例えば，靴下が平均して60銭，ネクタイ2円，靴8円といっても，洋服そのものが貴重品で[117]，安価なナイロンなどが開発されていない時代と現在とでは靴下やネクタイの意味が異なる。また，サラリーマンの場合，月収30円以下では暮らしが楽でなく，80円を超えると高収入になるといわれるが，現在より，サラリーマンが少なく，サラリーマンの社会的なステータスが高かった時代なので，厳密な意味での比較にならない。
　『物価の風俗史』（週刊朝日編）は，新聞社の編集した著作らしく，明治，大正と比較して，さまざまな物価が紹介されている。その中から，いくつかの物価を紹介しよう。

アンパン	昭和13年	5銭	ジャムパン	昭和12年	10銭
豆腐	昭和15年	6銭	タバコ	昭和15年	10銭
コーヒー	昭和14年	10銭	汁粉	昭和10年	20銭
駅弁	昭和14年	35銭	大工の日当	昭和10年	1円89銭[118]

　物価は，品目によって，高い，あるいは，安いもあるので，一概にはまとめにくいが，粗くとらえた場合，昭和10年頃と比べ，物価は1万倍程度と考えると理解しやすい。したがって，中学進学にかかる費用は，現在の20万円相当となる。現在でも，子ども一人の学費に月20万円をかけられる家庭はきわめて限られよう。進学率が1割と述べてきたが，多くの子どもは家計の面で進学を断念したのであろう。

3）補習教育の広がり

　このように昭和10年頃の受験は，教育熱心な山手の富裕層を母体としている。そして，その階層の間では，進学が加熱していた。一例をあげるなら，雑誌『児童』は，受験期の子どもを持つ親へのアドバイスを特集している。心理学者として著名な田中寛一は「子供の知能の素質に応じた学校

を選ぶことが第1に必須条件である」「子供の素質相応の学校へ入れる」と，親の高望みを戒めている[119]。

また，『青鞜』などで知られる平塚らいてうは，「評判のいい学校」とは「上の学校への入学率がいい」か「上の学校への準備教育が徹底している」学校で，「評判のいい学校ほど，本当の意味での教育といふことから遠いもの」と述べ，母の会が準備教育に子どもを参加させないようにすれば，問題が解決すると提唱している[120]。

しかし，昭和13年12月に，東京府は学務部長名で「入学準備教育取締ニ関スル件」を通達している。昭和9年7月に入学準備教育取締まりについて，「詳細ナル通牒」を発したが，近年，「通達ニ背ク向アルヤニ間及フハ遺憾トスル所ナリ」と述べ，具体的に「①授業時間数を変えない」，「②授業の進度を教授細目に準拠」，「③休日や規定時間外に授業をしない」，「④宿題が負担過重にならないように留意」，「⑤教員の私宅教授や私塾教授を禁止」，「⑥私塾の模擬試験に児童を出席させない」，「⑦父母から理由の如何を問わず，贈り物を受け取らない」など7項目の禁止事項を明らかにしている。

細部にまで行き届いた規定だが，1年後の昭和14年10月，学務部長はあらためて公私立小学校長に通達を発し，校長は各教員に，準備教育禁止の「趣旨ヲ徹底セシメ従来ノ弊風ヲ一掃シ其実績ヲ挙グル様万遺漏ナキヲ期セラレ度」と指示している。特に前年の③，⑤，⑦をあげて，指導を強化するよう命じている[121]。

このように補習教育の禁止をくり返す形で何度も指示し，細かな規定を定めた。しかし，補習が下火にならない。それだけ，親たちの進学熱は強いのであろう。目黒区五本木小学校の昭和14年度の資料でも，入学願書の提出先は，2校の受験者が46.1％，3校受験者45.1％で，複数校志願が9割を超える[122]。

この間，昭和12年は日中戦争が始まり，生活全体に軍事色が強まってくる。それでも，受験の機運は弱まっていないようで，黒岩重吾（大正15年，大阪生まれ）は，堺中学を受験したが，受験に失敗した。進学は府立中に

限るという父親の意見で、私立中を受験できず、中学浪人をすることになった。そして、父親が浪人生だけが在籍する塾を見つけてくれたので、そこに通って、次年度入試にそなえている。そして、「中学校に入った連中は長ズボンの制服を着、白線の入った帽子を被る。だが私は相変わらず短ズボンで帽子などない」。だから、「当時の私は外を歩くのが嫌だった。同級生を見かけたなら見つけられる前に姿を隠さなければならない」[123]と回想している。

昭和17年に東京府立第三中学を受験した鈴村一成（前出）は、「中学の試験は、昨年から学科試験が廃止され、小学校の成績証明書と、口頭試問だけで合否が決定するようになっていた。小学校では、中学を受験する児童に口頭試問の練習をしてくれた。六年生約二百人のうち十数人が集まった。中学受験者はほんの一握りだった」[124]。

また、妹尾河童（昭和5年、神戸生まれ）は、第二神戸中学を受験するが、学級の中で進学者は、「全体の4分の1だった。その数があまり多くなかったのは、成績がよく進学したいのに、家庭の事情が許さない子どもがいたからだ」という。そして、2学期に入ると、中学進学者が教室に残って、補習教育が始まった。もっとも、2年前から筆記試験が廃止され、昭和18年の入試は口頭試問、体育考査、内申書で行なわれた。妹尾が受けた試験での口頭試問は以下のようなものだったという。

① アルミの薬缶の取っ手には蔓が巻いてあるのに、鉄瓶には巻いていないのは何故か
② 1周20メートルの正方形で、深さが5メートルの防火水槽がある。これを一杯にすれば、何立方メートルの水がたまるか
③ 南方に日本軍が進出し戦っているが、その理由と、この戦争に勝つためにはどうすればよいと思うか[125]

これまで本章では昭和初めから10年代半ばまでの受験事情を追いかけてきた。昭和2年から4年にかけて、文部省は、この時代にしては珍しい位、積極的に情報を開示し、教員団体や各県の意向を汲み取りながら、筆記試験の廃止として入試対策を講じている。残念ながら、政策は成功したとは

いえないが，民意をふまえようとした態度は特筆に価しよう。

そうしたプロセスはともあれ，この10年間の流れを要約すると，補習教育の広がりを放置できない。そこで，補習教育の弊害を少なくするために，内申書を中心に，筆記試験を課さない選抜制度を試みた。しかし，内申書には学校差が見られる上に，情実がからみやすい。かといって，面接だけでは多くの受験生を選抜できない。その結果，現実的な選抜方法として，筆記試験が復活することになり，そして，補習教育が広まることになる。昭和10年代に入っても事態は変わらないままに，むしろ，入試は厳しさを増し始める。

このように見てくると，進学熱が高まると，どのような対策を講じても，受験するサイドは抜け道を講じる。そのため，対策は有効性を発揮できず，試行錯誤をくり返すことになる。進学期待は学歴社会という社会構造を背景として成立しているので，どんな対策を立てても抜本的な改革になりえないし，時には改革が改悪となる場合もある。したがって，入試対策としては，完璧な成果を期待できなくとも，その時々に応じて，ベターな対応を講じるのが妥当なのかもしれない。しかし，皮肉なことに，経済的な不況や戦争などの大きな社会的な変化が入学試験を呑み込む。そうすると，入試そのものが沈静化する。

こうした経緯を参照すると，受験は親の教育期待に根ざしているので，受験熱を冷ますのに有効な特効薬がない。それだけ，教育過熱化への対応は困難なことを，本章の経過は示唆しているように思われる。

〈参考文献〉
(1) 小島操「Mの半世紀」（静岡県）『堀の内小学校百年史』1979年，285頁
(2) （東京都）『府中第一小学校百周年記念誌』1973年，116-117頁
(3) 木村勇「60歳の老生等の小学生時代」（山口県熊毛郡）『勝間小学校百年史』1976年，299頁
(4) 南一与四（昭和7年入学）「小学校創立百周年にあたって」山形県舟方小学校『百年の歩み』1976年，79頁
(5) 黒岩善一「思い出のいくつか」（群馬県）『入山小学校百年の歩み』1975年，69頁

山本海太郎「わが腕白時代の思い出」同上，1975年，71頁
(6) 山口徳彗「ありし日の通学の思い出」(5)に同じ，72頁
(7) 坂本克代「勝間小学校の思い出」(3)に同じ，261頁
(8) 滝沢豊四郎「すべり台」(長野県)『戸倉小学校沿革史』1967年，373頁
西沢光夫「1年生の思い出」(長野県)『戸倉小学校沿革史』1967年，377頁
(9) 北区教育史編纂調査会『北区教育史 通史編』1995年，195頁
(10) 沼澤治男（昭和4年卒）「小学校風景」(4)に同じ，75頁
(11) 佐藤寅雄「母校舟小の思い出」(4)に同じ，84頁
(12) 深津一兇「アナ　トウトシヤ」(8)に同じ，378頁
(13) 『成蹊小学校の教育』1976年，348頁
(14) 『成城学園60年』1977年，14頁
(15) (14)に同じ，109-110頁
(16) 『八大教育主張』大日本学術協会，1922年
(17) 古島敏雄『子供たちの大正時代』平凡社，1982年，254-257頁
(18) 家永三郎『一歴史学者の歩み』三省堂，1967年，19-20頁
(19) (9)に同じ，169-171頁
(20) 『相模原教育史』第2巻，1984年，508-509頁，528-529頁
(21) (東京都錦華小学校)『錦華の百年』1974年，82頁，206-207頁
(22) 『練馬区教育史』資料4第5巻，1974年，399頁
(23) 『福島の教育』1979年，184頁
(24) 野村芳兵衛「児童の村の創立のころとその教育」，井野川潔・川合章編『日本教育運動史　1』三一書房，1960年，152頁
(25) 小原国芳『日本の新学校』玉川学園出版部，1930年，46頁
(26) 黒柳徹子『窓ぎわのトットちゃん』講談社，1981年，41頁，52頁
(27) 『島根県教育史』第2巻，1979年，20頁
(28) (島根県)『広瀬小百年史』1976年，75-76頁
(29) 羽田松雄『教育生活の回想』筑波書林，1981年，24頁
『自由教育』1925年4月号，75頁
(30) 増田実『石下の自由教育』ふるさと文庫，1978年，29頁
(31) 鹿島孝二『大正の下谷っ子』青蛙房，1976年，77-79頁
(32) 寺松絃二『浅草の小学生』下町タイムス，1990年，139頁
(33) 富田清「受験勉強」『福井市旭小学校百年史』1975年，202頁，213頁，239頁
(34) 吉本隆明『少年』徳間文庫，2001年，33頁
(35) 『教育時論』1924年8月5日，38頁

2章　中学受験体制下の子ども

(36)　『三重県教育史』第2編，1981年，661-662頁
(37)　『教育時論』1924年8月5日，33-34頁
(38)　(3)に同じ，252頁
(39)　(3)に同じ，141頁
(40)　越川弥栄「所謂入学試験と教員虐待」『教育時論』1926年5月15日，7-10頁
(41)　『教育時論』1925年12月5日，46頁
(42)　小林友雄「受験問題に対する一考察」『教育時論』1924年10月5日，11-15頁
(43)　小林友雄「受験問題に対する一考察」『教育時論』1924年1月1日，13-17頁
(44)　越川弥栄「所謂入学試験に関する問題」『帝国教育』1926年4月，24-34頁
(45)　原田長松「入学志願者選抜法」『帝国教育』1926年2月，36-41頁
(46)　斎藤斐章「中等学校試験制度改正案の是非」『帝国教育』1926年2月，24-26頁
(47)　野口援太郎「中等学校入学試験撤廃問題の解決」『教育時論』1925年10月25日，2-4頁，45頁
(48)　『教育時論』1927年5月20日，3頁
(49)　『教育時論』1927年4月5日，36頁，『教育時論』1927年7月5日，6頁
(50)　『教育時論』1927年7月5日，6-9頁
(51)　『教育時論』1927年9月15日，23-25頁
(52)　『教育時論』1927年9月25日，5頁，34頁
(53)　『教育時論』1927年9月25日，35頁
(54)　『教育時論』1927年11月5日18-21頁，11月25日，30頁
(55)　『教育時論』1928年4月5日，16-19頁
(56)　『教育時論』1927年9月25日，37-38頁
(57)　桜井賢三「試験制度改正案是非」『帝国教育』1927年12月，4-9頁
(58)　『教育時論』1927年11月5日，28頁
(59)　西村房太郎「中等学校試験制度改正案に就いて」『帝国教育』1927年12月，14-15頁
(60)　酒井鋳太郎「中等学校入学制度改革案に就いて」『帝国教育』1927年11月，8-10頁
(61)　山元盛太郎「中等学校入学試験制度改正の是非」『帝国教育』1928年3月，1-5頁
(62)　塩見静一「中等学校入学試験制度改正案について」『帝国教育』1928年3月，5-8頁
(63)　村田次郎「中等学校入学試験制度改正案に対する所見」『帝国教育』1928年3月，15-18頁
(64)　「考査と内申」『帝国教育』1929年5月，44-47頁
(65)　荒川五郎「試験制度改正案に就いて」『帝国教育』1927年11月，17-20頁
(66)　山桝儀重「試験制度改正案に就いて」『帝国教育』1927年11月，21-24頁
(67)　『教育時論』1927年7月15日，39頁

(68) 『島根県教育史』第5巻資料編，1979年，550頁
(69) 『教育時論』1927年12月15日，38-39頁
(70) 『教育時論』1928年2月15日，9頁，『教育時論』1928年3月25日，21-22頁
(71) 『千葉県教育史』第4巻，1972年，359-360頁
(72) 石川さき「怖い先生」(静岡県菊川町)『堀之内小学校百年誌』1979年，141頁
(73) (27)に同じ，923頁
(74) 『青森県教育史』第4巻，1971年，577頁
(75) 『教育時論』1928年3月5日，38-39頁
(76) 『教育時論』1928年4月5日，38-39頁
(77) 『教育時論』1928年4月15日，21頁
(78) 『宮城県教育史』第4巻，1979年，975頁，『宮城県教育百年史』第4巻資料編，1979年，975-979頁
(79) (74)に同じ，582頁
(80) (78)に同じ，982頁
(81) 『教育時論』1928年4月15日，29頁
(82) 『教育時論』1928年4月15日，29頁
(83) 『教育時論』1930年12月15日，21-23頁
(84) 『教育時論』1928年8月15日，38頁
(85) 「『内申』の真意義とその重要性」『教育時論』1931年1月5日，57-59頁
(86) 相澤峻「大阪に於ける内申問題の真相」『帝国教育』1929年12月，66-71頁
(87) 中野禮四郎「須らく私学を助成せよ」『帝国教育』1930年9月，49頁
(88) 『教育時論』1929年11月15日，37-38頁
(89) 『帝国教育』1928年6月，116-117頁
(90) 『教育時論』1929年2月25日，39頁
(91) 『教育時論』1929年7月5日，38頁
(92) 『教育時論』1930年10月25日，37-38頁
(93) 『帝国教育』1930年5月，118-119頁
(94) 赤井米吉「昭和5年の中学教育界」『帝国教育』1930年12月，20頁
(95) 『教育時論』1931年3月25日，38-39頁
(96) 『教育時論』1931年7月25日，28頁
(97) 『教育時論』1928年2月25日，20-23頁
(98) 『教育時論』1932年3月15日，35頁
(99) 『教育時論』1929年11月5日，38-39頁，『教育時論』1929年12月5日，59頁
(100) 『新青森市史　別編2 教育(2)』1999年，31-32頁

- (101) 『世田谷区教育史　資料編 4 』1928年，187頁
- (102) 『杉並区教育史』（下），1966年，26頁
- (103) 『目黒区教育百年のあゆみ』1986年，408頁
- (104) 安田武『昭和東京私史』新潮社，1982年，44頁
- (105) 佐藤愛子『父母の教え給いし歌』集英社文庫，1981年，9頁
- (106) 加藤周一『羊の歌』岩波新書，1968年，66頁
- (107) 「受験準備教育の行方」『児童』1934年10月，100-104頁
- (108) 『町田教育百年史』1975年，137頁
- (109) 「受験期の子を持つ母の座談会」『児童』1934年11月，70-78頁
- (110) 「座談会から問題を拾って母に答える」『児童』1934年11月，82-83頁
- (111) 市川源三「中学・高女入学を巡って 2 つの問題」『児童』1935年 3 月，8頁
- (112) 『帝国教育』1932年 3 月15日，48-49頁
- (113) (102)に同じ，27-32頁，35頁
- (114) 「中等学校を卒へるのにどの程度経費が必要か」『児童』1937年10月，22-23頁
- (115) 岩瀬義雄「中学校 5 ヵ年の学費と冗費」『愛児』1939年 2 月
- (116) (9)に同じ，251頁
- (117) 例えば，大門一樹『物価の百年』早川書房，1967年，238-56頁
- (118) 週刊朝日『物価の風俗史』1981年，6頁など
- (119) 田中寛一「学校選択についての両親の心構え」『児童』1938年 2 月，8-11頁
- (120) 平塚らいてう「お子さんのため中等学校を選ぶお母さんへ」『児童』1938年 2 月，12-14頁
- (121) 『世田谷区教育史　資料編 5 』1992年，236-237頁，246-247頁
- (122) (103)に同じ，407頁
- (123) 黒岩重吾『生きてきた道』集英社，1997年，34-35頁
- (124) 鈴村一成『下町少年倶楽部』エスシーエヌ，2001年，222頁
- (125) 妹尾河童『少年Ｈ』（上），講談社，1997年，322-323頁

3章　働く子どもの姿

1　働き手としての子ども

1)　家事や農作業の手伝い

　民族学者の宮本常一は『日本の子どもたち』の中で，農村地域に住む子どもたちが農業を手伝いながら成長していくと指摘している。「田畑の仕事は10歳くらいから手伝わされる。お茶はこび・田植えのときの苗はこび・イチゴとり・稲刈り・稲運び・畑の草とり・麦ふみ・兎の餌とり・牛馬追い・物を乾す手伝いなどが最初にさせられる仕事である。そして，12,3歳，やや力がつよくなると，田畑のくわ打ちや，田植・草刈り・田草とり・稲刈り・穂打ち・肥はこび・中耕などの仕事をおぼえていく」。そして，「米1俵が背負えるようになれば，一人前と見られた」という[1]。
　社会学者の竹内利美は，昭和11年に長野県東筑摩郡を訪ね，農繁期のため，学校を休んで農業を手伝う「農事休み」中の子どもの生活を調査している。ある子どもの日記から，一部を紹介してみよう。
　「6月10日　水曜　晴後曇り。今日おひる頃，三眠から蚕が起きました。ひるまへ皆で桑をむきに行きました。おひる過ぎには家に居て植木を貰って植えたり，鍋を洗ったり，米を磨いたり，水を汲んだりして夕食の用意をしました。(以下略)
　6月11日　木曜　晴れ。今日は朝からいそがしかった。私は起きてから，顔を洗ったり，頭をとかしたりする時もなかった。ろくにご飯もゆっくり食べられなかった。私は何となく寂しい気持ちで子守をしていた。
　6月23日　火曜　晴れ。朝起きてから隣の子をおぶひました。そしてひるまへだけおぶって，ひる過ぎは寝入ったので下ろしました。

3章 働く子どもの姿

6月27日　土曜　晴れ。今日は中村へ蚕掻きに行きました。さうして，をばさんも来ました。御飯を家で食べて私だけ又行きました。蚕を掻いて目方をかけてみたら1貫6百ありました」。

　この子どもの場合，家の中の子守，掃除，水汲み，炊事，火燃し，洗い物などの家事の他に，草むしり，畑作，虫取りなどの農業，桑むきや蚕かき，網乾しなどの養蚕を手伝っている[2]。

　森照子（昭和3年，愛媛県生まれ）の『山襞に生きる』は，山村に育つ子どもの成長を細かく描いた労作だが，子どもの頃の農作業の思い出を「春蚕は6月上旬に終わり，両親とも麦刈り，田植え，豆類の種まき，甘藷植え，桑畑の手入れ，タバコの仕事と，身動きができないほど多くの仕事に取り囲まれる」。もちろん，重労働だが，そんな中にも，「近くの川には，子供を熱中させる小魚がうようよいるのだ。夏の昼間，魚は暑さをよけて，川べりの草の影の窪みなどに集まっており，手を入れると，ごよごよ魚が手に当り，手づかみができる」のような体験もできると回想している[3]。

　教育研究同志会は，昭和15年に行なった調査の中で，子どもの家事手伝いの情況を明らかにしている。水道の普及していない時代なので，表3-1に示したように，手伝いの中に「水汲み」が入っているし，「雑巾がけ」にも懐かしさを感じる。そして，この時代らしく，「食後の片付け」や

表3-1　家事をする割合（毎日する）（％）

	男子				女子				全体			
	小学5年		高等科2年		小学5年		高等科2年		小学5年		高等科2年	
	都市	農村	都市	農村	都市	農村	都市	農村	都市	農村	都市	農村
庭の掃除	9.9	20.6	41.3	18.1	17.6	18.3	32.4	22.9	13.8	19.5	36.9	20.5
部屋の掃除	4.5	14.4	23.1	13.2	19.6	33.2	37.8	36.5	12.1	23.8	30.5	24.9
お使い	16.7	12.2	14.3	13.0	22.0	19.4	37.8	13.9	19.4	15.8	26.3	13.5
食後の片付け	8.6	3.8	11.0	3.9	26.0	18.7	46.5	22.5	17.3	11.3	28.8	13.2
ご飯を炊く	1.8	3.1	2.2	2.9	2.0	12.1	3.8	18.5	1.9	7.6	3.0	10.7
水汲み	4.1	10.3	3.3	17.1	1.6	14.3	5.9	16.2	2.9	12.3	4.6	16.7
雑巾がけ	3.7	15.5	13.2	12.6	17.6	34.3	29.2	34.3	10.7	24.9	21.5	23.7

教育研究同志会『児童の生活調査』昭和17年，34-35頁

113

「雑巾がけ」などで女子の手伝う割合が高い。それと，農村部の子どもの手伝う姿が目に浮かんでくる。さらに，高等科になると，庭の掃除や部屋の掃除をしている男の子も多い[4]。

日本青少年教育研究所が，東京の下町，山手，農村部に分けて，1,000名の子どもたちの生活時間を調べている。その結果によると，1日の中で，子どもたちは予復習に57分，遊びに1時間4分を使っているが，手伝いにも55分を費やしている。そして，放課後の子どもの時間が，「手伝い」と「勉強」，「遊び」にほぼ三分されているのが目につく[5]。

睡　眠	8時間59分	学　校	7時間22分	遊　び	1時間4分
予復習	57分	手伝い	55分	読　書	31分
ラジオ	23分	映　画	2分		

1日の中で使う時間の平均

牛島義友は，農村の子どもの総合的な考察を加えた著作を刊行しているが，その本の中で，児童心理学者の青木征四郎の調査結果を紹介している。それによると，手伝い時間を含めて，小学生の生活時間は表3-2の通りである[6]。

表3-2　子どもの生活時間

| | 平　日 | | | 休　日 | | |
| | 農村 | 都市・山手 | 都市・下町 | 農村 | 都市・山手 | 都市・下町 |
	時間.分	時間.分	時間.分	時間.分	時間.分	時間.分
睡眠	8.43	8.51	9.15	8.34	9.37	9.28
学校生活	8.26	6.43	6.29	0	0	0
予習・復習	0.44	1.30	0.40	1.15	1.54	0.36
読書	0.30	0.30	0.27	0.45	0.45	0.45
家の手伝い	1.31	0.49	1.16	3.40	1.15	1.54
遊び	0.45	1.19	1.27	2.57	5.46	4.09
ラジオ	0.19	0.25	0.24	0.25	0.38	0.42
映画	0	0	0.04	0.09	0.17	0.20
少年団	0.45	0	0	0.23	0.03	0.05

牛島義友『農村児童の心理』昭和21年，巌松堂書店，121-122頁

表中の数値が示すように、平日に子どもが家事を手伝う時間は、「都市・山手」が49分にとどまるが、「都市・下町」は1時間16分、「農村」が1時間31分のように、1時間前後を手伝いに費やしている。そして、「都市・山手」の子どもの場合、休日に手伝いは1時間15分にとどまるが、「都市・下町」では家事の手伝いは1時間54分と、2時間に近い。さらに、「農村」の子どもの手伝いは3時間40分に達する。農村の子どもの場合、家事というより、農業の手伝いをしているのであろうが、長い時間、家の手伝いをしているのが分かる。そして、休日になると、都市の子どもは4時間以上、遊びに時間を使っているが、農村の子どもの遊び時間は2時間57分にとどまる。

　表3-3は小学生の手伝い時間の平均を示しているが、学年差や性差、地域差を超えて、手伝い時間が1時間を超える。家事手伝いが、子どもの生活に日常的に結びついていたことを示している[7]。家庭電化製品がないのはむろんのことだが、ガスや水道も普及していない時代なので、水汲みや火燃し、薪拾いなど、子どもがする仕事はたくさんあった。子どもの手助けが重宝だった時代である。

表3-3　手伝いの時間

		尋常4年	尋常6年	高小2年
		時間．分	時間．分	時間．分
農村・平日	男	1.02	1.13	1.43
	女	1.14	1.16	2.28
農村・休日	男	1.39	2.54	5.17
	女	2.09	3.15	6.27
都市・休日	男	1.37	1.46	1.57
	女	1.38	1.10	3.19

牛島義友『農村児童の心理』昭和21年，巌松堂書店，133頁

　昭和10年代までの日本は、貧しい社会だった。したがって、これまでふれてきたように、子どもにとって家事を手伝うのが当たり前で、遊ぶのは

家事の合間というのが子どもの生活だった。牛島の本には，家事手伝いの具体的な内容として，草むしり，芋ほり，桑もぎ，田かき，草刈，火燃し，子守，水汲み，湯立てなどがあげられている。

農村の事例になるが，岐阜県の農村で学級の44名を調査した結果によると，「家に参考書がない」は75.0％，「書籍がない」84.1％，「辞書がない」88.6％である[8]。家庭そのものが貧しい時代を反映している数値である。

2) 学校給食の開始

昭和4年の世界恐慌は，日本にも大きな影響を与えた。特に教育界では，各県で教員の削減や給与遅配が進んだ。福岡県では，350町村の内，補助教員を整理が52，学級整理が161，専科教員整理が36市町村に及んでいる。また，富山県では，教員整理の代わりに，各教員が給与の12％，熊本県では1割を寄付するなどの決定がなされている。

実際に，帝国教育会の調査では，多くの県で給料の不払いが始まっている。例えば，給与をきちんと支払っている県は福岡，山口，滋賀，香川の4県のみで，長野県下の52市町村で最大半年，新潟が60町村で3ヶ月など，609町村で不払いが進んでいる[9]。

そうした状況をふまえて，昭和6年3月に全国連合教育会緊急総会が開かれた。そして，各県の教育会代表が集まり，教員の給与を国庫負担にするように訴えると同時に，教育擁護団体の結成を決議している[10]。

もちろん，そうした経済不況は子どもの生活を直撃する。各地で，食事をとれずに学校を休む子どもが増加している。『帝国教育』誌によれば，欠食児童は北海道では980校中388校，青森でも285校中128校など，4割以上の学校で，欠食児童が生まれている[11]。

森川直司（昭和2年，深川育ち）は，昭和8年に深川の元加賀小に入学しているが，1年生は6学級，1学級は72名。教室が足りないので，2部授業だった。そうした学校の状態はともかく，昭和10年頃の深川は不景気だった。夜になって，父親が帰ってくると，子どもが「父ちゃんが帰ってきた」と大声で叫ぶ。「母親が七輪をバタバタとあおぎ，父親からもらっ

た銭をつかんで子供達は，1人は米を，1人は惣菜を買いに一目散に駆けて行く」のような生活が見られた。そうした地域なので，食事を持ってこられない者が少なくない。そこで，「食べ」といって，自宅に帰って，食べる者がいた。校内の片隅に，「低学年，高学年の入り混じった三十人あまりが黙々とパンを食べている」グループがあった。「生活保護家庭生活の生徒に学校が給食して」いる姿だという[12]。

島根県の広瀬小学校では，昭和7年，貧困家庭で欠食がちな子どもと虚弱児童のための学校給食を始めている。一食につき半搗き米1合1勺で，欠食児童55名（子どもの約1割）を対象として栄養学級が始まっている[13]。

栄養研究所技師・医学博士の原徹の著した『学校給食と献立の栄養学』は472頁の学校給食を扱った大著である。同書の原によれば，大正12年の場合，東京市下の11小学校を対象とした調査によると，栄養不良児の占める割合は3％から33％に散らばり，平均して21％に達する。

そうした状況に対応して，各地で学校給食の試みが始まった。なお，給食を受ける子どもの数は，大正14年の場合，全国で57校8,127名にすぎなかった。しかし，昭和5年には139校1万9,116名に広がっている。

さらに，昭和7年9月に文部大臣鳩山一郎は「昼食ヲ欠キ或ハ甚シク粗悪ノ食事ヲ摂ルモノ著シク増加」しているから，給食の充実を図るように指示している。そして，各自治体に交付する給食費は，昭和5年の7万4,000円から，昭和8年の210万円へと，大幅に増額している[14]。

この間にも，欠食する子どもが，6大都市だけで1万8,000人に及んだ。そこで，政府は給食対策として，米の払い下げの検討を始めている。そして，議会は昭和7年9月から8年3月までの緊急対策として，51万3,300円を学齢児童就学奨励施設として支出している。この費用は，事務費などに使うことは禁じられているので，各府県に平均して1万円を支出することになった。沖縄3万3,000円，北海道2万5,000円から岡山や神奈川7,000円へと県によって支出額が異なるが，1300万人の給食が可能になる計算だった。

文部省は，昭和7年9月7日，「学校給食臨時施設方法ニ関スル件」を

通達している。この通達によると，貧困や不況によって食事をとれない子どもが増加した。そこで，1食4銭を基準として，必要があれば朝食も用意する。そして，給食の栄養は少なくとも1日の3分の1を超えるように指示している(15)。

そうした情況を学校レベルでとらえてみよう。東京の下町にある霊元小学校では，毎日180名の給食を提供している。ライオン歯磨きの小林富次郎社長が1万円を投じ，全額負担しての給食サービスが行なわれている。2斗や1斗を炊ける釜を250円，机などを100円で購入した。そして，全額負担による給食を開始している。献立は「麦飯にのっぺ汁，たくわん」「五目飯にがんもどきの煮物」「麦飯に揚げ物，たくわん」などで，経費は1食10銭程度だった(16)。

東京府の四谷旭町小学校の事例によると，例えば昭和6年11月には，給食は1ヶ月に24日分準備され，平均して1日に187名が給食をとっている。食費は1日4銭2厘で，これに，人件費1銭，器物の修理費など2厘とすると，5銭4厘位で給食が可能となる。したがって，文部省が基準とする1日4銭だと，都市で給食は出しにくい。また，副食を豊かにすると経費オーバーになるなどの報告がなされている。そして給食指導を行なった後の反省として，①パン食より米食を児童は喜ぶ，②学校で料理することが重要，③献立作りにあたって子どもの声を聞くことが大事などの事項があげられている(17)。

こうした情況に対し，文部省の学校衛生官・大西永次郎は，給食の対象となる子どもは，

① 貧困のため就学免除または猶予中であって，給食により就学させられる者
② 不況のため食物の摂取不十分なるにより欠席勝なる者
③ 不況のため学校において欠席勝なるかまたは日常摂取する食物が，栄養上著しく粗悪と認められる者

である。そして，1食4銭という経費は，「一見無謀の計画のようであるが，全国を平均して特に今日の時局救策として実施するものであるから，

この範囲内でベストをつくす」ように指示している[18]。

　昭和10年度の全国学校給食実施状況によれば，表3-4のように，給食を受けている子どもは全児童の6％である[19]。そして，給食にかかる費用も170万円で，昼食を食べられない子どもが，全国的に広まっているのが分かる。

表3-4　学校給食の全国的な情況（昭和10年）

公費給食	585,673名
私費給食	68,689名
公費現品支給	15,866名
計	670,228名（全児童数11,640,535名の5.7％）

費用：食費1,598,823円，設備費など97,409円
合計1,696,232円

　もっとも，昭和11年になると，不況を脱出したのか，東京府の給食児童数は，全児童73万258人の中の1万3,537人で，給食率は1.9％となり，昭和10年より2.2％も減少している[20]。

3）尋常小学校修了後の進路

　昭和の子どもというと，学校に通うのが当たり前のように思いがちだ。しかし，子どもが学校に通い始めたのは，それ程昔ではない。明治初めから昭和30年までの該当年齢別の在学率をまとめると表3-5の通りとなる。
　表中から，全体の傾向を大づかみにしてみよう。
① 明治20年代半ばまで＝不就学の子どもが5割を超え，学校へ行っていない子どもの方が多い情況が見られる。
② 明治30年代後半から大正中期まで＝就学している子どもが5割から7割へ増え，小学校卒業がようやく一般的になった。
③ 大正10年代以降＝小学校卒業後，高等小学校などの準中等学校へ進

学する子どもが3割を超える。

　なお，表の下欄に注記したように，「準中等学校」には「実業補習学校や徒弟学校，青年訓練所など」，そして，「中等教育」のカテゴリーには高等小学校が含まれている。したがって，「準中等学校」はむろんだが，「中等教育」も，旧制中学や高等女学校というような中等教育でなく，小学校を卒業した後，2年程度，高等小学校に籍を置いている子どもを含んでいる。

表3-5　該当年齢ごとの在学者の割合（%）

	不就学	小学教育	準中等学校	中等教育	高等教育
明治8年	65.8	33.1	0	0.7	0.4
13年	58.9	36.1	3.7	1.0	0.3
18年	50.4	46.3	2.1	0.8	0.4
23年	51.1	45.2	2.6	0.7	0.4
28年	38.8	55.6	4.2	1.1	0.3
33年	18.5	72.7	5.4	2.9	0.5
38年	4.4	77.1	13.3	4.3	0.9
43年	1.8	72.9	8.4	15.9	1.0
大正4年	1.5	68.8	12.8	15.9	1.0
9年	1.0	50.2	22.2	25.0	1.6
14年	0.6	44.5	20.1	32.3	2.5
昭和5年	0.5	25.7	34.7	36.1	3.0
10年	0.4	27.3	29.6	39.7	3.0
15年	0.4	12.5	37.4	46.0	3.7
25年	0.2	14.9	9.4	69.3	6.2
30年	0.2	2.8	19.0	69.2	8.8

　　　準中等学校＝実業補習学校や徒弟学校，青年訓練所などを含む
　　　中等教育＝旧制中学，高女，実業学校，高等小学校などを含む
　　文部省『日本の成長と教育』（昭和37年）を基本に『文部省年報』より作成

　このように明治30年代末になると，子どもは小学校へ就学できるように

なり，大正末頃には，高等小学校位まで在籍するようになったと考えられる。そして，昭和になると，小学校卒業は当然として，その後，どこに進むのかが重要になり始めるが，大正末から昭和初めにかけての子どもの動向を，もう少し詳しく数値的にまとめると，表3-6のようになる。

表3-6　尋常小学校卒業者の進路（大正8年から昭和2年）

	人数	中学	実業	小計	実補	高小	小計	進学	非進学
男子・大正8年	568,036	4.1	2.6	6.7	33.3	58.2	91.5	98.2	1.8
10年	583,739	5.3	2.9	8.2	24.3	66.8	91.1	99.3	0.7
12年	617,732	6.9	3.2	10.1	15.2	68.9	84.1	94.2	5.8
14年	633,479	8.0	3.4	11.4	7.7	68.1	75.8	87.2	12.8
昭和2年	662,127	7.7	3.3	11.0	7.4	65.1	72.5	83.5	16.5
女子・大正8年	502,332	7.0	0.8	7.8	9.9	33.5	43.4	51.2	48.8
10年	516,779	8.4	1.5	9.9	9.1	41.6	50.7	60.6	39.4
12年	560,401	9.0	1.0	10.0	13.4	44.3	57.7	67.7	32.3
14年	580,621	11.9	0.7	12.6	10.2	44.4	54.6	67.2	32.8
昭和2年	624,423	11.2	0.7	11.9	10.2	46.2	56.4	68.3	31.7

実業＝商業や農業，工業などの学校　　実補＝実業補習学校
『教育年鑑』昭和12年より算出

　この数値によれば，男女とも，中等教育進学者は1割前後で，高等小学校へ進んだ者が，男子の7割，女子の半数となる。そして，非進学者は男子の1割強，女子の3割を占める。この中には，中学浪人も含まれていると思われるが，それは少数で，非進学者の多くは，高等小学校へ進むことなく，家業や農業を手伝うか，あるいは，工場労働者として働くかしたと考えられる。
　なお，中等教育に進学した子どもの問題を前章で考察したが，そこでもふれたように，表3-5の資料を見ると，子ども全体の中で進学が限定された階層の問題であったことが分かる。そうして中学や高女と並行する形で，各県には商業学校や農業学校などの実業学校があった。例えば，漆原喜一

郎（前出）は「父の跡を継いで商売をする。家の後継ぎということになっていたので，商業系統の中学校へ入れ」ということになり，早稲田実業を受験している[21]。

もう一例，岩崎鈴広（大正4年，東京生まれ）は，学校卒業後，家業を継いでいるが，その前後の事情を，「小学校を出てからは，うちの仕事を手伝いました。うちは氷の卸業をしてたんですけど，氷は夏だけですから，冬は焼き芋屋をやってたんです。（中略）そこで私は，昼間はうちで仕事を手伝って，夜は本所商工学校の工業科に通ったのです」のように回想している[22]。

4）地元密着の実業学校

現在の評価でとらえると，商業学校や農業学校の言葉に普通高校よりややランクの低い学校を連想する。入学にあたっての実業高校の偏差値が普通高校より低いために起こる感覚だが，長い間，有力な実業学校は中学（高等女学校）とほぼ同等の評価を得ていた。前章でふれたように中学の卒業生の多くは，（旧制）高校へ進学して，国レベルの舞台で活動するようになったのに対し，実業学校の卒業生は地元の産業界のリーダーとして地元での活躍を期待されていた。卒業後の活動領域に開きがあるとはいえ，実業学校も地元にとって，幹部候補生を育成する学校だった。というより，地元にとって，実業学校は地元密着型の頼りになる学校だった。

それだけに，実業学校の入試は，中学と同じような難関だった。一例として，明治17年設立の赤間関商業講習所にルーツを持つ下関商業の入試倍率を紹介してみよう。名門商業として知られる下関商業の明治から昭和にかけての入試倍率は，表3-7のようになる。大正から昭和にかけて，入学者数は110名程度から220名に倍増しているが，志願者も300名から600名に増加している。その結果，入試倍率は，常に2.7倍から3.2倍の高倍率を保っている。このように下関商業学校が，かなりの人気校なのが分かる[23]。

表3-7 下関商業の入試倍率の変化

	志願者	入学者	倍率		志願者	入学者	倍率
明治40年	317	81	3.9	昭和2年	712	222	3.2
45年	268	114	2.4	5年	588	220	2.7
大正5年	315	116	2.7	8年	603	221	2.7
10年	436	177	2.5	11年	652	246	2.7
15年	696	217	3.2	14年	849	250	3.4

『下商七十年史』昭和31年,227-228頁

　また,函館商業の昭和3,4年の入試状況は表3-8の通りで,入試倍率は下関商業ほど高くはないが,それでも,3割以上の子どもが,高等科から入学している。現代流にいえば,1浪または2浪をして,希望の商業学校へ入学したという感じである[24]。

表3-8 函館商業の入試（昭和3,4年）

	志願者	入学者	入試倍率	入学者学歴		
				尋常科	高等1年	高等2年
昭和3年	370	250	1.48	61.2	23.6	15.2
昭和4年	377	280	1.35	66.1	25.0	8.9

『函館商業学校沿革史』昭和4年,124-127頁

　なお,在校生の家庭的な背景を,明治44年と対比させた結果を,表3-9に示した。函館商業学校の場合,生徒の家庭の半数を商家が占める。なお,卒業後の進路も,商店40.7％,会社25.1％など,実業界が多く,進学者は10.8％にすぎない。

表3-9 函館商業の生徒の家庭的な背景（％）

	商業	工業	農業	漁業	官公吏	会社員	その他
明治44年（　546名）	53.7	5.9	3.1	10.1	3.8	3.8	19.6
昭和2年（1,251名）	47.7	3.0	2.7	6.0	3.0	10.7	26.9

このように商業学校は商家の子どもが入学し，商家を継ぐための教育を受け，卒業後，地元の実業界へ巣立っていく。商業学校は，そうした地元密着型の実業教育を行なう機能を担っていた。

すでにふれたように中学入学は，(旧制)高校へ進学し，国レベルで活躍する人材になれる可能性が強まるのを意味した。そうした一方，実業学校は老舗の商店などの息子は，商業学校に進学する。あるいは，地主の子どもが農業学校へ進み，農業の後継者となる場合が少なくなかった。現在を基準にすると，実業系の学校は普通科よりランクが低いと思いがちだ。しかし，静岡中学と静岡商業，水戸中と水戸商のように，実業学校は普通科と進路は異なるが，肩を並べる難関学校だった。

5) 高等小学校への在籍

このように実業系の学校は，それぞれの職種で，地域のリーダーとなるのを期待されての選抜機能を果たしている。したがって子どもは小学校卒業後，中学や商業・農業学校などの中等学校へ進む者と就職または高等小学校へ進む者とに二分されていた。

しかし，すでにふれたように，(旧制)中学校や実業学校への進学者は1割にとどまる。そして，多くの子どもたちは，尋常小学校に続いて，同じ敷地内の高等小学校へ進学している。しかし，実業系を含めて，中等学校進学者が明るい未来への達成を目指しているのに対し，高等小学校への進学は閉ざされた未来を感じさせる暗さを伴っていた。特に，昭和に入ると，中等学校進学者が1割前後なので，少なくともクラスに数名の進学者がいる計算になる。それだけに，特に学業成績に自信があり，受験すれば合格できそうな子どもは，高等小学校進学に挫折感を抱きがちだった。

池波正太郎（大正4年，東京浅草生まれ）は「私の小学校の成績が，クラスで一番だときいても，母は，ほめもしなければ，うれしげな顔も見せなかった」[25]という。学校の成績をそれ程気にしない親なのであろう。実際に，池波は，小学校を出ると，株式仲買店に勤めている。

加太こうじ（前出）は，定職につかず，酒乱気味の男性を父親として生

まれた。小学校時代のこうじの成績は全甲に近かったが、中学受験は望んでも無理なので、高等小学校に進み、毎月13円50銭の給費が支給される師範学校への進学を考えた。学費をやりくりして、高等小学校に在学した。しかし、昭和5年、浜口内閣の緊急財政政策のあおりで、師範の給費制が廃止され、師範入学を断念している(26)。そして、日給55銭、月収にして16円50銭で、逓信省の給仕の職を見出している。こうじの場合、1日で給仕をやめ、紙芝居の絵師となり、「黄金バット」作者となるのは、その直後の話である。

　中野孝次（前出）は、地元の大工を父として生まれた。そして、6年生になると、10人程度の進学組を対象として補習教育が始まった。しかし、進学は「勉強が出来る出来ないに関係なかった。家庭の貧富の差がそのまま反映する」情況だった。それだけに、大工を父に持つ孝次は「親には内緒で進学組に加わっているのだ。いつも自分が『もぐり』で入っているような疚しさ」があったという。そして、担任が家庭訪問をして、孝次の希望をかなえるように親を説得してくれる。しかし、「職人の子に学問はいらない」「中学なんかやるわけにいかない」が、父親の態度で、孝次は補習組を止め、高等小学校へ進学している。

　中野によると、進学組と非進学組との間に何かと軋轢が生まれ、親友との間も気まずくなる。そして、小学校卒業後も、進学した者が「真新しい制服制帽に肩から白い布カバンをさげて、みな颯爽と駅に向かう」姿を見て、「相も変わらず同じ小学校に通う自分に屈辱を感じた」という。

　そして、卒業から「38年後、母校の第1回同窓会が初めて催されたとき、出席したのはほとんど進学者と市川市で菓子屋、植木屋、薬局など親の家業を継いだ者たちであり、あとの30数名は出席しないどころか、その後の消息も、いや住所さえ知れないのであった」(27)。

　昭和13年に静岡の小学校を卒業した松浦竹夫は、中学受験の時、「父が私に言った。中学にはやらせられぬ。今のわが家はそれ程苦しいと。父は私に向かって頭を垂れた。私は泣いた。次の日も泣いて泣いて諦めた。私は堀小の高等科1年に進んだ。真新しい中学の制服に着替えて通学のため

堀之内駅にたむろしている中学生達。静岡や掛川の中学に通うかっての同級生達。私はなるべく見ないようにして、ひっそりと堀小へ通った」と回想している。さいわい、松浦は、軍関係の学校へ進学すれば育英金を返済しないでよいという条件の育英会の推薦を受け、次年度、掛川中学へ進学している[28]。

　農村部の事例になるが、藤沢周平（前出）によれば、小学校卒業の62名の内、進学者は男子2名だった。親たちは、農業のつらさを知っているので、「子供の内から農作業を仕込めば、子供は少しずつそのつらさに堪えることをおぼえ、やがて労働をらくらくとしのぐことが出来る肉体と体力と精神力を身につける」と考える。だから、進学する者は「地主の子弟、ほかは学校の教師、旅館経営者、神主といった非農業の家の子弟だけだった」という[29]。

　さらに、いくつかの学校の事例を紹介してみよう。大正15年、新潟県小千谷小学校の卒業生257名の進路は表3-10の通りで、進学者は2割以下にとどまる。訓導の本間市郎左衛門は、「県下有数の町にしてしかも中学校の所在地」で、「教養深き国民を欲する時代に」、この進学率の低さに「驚嘆せざるを得ない」と語っている。しかし、現実には、男子の4分の3が高等科に進んでいる。また、女子の半数は、高等科へも進まず、そのまま就職している。

表3-10　（新潟県）小千谷小学校卒業生の進路（大正15年）（％）

	中学・高女	実業系	高等科	就職
男子	14.1	1.7	75.9	8.3
女子	19.7	8.8	15.6	55.9
計	17.1	5.4	44.0	33.5

（新潟県）『小千谷小学校史』昭和53年、255-257頁

　なお、昭和4年度の場合、小千谷小学校高等科卒業生100名の進路は、男子75名の内、農業11名、魚屋、荒物屋、商人各4名、大工3名、八百屋、鉄工所、鉄道従業員など各2名、未定17名などであった。女子の25名も、

仕立て7名，農業6名，看護婦3名，家事手伝い，未定など2名となる。このように高等科卒業は，実社会に出て，汗水を流して働くことを意味していた[30]。

また，島根県能義郡『広瀬小学校百年史』によれば，昭和4〜8年の卒業後の進路は表3-11の通りだった[31]。

表3-11 （島根）広瀬小卒業生の進路（％）

男子

	（人）	中学	実業	補習	高等科	就職
昭和4年	46	4.3	4.3		84.9	6.5
5年	35	18.6		2.9	64.2	14.3
6年	47		2.1	6.3	91.6	
7年	48	8.3		8.3	81.3	2.1
8年	46	8.7		4.3	87.0	
計	222	8.0	1.7	5.7	78.9	5.7

女子

	（人）	中学	実業	補習	高等科	就職
昭和4年	35	11.4			71.5	17.1
5年	39	2.6		12.8	51.3	33.3
6年	40		2.5		77.5	20.0
7年	39	12.6		2.6	66.9	17.9
8年	41	3.6		12.2	69.9	14.3
計	194	4.6	0.5	6.7	71.7	21.1

（島根県）『広瀬小学校百年史』昭和49年，83頁より作成

島根県といっても，広瀬小は広瀬藩校の流れを汲み，学制発布と同時に開学した地方の名門小学校である。それでも，この時期，中等学校進学者は男子の8.0％，女子の4.6％で，男子の78.9％，女子の71.7％は，高等小学校への進学の路を選んでいる。就職者も男子の5.7％，女子の21.1％を

127

占める。中等教育が少数の恵まれた子どもの進路だったことを示す数値である。

また、神奈川県相模原市の新磯小学校の場合、昭和4年から12年にかけての卒業生の内、「貧困により欠席がち」の子どもは、表3-12のように、6.7％と1割に迫っている(32)。

表3-12 （相模原市）新磯小学校の貧困欠席児

	昭和4	昭和6	昭和7	昭和8	昭和9	昭和11	昭和12	計
在校児童	420	559	560	558	473	611	613	3,794
貧困欠席	9	22	13	56	58	55	43	256
欠席率（％）	2.1	3.9	2.3	10.0	12.3	9.0	7.0	6.7

『相模原市教育史』第2巻、昭和59年、495頁より作成

もちろん、大都市、特に、山手の学校では、進学者の割合が高まっている。昭和7年、東京杉並区の小学校の場合、以下のように卒業生の進路の内中学進学者は44.4％と半数に近いが、都下でも4人に1人が小学校卒業後、12歳で就職し、ほぼ同じ4分の1が、高等小学校へ進んでいる(33)。

	中学進学	高小へ	就職
守山小・男子 (64)	42.2	20.6	37.2
女子 (53)	47.2	28.3	24.5
計 (117)	44.4	29.9	25.7

目黒区油面小学校の場合、大正14年から昭和9年までの進学率は表3-13のように、進学率は4割強で、残りの半数の内、3割が高等科、4分の1が就職という情況である(34)。

3章　働く子どもの姿

表3-13　目黒区油面小卒業生の進学情況（％）

	中学進学	高等科	就職		中学進学	高等科	就職
大正14年	47.8	24.3	27.9	昭和6年	45.3	25.5	29.2
昭和1年	40.2	34.8	25.0	7年	52.6	33.7	13.7
2年	48.7	29.3	22.0	8年	40.8	30.3	28.9
3年	46.9	21.8	31.3	9年	50.4	33.1	16.5
4年	45.2	29.2	25.6	平均	46.0	28.8	25.2
5年	41.9	25.7	32.4				

『目黒区教育百年のあゆみ』昭和61年，405頁より作成

　もっとも，進学には地域差が大きいから，神奈川県相模原市の昭和16年度の進路のように，半数以上が高等科に進んでいる事例も見られる[35]。

	男子			女子		
	中学	実業	高等科	高女	実業	高等科
上溝	18.0	27.0	55.0	36.8	13.2	50.0
麻溝	10.6	6.4	83.0	16.7	4.2	79.1

6）学校を休んで働く子ども

　このように中等教育へ進学できず，高等小学校へ在籍した子どもが多かったが，実際には，家計を支えるために，働く必要があって，学校を休む子どもが少なくなかった。

　福島県郡山市の調査によると，小学4年生から6年生までの児童数は3,548名，高等科の生徒は1,101名で，この内，働いている子どもは小学生の109名で，全体の3.1％，高等科は41名で3.7％にあたる。3％であるから，1学級に一人程度働いている子どもがいる計算になる。そして，150名の働く子どもの仕事の内容と人数，収入は，以下の通りだった。

① 新聞配達91名（60.7％），月に直して，3円から3円50銭
② 豆腐売り38名（25.3％），1日5,6銭で，1円20銭から2円
③ 納豆売り10名（6.7％），1日5銭から20銭程度で，1円40銭から5

円
④　映画館中売り9名（6.0％），1日5銭から10銭で，月に1円50銭から3円30銭
⑤　番頭見習1名（0.7％），1日5銭もらって1円50銭
⑥　花売り1名（0.7％），1日5銭もらって1円50銭

　新聞配達は朝3時頃から朝刊，夜6時頃からの夕刊の配達で，1日に1時間半程度の2回，納豆売りは朝4時頃から6時半頃，午後3時頃から2回で，両者とも2時間の働きとなる。しかし，この報告には小店員や工場で働く子などが含まれていないから，実際の労働はもっと深刻な場合も考えられるという[36]。

　東京府が日本橋や下谷，深川などの24小学校で昭和2年11月に行なった調査によると，働いている子どもは男子7,324名中の455名，女子7,730名中の401名で，就労率は男子6.2％，女子5.2％である。そして，袋はり，納豆売り，新聞配達，御用聞きなど133種に及んでいる。そして，平均して6年生は5時20分に起きて，働きに出かけている[37]。

　昭和13年頃の新聞配達の実態調査をした結果がある。川崎市の高等小学校生徒1,400名の内，「配達をしている者」が119名，「今はしていないがしたことがある」が157名で，経験者は276名，経験率は19.7％（「現在，している」は8.5％）だった。

　そして，この調査によると，新聞配達は朝刊の場合，平均して3時に起き，3時半に新聞販売店へ行き，新聞の組み込み。4時20分から配り始め，5時半頃配り終え，新聞販売店へ戻る。6時過ぎに帰宅となる。夕刊は第1夕刊と第2夕刊とに分かれ，第1は3時半から配り始め，4時半頃終わる。第2夕刊は5時頃から配り，6時頃終わる。

　したがって，先に紹介した郡山市の1日2時間程度というのは実労働時間で，実際には1日数時間を新聞配達に費やすことになる。しかも，これを毎日くり返すから，かなりの重労働になる。

　さらに，そうした新聞配達をしている経験者が20％という数値はかなり高い。そこで，調査結果から興味を引く数値を拾いだしてみよう。

① 働き始めた時期＝小学5年から5.2％，6年から29.3％，高等科1年から52.6％，高等科2年から12.9％
② 働く理由＝学費補助18.4％，家計補助18.0％，新聞店から依頼11.2％
③ やめた子どもの理由＝親の反対29.1％，勉強ができなくて23.8％
④ 配達件数＝60戸まで25.0％，70戸13.8％，80戸12.1％，90戸14.7％，100～110戸13.8％，120～130戸13.8％，140戸以上6.8％，平均82.1戸
⑤ 月収＝3円まで13.8％，3～5円12.9％，5.1～6円49.1％，6.1～7円21.6％，7.1円以上2.6％，平均5.4円
⑥ 主な使用目的－家計補助53.1％，学費補助19.9％，こづかい8.0％，貯金19.0％
⑦ 働いて良かったこと＝1位，丈夫になった34.5％，2位，収入になる10.3％
⑧ 困ったこと＝1位，雨や雪がふる33.6％，2位，犬にほえられる25.0％

こうしたデータから新聞配達の平均的な姿をまとめると，高等科になってから，家計の補助を目的として，80軒位を配り，月に5円程度収入があるということになる[38]。

同じ時期に，高等科の子ども100名を対象に行なったこづかい調べによると，高等小学校1年生男子のこづかいの1ヶ月平均は1円25銭，女子は1円であった。したがって，新聞配達の5円は子どもにとってかなりの高額になる[39]。

文部省は昭和4年10月に貧困児童の不就学対策として，奨励費の増額を決定している。
① 甲種＝生活が困窮していることはないが，学用品を買えない－教科書を支給
② 乙種＝収入が少なく，かろうじて生活をしている－学用品を支給
③ 丙種＝他人からの援助が必要－衣服食料と学用品を支給している[40]
このように，昭和4年以降，8年までの5年間で，区内の13小学校全体

で，少ない時で128名（昭和4年），多くて179名（昭和6年）が「貧困のため」小学校を退学している。そして，夜学が開校されたら入学したい者は，男子346名，女子343名，計689名に達する[41]。

夜学校の設置されている地域は，生活条件が厳しく，「細民街」と呼ばれることが多かった。そして，東京の場合，細民街は3万世帯，12万人が住んでいると見込まれている。そうした地域は，5，6万人の子どもが，3畳や4畳半程度の狭い家で暮らしている。当然，学校に行けない子どもが少なくないので，未就学児のために，東京などで夜学校の設置が進んでいる。一例をあげるなら，東京都北区で，昭和9年に王子第一尋常小学校に「夜学校」が開設された。初等教育を修了していない者で，昼間勉学できない12歳以上を在籍させて3年間学習させる学校だった。

「毎日の雨でしょうばいにいけなくなった時，うちには1銭のお金もなくなってしまいました。その上お米が無くなって食べる事が出来なくなってしまいました」とか，「私はお友だちと市場にお芋をひろひに行きました。其処にもここにもお芋や大根の小さいのや菜っ葉が落ちて居ましたから，ひろってふろしきの中に入れました」。

これは，「細民街」に住む子どもの毎日の生活を綴った作文である。

この地域の小学3年生以上96名を対象に実施した調査がある。子どもは平均月に1.5回程度活動写真を見ているし，読み物は『日本少年』18名（18.8%，買った者は1名），『飛行少年』7名（7.3%，2名），『赤い鳥』6名（6.3%，1名），『少年』『小学画報』5名（5.2%，各1名）である。なお，カッコ内の数値が示すように，買った者が少なく，「借りて読んだ」者が多いのが注目をひく[42]。

子どもによっては，家庭を失い，浮浪者となって，街をさまよう者も生まれる。特に浅草にはそうした子どもが多かったようで，昭和6年の調査では，浅草公園の周りで，16歳以下25名，16歳から20歳まで226名などが数えられた。新聞売りをする「ブンシン」，ビラをまく「ビラ」，場所を決めて金銭を乞う「ケンタ」，盗みをする「ノビ」などが，仕事だったという[43]。

2　14歳からの就労

1）高等小学校卒業生の進路

　これまでふれてきたように高等小学校は尋常小学校を卒業した多くの子どもの進路だった。それでは，高等小学校を卒業した子どもはどんな生活に入るのか。

　東京府下の高等小学校を対象とした調査によると，卒業生185名の内，就職希望者は135名（73.0％），実際に就職できた者は99名で，就職率は希望者の73.3％だった。

　もっとも，子どもが希望する就職先と決定した就職先との間には，職種によって開きが見られる。例えば，事務見習の希望は35名だが，決定は13名にとどまる。また，給仕希望が25名で決定は2名，洋裁も希望5名で決定1名だった。それとは逆に，店員は希望者11名に決定が13名，女工36名が48名だった。したがって，事務見習を希望する者が多いが，実際に勤められるのは，店員や女工という感じである。なお，学業成績別に見ると，事務・給仕14名の内，成績が10点満点中9点以上の者が11名（78.6％）に達するが，女工の43名中9点以上が5名（11.6％）にとどまる。そうした意味では，成績の良い生徒が事務という形が見られる[44]。

　そして，昭和13年，東京都麹町小学校高等科の場合，卒業後の進路希望は，以下の通りだった。

	男子	女子
就職・給仕	32％	59％
商業	6	3
工業	38	9
その他	2	3
小計	78％	74％
自家就職	11	19
進学	11	7

給仕への希望が強いが，昭和12年度の場合，女子の希望者39名に対し採用された者が22名，男子は12名中の3名だった。こうした状況をふまえ，就職担当者は，採用されるのも大変だが，就職しても，「給仕の採用条件に不適なるものも相当ある」ので，見てくれの良さで就職先を選ばないで欲しいと望んでいる[45]。

山川菊枝は，昭和6年の場合，16歳以下の少年労働者の割合は労働者全体の2.4%，女子は18.2%で，特に女子の就労者が多い。男子の日給は58.8銭，女子は46.2銭と分析している。そして，こうして働く子どもの状況を，山川菊枝は「この時期に親の手を離れて知らぬ他人の家に住込み，粗食と，時間に制限のない労働と，職場の猥雑な雰囲気に包まれて暮らす少年の孤独な魂が，或は低級な娯楽に溺れ，誘惑に負けて犯罪にまで追れたり，或は希望なく，理想なき果てしなく，労苦の生活に倦んで」と描いている[46]。

昭和13年3月の『児童』は「少年・少女の職業テキスト」として，高等小学校卒業レベルの子どもが就職できる職種の情報を特集している。

① デパート女店員＝（三越秘書課長・枝貢）高等小学卒業後，1ヶ月見習い，日給80銭，その後，日給の小店員として本採用になる。小店員から抜擢されて，店員になると，日給1円，月収で賞与込み35円から40円程度となる。

② 洋装志願＝（セキタ洋裁店主・関田猛夫）学校へ通う場合でも，2年程度の学習が必要で5年から7年程度の実地を積まないと，一人前になれない。技術がうまくなれば，40円程度の収入を見込める。

③ 電話交換手＝（中央電話局養成課長・赤沼登）採用試験を受け，採用後3ヶ月の見習，収入が60銭。本採用後は日収が90銭で，20円強の収入が可能。

④ バスガール＝（東京市電気局自動車課長・篠澤久）採用試験を受け，採用後3週間は見習い，日収は40銭。本採用後，8時間労働で80銭，月収は24円。車掌になると，月収は36円程度，賞与は半年ごとに28日分，皆勤だと3ヶ月ごとに2日の休暇。

⑤　美容師＝（松坂屋美容室・芝山みよか）２年制の美容学校に入学，月謝は５円，教材費は３円程度。卒業後，５〜７年間の内弟子になる。最初は月５円程度から始まり，２，３年後に20円，内弟子が終わる頃は30円程度の月収。

⑥　看護婦＝（築地病院・柴田敏夫）試験を受けて資格を得る形もあるが，通学するのが通例。高等女学校卒業後入学する学校が多いが，高等小学卒後，看護婦養成所に入り，２年間学習する。その後，３年程度の義務年限がある。義務年限が終わると，３等看護婦となり，日給は１円30銭，月収が35円程度となる。

⑦　紡績女工＝（東京市社会局・山根清道）高等小学卒業後，半年程度見習，一人前になると出来高払いを含めて，日給60銭から１円20銭。10時間労働，午前組は午前５時から午後２時，午後組は午後２時から11時。月２回の休みが普通。

⑧　鉄道従業員＝（鉄道博物館長代理・清計太郎）２ヶ月に１回程度採用試験を実施。中学が４分の１で，高小卒が４分の３，入社倍率は10倍程度。高小卒は雇員で日給１円，年に４回休暇。

⑨　機械工＝（東京市少年少女職業紹介所・小田寛一）機械器具工業，造船工業，車両工などがあるが，最初３年から５年は見習工で，時給７銭から９銭，10時間労働で日給70から90銭，見習が終わると，時給20銭程度になる。

その他，銀行や会社の給仕（安田銀行秘書課長・三宅久三助），工場従業員（日立製作所労務課・須川敏），電気工（安立電気株式会社工務部長・堀江貞次郎）などの記載もあるが，全体として，これは，大都市東京で見られる職種の中でのモダーンで明るい事例が多く，暗い部分の紹介が少ない印象が強い。なお，上述のデータを平均すると，高等小学卒業後，５年程度見習をして，日給は１円程度で，その後，一人前になると，月収は30円程度になる記述が多い[47]。

前章の終わりで，中等教育へ通うための学費は，おおよそ月に20円程度と見込んだ。これは，高等小学卒業後，大都市で条件の良い仕事につき，

5年程度働いた若者の月収に相当する。しかし，20円の収入のある者は数少ない成功者で，多くの若者の収入は，後述する京都の徒弟資料が示すように，10円程度だったと考えられる。中等教育への進学と非進学とで子どもの人生が大きく変わった時代である。

2) 年少労働者の生活

昭和5年の国勢調査によると，年少者の有業率は表3-14の通りだった。11歳以下の有業率が2.3％のように，10歳以下でも働く子どもが見られる。しかし，12,3歳になると有業率は16.2％となり，14歳の44.3％が仕事を持ち，15歳の有業率は6割を上回る。そして，農業の手伝い，工員，お店で働く子どもが多い。なお，11歳以下の子どもの中では，家事手伝いをしている子どもが57.1％に達する。

表3-14　10代の有業率（昭和5年）

	0〜11歳	12, 13歳	14歳	15歳	16, 17歳
総数	1960.2万	262.5万	135.1万	133.2万	267.1万
有業者数	46.0万	42.6万	59.9万	81.5万	186.9万
有業率	2.3％	16.2％	44.3％	61.2％	70.0％
（労働者中の割合％）					
農業	10.7	30.5	39.2	40.4	38.9
工業	11.6	29.3	28.5	28.0	27.9
商業	15.1	13.6	14.7	15.2	15.2
家事使用人	57.1	22.3	10.8	8.1	7.4
その他	5.5	4.3	6.8	8.3	10.6

国勢調査より筆者作成

なお，16歳以下の有業者数は表3-15のようになる。この中では，①女子の就労者は男子の10倍に達する，②昭和10年になるにつれて，年少有業者が増加するの2点が注目をひく。

3章 働く子どもの姿

表3-15 年少有業者数の変化

	男　子	女　子
昭和6年	18,991人 (100.0)	183,344人 (100.0)
7年	18,104 (95.3)	165,686 (90.4)
8年	23,280 (122.6)	171,320 (93.4)
9年	34,817 (183.3)	198,528 (108.3)
10年	48,197 (253.8)	229,002 (124.9)

（　）内は昭和6年を100.0とした数値

また，工場で働く「少年」（16歳以下）の数の年間推移は，表3-16の通りである[48]。

この数値の中で目につくのは，以下の3点であろう。

① 工場労働者の中で，少年工は1割程度を占め，少年工はかなり広まっている。
② 少年工とはいうが，女子が9割近くで，就労者は女子に多い。
③ 全体として，昭和元年から6年にかけて，少年工は減少している。

表3-16 少年工場労働者の数

	男　子	女　子	合　計（女子率）	労働者中の割合
昭和元年	40,608 (100.0)	234,146 (100.0)	274,754 (85.4)	17.4
2年	36,268 (89.3)	208,674 (89.3)	244,942 (85.3)	11.9
3年	34,805 (85.9)	204,161 (87.2)	238,966 (85.4)	12.3
4年	28,678 (70.6)	197,616 (84.6)	226,294 (87.6)	12.4
5年	22,467 (55.3)	158,125 (67.5)	180,594 (87.3)	10.7
6年	19,225 (47.3)	161,446 (69.0)	180,671 (89.4)	10.9
7年	21,580 (53.1)	147,116 (62.8)	168,696 (87.0)	―
8年	27,525 (67.6)	160,119 (68.4)	187,644 (85.1)	9.3

中央社会事業協会社会事業研究所『日本社会事業年鑑』昭和13年，326頁

また，昭和11年の尋常小学校卒業生の進路を，文部省が地域別に集計した調査結果がある[49]。結果は表3-17の通りで，大きな地域差が見られる。
① 　中学などへの進学者は，大都市が3割強，都市が4分の1，町村が1割強である。
② 　高等小学校進学は大都市が半数以下，都市は5割強である。
③ 　町村や都市の女子の非進学者が多い。

表3-17　尋常小学校卒業生の進路（昭和11年）（％）

	中学高女	実業	小計	高小	青年学校	小計	進学	非進学
大都市・男子	20.8	13.2	34.0	48.7	5.6	54.3	88.7	11.3
女子	31.5	11.2	42.7	45.7	6.6	52.3	95.0	5.0
都市・男子	14.0	10.0	24.0	66.2	1.0	67.2	91.2	8.8
女子	27.0	1.9	28.9	51.5	4.0	55.5	84.4	15.6
町村・男子	8.8	4.1	12.9	71.8	8.2	80.0	92.9	7.1
女子	12.8	0.7	13.5	52.1	10.2	62.3	75.8	24.2

三羽光彦『高等小学校制度史研究』法律出版社，平成5年，285頁より算出

　こうした数値を重ね合わせると，大都市はむろん，地方の町や村でも，高等小学校へ進まずに働いている者が多いが，その大半は女子という情況が浮かんでくる。娘が家を離れて，働きにでるといえば，紡績女工を連想する。細井和喜蔵の『女工哀史』は，そうした女工の姿を描いた労作だが，細井によれば，女工募集の歴史は3段階に分かれるという。1.募集の容易な「無募集時代」，2.紡績工場が増え，さまざまな形で，女工をかき集めた「募集難時代」，そして，そうした悪徳な募集の反省の上に，3.組織的な募集を試みる「募集地保全時代」である[50]。
　そして，細井は，大正時代に，高額な前借や長期の有利に見える契約で娘を誘い，工場へ連れ出す。しかし，長時間の非衛生的な労働環境のもとで，搾取され，身体を壊す者が多いと述べ，そうした情況を「女工哀史」と要約している。

3章 働く子どもの姿

　女工哀史の具体例をあげるなら，高井としをは明治35年に岐阜県揖斐郡に生まれているが，10歳5ヶ月の大正2年に，女工募集人が来て，「娘さんを大垣の会社へ働きにだしませんか。寄宿舎もあるし，仕事は楽で美しい。糸引きや，はた織り仕事だし，毎日13銭の日給もくれるので，たべて着て，親助けになりますよ」といわれる。13銭なら，月に3円は稼げると，働くことを決心し，次の日，村の10人の娘といっしょに，大垣の東京毛織へ入社している。しかし，実際に働いてみると，「きくと見るとは大違いで，きいて極楽見て地獄，1日働いて13銭の日給は，食費を差引くと残り4銭，石けんやちり紙や，1ヶ月に1足の麻裏ぞうりを買うと1銭も残りません」という状態だった[51]。

　山本茂実の『ああ野麦峠－ある製糸工女哀史』は，高山地方から野麦峠を通って，諏訪へ働きに行った工女の聞き取り調査をまとめた労作として知られる。後に映画化されたように，正月を郷里で迎えたいと，300人近い娘が，松明灯りを片手に，雪の野麦峠を越えていく姿は印象に残る。

　工女から聞き取りを重ねた山本茂実は，製糸工場の仕事が苛酷で，悪条件なのはたしかだが，「工女哀史とは粗悪な食事，長時間労働，低賃金が定説となっているが，実際に調べてみると，飛騨関係の工女の中には食事が悪かったと答えたものはついに1人もなかった」。そして，380名の面接調査の結果を表3-18のようにまとめている[52]。食事はまずかったし，糸の出来上がりを調べる検査には泣かされた。しかし，労働は普通程度の大変さだし，賃金は高かった。だから，9割の人が「糸ひきに行ってよかった」[53]と回顧しているという。

表3-18　飛騨の糸ひき380名からの聞き取り（％）

食事	おいしい	0	普通	10	まずい	90
労働	苦しい	3	普通	75	楽	22
賃金	安い	0	普通	30	高い	70
検査	泣いた	90	普通	10	楽	0
病気	冷遇	40	普通	50	厚遇	10
総括	よかった	90	普通	10	否	0

山本茂実『ああ野麦峠』朝日新聞社，昭和43年，314-316頁

もちろん、製糸工場の仕事が楽なのでなく、「家にいたらもっと重労働と、もっと長時間働かねば食っていけなかった」からだという。現在の尺度からすると、あるいは、都市の暮らしをしている者が山村へ行くと、自分の物差しで農村の暮らしは貧しいと断定しがちだ。
　このあたりが歴史研究の難しいところで、現在の物指しを基準に過去を評価してしまうと、過去を正しく評価できなくなる。しかし、その時代の生活に戻して、解釈を試みると、妥当な判断を下せるようになる。女工の暮らしが苛酷だったのはたしかであろうが、苛酷だったのは、女工だけでなかった。昭和初期の年少労働者、そして、労働者の暮らしそのものが厳しかった時代である。

3）働く徒弟の姿

　昭和に入ると、尋常小学校を修了して、高等小学校へ進むのが通常の進路となった。これまでふれてきたように農業や漁業の手助けをする。あるいは、工場に年少工として勤めるなどが、多くの子どもの進路だった。女子の場合、ねえやとして、雇われ、婚期までを過ごす形もあった。
　大都市の場合、町工場で働く子どもの他に、店で小僧として働く子どもが多かった。子どもが小僧として住み込む形態は、商店の発達する江戸末期には広く認められるが、明治30年代位から、小学校卒業後に入店する形が定着する。なお、当時の小学校は4年制だったので、10歳に入店し、徴兵までの10年を過ごすのが小僧生活だった。「奉公10年」の時代である。しかし、明治40年から小学校が6年制になり、数えの13歳からの入店が一般化するようになる。
　木所仙太郎（明治23年、静岡県沼津生まれ）の大工修業を例にとると、「十四のわたしが小僧に入ったわけだが、最初の七年は車力専門だ。朝の四時になると増上寺の鐘が鳴る。眠い目をこすって飛び起きると、親方の息子と二人で大八車をひっぱって、この芝の神明から深川の木場までいく。一時間かかって五時」。木場で材料を積んで、仕事場の小石川に戻る。しかし、「車をひっぱっているだけでは仕事は覚えられないから、作業場を

掃除するときに先輩の仕事を盗んだ」。しかも，こうした生活が毎日のように何年間も続く。14といっても数え年なので，実質は満13歳，現代風にいえば中学1年生である。そんな幼い子どもが4時起きして，大八車を2時間引っ張り，往復する。しかも，それは朝飯前の仕事で，それからが本当の仕事になる[54]。

　明治34年栃木生まれの黒川儀兵衛は，高等小学校を卒業して，大正4年の浅草駒形の和裁店に弟子入りした。「仕事の方は最初は何も教えてくれないんです。小さい店でしたから使い走りから台所の手伝い，掃除，子守りというような雑用ばかりでした。その後，家事の間に仕事を少しずつ教わるんです」。その後，19歳の時に，雑用なしに和服を縫える「座り切り」になるが，修業10年が通り相場だった[55]。

　左官の家に生まれた木村吉次郎（明治35年，京都の中京生まれ）は高等小学校を出ると，いずれ左官になるにせよ，親許では修業が甘くなる。近所に名人肌の左官がいるから，その家に住み込みで，職人の世界に入る。そして，「吉どんと呼ばれる。朝6時に起き，8時に先輩について出入り先へ行く。手元を務める。みなが一服する間に，土をこねる。凍りつくような冬も裸足である。足が紫色になり」の生活を重ねる。そして，「18歳，羽織をいただき，番頭になる」。徴兵をへて，親方の元でお礼奉公，親方の元を出たのは26歳で，修業期間は10年8ヶ月だったという[56]。

　また，煙管の吉田省吾（明治31年，千葉生まれ）は知人を頼って上京し，煙管の職人に弟子入りする。当時の習慣通り，年季奉公を7年つとめ，さらに1年のお礼奉公をつとめ上げた。「年が明けると羽織が着られるんですよ。それ以前の小僧のときは半纏だけどね」と回想している。

　小僧が終わると，着る物が半纏から羽織に変わるだけでなく，呼び名が「ドン」から「さん」になる。「いわば羽織というのは，一人前の職人のシンボルであり，小僧たちは羽織に憧れたものだった」という[57]。

　大正3年の数え14歳の年に，大工の修業に入った塩本弥四郎（明治34年，石川県能美郡生まれ）は「朝5時起きし，飯炊きに子守りに川への水汲み。つらいとは全然思わん。周囲はみなそうやから，帰る家もない。石にかじ

り付いても一人前にならんなん。1年し，親方から鑿を2本もらう。材木に穴を掘る。仕事ができてうれしい」のような修業時代を5年間過ごして，数え19歳の時に，親方の仕事の一部を担うようになる[58]。

　宮城県古川の漆器店に生まれた森伊佐雄は，昭和9年，帰宅すると，紺絣の着物を着た子どもが「私の弟を重たげに背負って子守りをしていた」。その子は「徴兵検査を受けるまでの7年の雇用契約で，その年季奉公の前借金は80円」だった。「弟子奉公は住み込み，仕着せが原則で，当初は主家の子供のお守り，使い走り，勝手の手伝いといった女中まがいの雑用までやらされ」の生活が続く。6年の年季奉公と1年のお礼奉公を終えると，「明けの7分」の言葉の通り，7割の手間賃を手にできるようになる[59]。

　このように昭和に入っても高等小学校を卒業して，6年前後の年季で小僧として入店し，男子なら徴兵まで，女子なら嫁入りまで働く子どもが多かったことが分かる。

　筆者の生家は，東京の上野で，下駄の商いをする老舗だった。幼い頃で，記憶が定かでない部分が多いが，番頭の他に，一人前に近い店員，そして，何人もの小僧が働いていたのをおぼえている。現在の下駄屋と異なり，生家では，下駄の原型を仕入れ，下駄の形を整え，表面を磨き，鼻緒をつけ，商品に仕上るので，小売り屋というより家内工業的な雰囲気がただよっていた。そのため，小僧たちは，朝から夜まで，素材を削ったり，下駄を磨いたりしていた。

　とにかく小僧たちは朝早く起きて，店の周りをはき，店を開け，夜も遅くまで下駄を磨く。もちろん，履物の専門店で，粋筋の客も多かったから，履物の技術を習得するのはむろん，客の好みを憶えたり，店のしきたりを身につけるのは大変だった。

　店は年中無休で，月に1回の休みはあっても，店の片付けや整理に半日を費やすので，完全な休みは正月とお盆だけだった。お盆になると，こづかいをもらい，小僧たちは元気にいかにも解放されたという雰囲気で，上野から程近い浅草へ出かけていった。そして，入店から満3年を経た正月に，実家に帰れるのが店の決まりだった。そういう時は，小僧たちは番頭

3章　働く子どもの姿

から借りた羽織を着て，草履をはき，店の用意した土産をたくさん持ち，晴れがましい笑顔で，郷里へ帰っていった。

　里から帰ると小僧生活が終わり，「若い衆」として，それから徴兵までの3年近くを過ごす。そして，兵隊から戻り，1年間ほどお礼奉公をして，番頭格になる。番頭格になると店住まいから解放され，店の外に自分の住まいを持て，「通い番頭」になる。その後，暖簾分けしてもらい，独立する人もいた。したがって，生家では入店から一人前になるまでに，小僧－若い衆－番頭格－番頭の4段階があった。

4）　小僧の姿

　筆者の手元に京都市役所社会課の刊行した『商工徒弟に関する調査1，2』がある。これは，大正15年に，商業で働く1,531名（2,413名に配付），工業で働く188名（364名に配付）を対象に徒弟生活の情況を調べた報告書である。

　老舗の多い町・京都の店で働く徒弟が，どういう生活を送っているのか。調査結果をもとに，商業徒弟の生活をやや細かく紹介してみよう[60]。

1　職種　呉服41.7％，百貨7.9％，洋服6.5％，半襟4.2％，酒3.4％，その他36.3％
2　年齢　14歳未満1.2％，14歳3.3％，15歳9.7％，16歳16.5％，17歳20.6％，18歳17.1％，19歳16.1％，20歳9.4％，21歳0.6％
3　学歴　尋常小中退2.0％，尋常小24.8％，高小中退5.9％，高小卒52.5％，実補在籍4.5％，実補卒1.5％，実業中退1.6％，実業卒2.1％，中学中退1.5％，中学卒1.1％，その他1.8％
4　住い　奉公先85.5％，寄宿舎9.5％，自宅3.3％，その他1.7％
5　労働時間　8時間未満4.3％，9時間14.7％，10時間24.3％，11時間8.1％，12時間24.0％，13時間5.7％，14時間6.9％，15時間7.9％，16時間4.1％
6　職種別の労働時間の平均　10時間－家具・扇子・貿易・布団，11時間－薬・漆器，12時間－呉服・洋服・半襟，13時間－雑貨・菓子・小

143

間物

7　定休日（月）　1日10.3%，2日76.4%，3日5.7%，4日7.6%
8　徒弟奉公の期間　なし15.7%，不定6.0%，3年未満14.3%，4〜5年28.9%，6〜9年8.4%，10年13.7%，11年以上13.0%
9　平均給与　15歳7.42円，16歳6.42円，17歳8.61円，18歳9.87円，19歳10.13円，20歳13.20円，平均9.24円
10　給付　食事87.3%，衣服79.8%，寝具71.6%
11　宿舎費用　4.12円

こうした数値を重ね合わせると，京都の老舗で働く小僧たちの平均的な姿は①高等小学校を卒業して，②4，5年の奉公期間の約束で，③奉公先に入り，④労働時間は平均12時間，⑤定休日は月に2回となる。給与は9円24銭，宿舎費用は4円12銭だから，残りは5円12銭が収入となる。

したがって，現在から見ると，12時間労働で休みも少なく，苛酷な労働条件のように感じられるが，大正と比べると，休みが増え，労働時間もやや短縮され，「哀史」的な雰囲気がかなり薄れている印象を受ける。

氷室好夫の『過つ少年工』は，少年工の生活を紹介する著作だが，その中で東京の工場街で暮らす20歳未満の少年工の生活を紹介している[61]。

1　学歴＝尋常小16.9%，高等小78.9%，その他4.2%
2　勤続年数＝1年未満13.3%，1年22.6%，2年22.0%，3年24.9%，4年17.2%
3　家庭の仕事＝農業20.3%，職工12.5%，商業10.2%，会社員6.2%，その他50.8%
4　信頼できる人＝工場長25.1%，組長17.7%，先輩15.7%，社長8.6%，職長7.5%，その他25.4%
5　尊敬する人＝乃木希典15.1%，楠公6.6%，職工長5.6%，その他54.1%，なし18.6%
6　趣味＝読書20.9%，運動19.8%，野球13.8%，映画12.4%，写真11.3%，ハイキング11.2%，その他14.8%，不明16.7%
7　収入・支出＝収入26円，支出　食費11円，日用品・菓子各2円，娯

楽1円，寮費8円，貯金2円
　そして，東京の15歳から17歳までの少年工418名を対象とした調査によると，少年工は以下のような生活を送っている。
1　読んでいる雑誌＝『少年倶楽部』20.8％，『青年』18.9％，『キング』15.6％，『日の出』5.7％
2　好きな偉人・英雄＝野口英世23.0％，乃木将軍7.9％，楠公親子6.5％
3　好きなラジオ＝浪花節20.8％，落語15.8％，漫才12.7％[62]

5）年少工の保護

　年少工の保護については，すでに大正5年に工場法施行令が公布されている。しかし，これは，学齢児童の就労を禁じたものでなく，「学齢児童ヲ雇用スル場合ニオイテハ，工場主ハ就学ニ関シ必要ナル事項ヲ定メ地方長官ノ認可ヲ受クベシ」（26条）のように，学齢児童を就労させる時は，就学を保証するようにという規定だった。そして，すでに紹介した野麦峠の里でも，須坂製糸特別教育委託や越の山丸組特別教育所のように，企業内で義務教育を伝達する教場の開設が続いている[63]。
　その後も，年少労働の保護について，いくつかの改正が試みられている。大正15年に，保護年齢を15歳から16歳に引き上げる工場法の改正が行なわれているが，昭和7年11月の大日本職業指導協議会が主催する全国職業指導協議会では，男子は14歳から18歳，女子は13歳から17歳までを青年期前期とし，この期間を「要保護期間」とすると決議している。
　また，昭和12年7月の全国社会事業大会常置委員会では，①15歳未満の就労禁止，②18歳未満の者は，1日8時間以下，4時間ごとに15分休憩，食事時間は30分以上を守るように決議している[64]。
　昭和5年の場合，6歳から12歳までの義務教育年齢の子どもは803万8,904名で，就学児童数は797万7,228名，就学率は99.3％，不就学児童は6万1,676名である。また，13，4歳児は，273万人で，その内高等小学進学者は約140万で全体の51.3％，中学と高等女学校進学者がそれぞれ15万

の計30万で全体の5.5%となる。その他，半労半学の補習学校の生徒が24万で全体の8.8%，この三者を含めて，学校在籍者は65.6%となる。したがって，残りの34.4%が，学校に通わないで，仕事に就いている可能性が強い。

　もちろん，その多くが悲惨な状況というのではないが，職場や家庭でさまざまな虐待を受けている場合もありうる。昭和8年4月，児童虐待防止法が制定・公布された。そして，10月1日より実施されることになった。

　前文によれば，「近時財界不況の影響を受け，この種悪性の行為は益々増加」するだけでなく，「民法中親権者の為，（中略）発見せる被害児童の保護救済に関し何等適切なる方法を講ずる能はざる実情に在る」ので，虐待防止法を制定した。そして，虐待防止法は，「事後の保護」（すでに虐待されている者）と「事前の保護」（虐待の虞ある状況）とから構成されている。

　「事後の保護」としては，①子どもを保護しなかった者に「訓戒」を加える，②保護者が不適切な場合，「其の親族其の他の私人の家族又は適切なる施設に委託すること」を定めている。現代的な言い方に換えると，親権に制限を加えた規定である[65]。そして，「事前の保護」として，児童虐待防止法では，子どもの就労を禁止する職種として，以下の6つを指定している。

　1　不具奇形ヲ観覧ニ供スル行為
　2　乞食
　3　軽業，曲馬其他危険ナル業務ニシテ公衆ノ娯楽ヲ目的トスルモノ
　4　戸戸ニ就キ又ハ道路ニ於テ物品ヲ販売スル業務
　5　戸戸ニ就キ又ハ道路ニ於テ歌謡，遊芸其ノ他ノ演技ヲ行フ業務
　6　芸妓，酌婦，女給其ノ他酒間ノ幹旋ヲ為ス業務

　実施にあたっての県ごとの対応によると，この内，1，2，3，6は絶対禁止とし，4と5を日数，時間，年齢などの制限を加えて，認可している事例が多い。

　さらに，虐待防止を図る具体的な取り組みとして，児童虐待防止協会が

作られている。同協会の昭和10年末の資料によると，全国で346名が保護され，221名が施設に保護を委託されている。また，労務禁止の違反は511件で，この内，起訴19件不起訴445件，処分未済47件である。そして，児童虐待防止協会も27名の子どもを直接預かっているが，この内20件は親権者からの虐待が理由だった[66]。しかし，社会全体の中で虐待の認識が広まっていない時代なので，上記の数値は氷山の一角に過ぎないように考えられる。

〈参考文献〉
(1) 宮本常一『日本の子どもたち』宮本常一著作集8，未来社，1969年，41頁
(2) 竹内利美『子供の集団生活』アチックミューゼアム，1941年，239-241頁
(3) 森照子『山襞に生きる』文芸社，2003年，328頁，333頁
(4) 教育研究同志会『児童の生活調査』1942年，34-35頁
(5) 日本青少年教育研究所『児童生活の実態』朝倉書房，1943年，37頁
(6) 牛島義友『農村児童の心理』1946年，厳松堂書店，121-122頁
(7) (6)に同じ，133頁
(8) 橋本正義「悲しき村の子供の点描」『教育時論』1932年3月15日，21頁
(9) 『帝国教育』1931年3月，31-33頁
(10) 『教育時論』1931年3月25日，3-7頁
(11) 『帝国教育』1932年1月，22頁
(12) 森川直司『昭和下町人情風景』広済堂，1991年，52頁，65頁
(13) （島根県）『広瀬小学校百年史』1976年，83頁
(14) 原徹一『学校給食と献立の栄養学』三元堂，1935年，43-49頁
(15) 『教育時論』1932年9月15日，38-39頁
　　　『杉並区教育史』（下），1966年，23-24頁
(16) 近藤堅三「学校給食物語」『教育時論』1931年4月25日，11-6頁，7月15日，29-31頁
(17) 古関蔵之助「学校給食の実際的施設」『教育時論』1932年10月5日，21-24頁
(18) 大西永次郎「学校給食施設方法に就いて」『教育時論』1932年11月5日，35-40頁
(19) 古関蔵之助「細民街を生活環境とする子供等」『児童』1936年1月，206-221頁
(20) 飯島三安「大東京における浮浪児に就いて」『教育時論』1931年5月15日，10-13頁

(21) 漆原喜一郎『浅草子どもの歳時記』1931年，208-209頁
(22) 岩崎鈴広「夏はカキ氷，冬は焼き芋屋」『すみだ区民が語る昭和生活史』(上)，1991年，95頁
(23) 『下商七十年史』1956年，227-228頁
(24) 『函館商業学校沿革史』1929年，124-127頁
(25) 池波正太郎『私の生まれた日』1996年，朝日文芸文庫，27頁
(26) 加太こうじ『少年画家ひとり町をいく』ポプラ社，1977年，121頁
(27) 中野孝次『わが少年記』弥生書房，1996年，46-47頁，51-52頁，59-60頁
(28) 松浦竹夫「出会い」(静岡県)『堀之内小学校百年誌』1979年，153頁
(29) 藤沢周平『半生の記』文芸春秋，1994年，41頁
(30) (新潟県)『小千谷小学校史』1978年，255-257頁
(31) (島根県)『広瀬小学校百年史』1974年，83頁より作成
(32) 『相模原市教育史』第2巻，1984年，776頁より作成
(33) 『世田谷区教育史　資料編4』1991年，187-188頁
(34) 『目黒区教育百年のあゆみ』1986年，405頁より作成
(35) 『世田谷区教育史　資料編4』1991年，197頁
(36) 「郡山市児童労働報告」『児童』1934年7月，28-32頁
(37) 『教育時論』1930年11月15日，35-37頁
(38) 大内昌雄「新聞配達児童の教育的対策」『愛児』1939年7月，48-57頁
(39) 木村不二男「都会児童の経済調査」『愛児』1937年6月，58-61頁
(40) 『教育時論』1929年10月15日，38頁
(41) 『北区教育史　資料編第2集』1994年，219-221頁
(42) 中央社会事業協会社会事業研究所『日本社会事業年鑑』1938年，318-319頁
(43) 『児童』1938年2月，40頁
(44) 山村花子「卒業児童の進路」『児童』1937年8月，30-34頁
(45) 竹川敏雄「本校児童の進路に就て」東京市麹町高等小学校『校報』第1号，1938年3月，14-16頁
(46) 山川菊枝「少年少女の労働問題」『児童』1934年7月，10-15頁
(47) 「少年・少女の職業テキスト」『児童』1938年3月，30-65頁
(48) 中央社会事業協会社会事業研究所『日本社会事業年鑑』1938年，326頁
(49) 三羽光彦『高等小学校制度史研究』法律出版社，1993年，285頁
(50) 細井和喜蔵『女工哀史』岩波文庫，1954年，60-70頁
(51) 高井とをし『わたしの「女工哀史」』草土文化，1980年，19-20頁
(52) 山本茂実『ああ野麦峠』朝日新聞社，1968年，314頁

(53) (52)に同じ，314-316頁
(54) 木所仙太郎「仙太郎大工自慢ばなし」斎藤隆介『職人衆昔ばなし』文芸春秋，1967年，93頁
(55) 黒川儀兵衛「和裁一筋70年」『下谷・浅草の明治，大正，昭和7』1991年，125-128頁
(56) 大谷晃一『現代職人伝』朝日新聞社，1978年，16頁に収録
(57) 中江克己『江戸の職人』中公文庫，1996年，156頁
(58) 大谷晃一『現代職人伝』朝日新聞社，1978年，8-9頁
(59) 森伊佐雄『漆職人の昭和史』新潮社，1992年，53-54頁
(60) 京都市役所社会課『商工徒弟に関する調査1, 2』1927年
(61) 氷室好夫『過つ少年工』霞ヶ関書房，1941年，29-40頁，72頁
(62) 村中兼松「少年工の趣味・娯楽の調査」『愛児』1940年9月，36-38頁
(63) 神津善三郎『教育哀史』銀河書房，1974，443-450頁
(64) 吉武恵市「現下少年労働問題の全貌」『児童』1937年9月，84-105頁
(65) 田中惣五郎「児童虐待物語」『児童』1934年6月，90-95頁
(66) 高島巌「児童虐待防止法とはどんな法律か」『児童』1936年10月，22-33頁

4章　戦時下の子どもたち

1　戦時色の強まる中で

1)　少年団の結成

　子どもはいつから戦争に巻き込まれたのか。戦時下というと, 日中戦争の昭和12年, あるいは, 太平洋戦争が始まった昭和16年を連想する。しかし, 実際に子どもが小国民として国策に組み込まれるのは昭和10年代に入ってからだが, 昭和初期には, 国策の影が, 子どもの回りを取り囲むようになる。

　文部省は昭和7年12月に「児童生徒ニ対スル校外生活指導ニ関スル件」の訓令を発した。「時代ノ急激ナル推移ニ伴ヒ社会的環境日ニ月ニ複雑多様ヲ加エ, 其ノ間児童生徒ノ心身ノ健全ナル発達妨グルガ如キ事象」が多い。したがって,「敬神崇祖, 社会奉仕, 協同補助, 規律節制, 勤労愛好等ノ精神」を養うため, 子どもの「余暇ヲ利用シ社会生活ニ関スル訓練」を地域で行なうように指示したもので, 青少年団の活性化を目指すものであった。

　「学校に在る時間は1日中僅かに数時間に過ぎず, 其の他の時間は総て校外において費される」。それだけに,「校外における生活を如何に指導するか」が重要になる。そうした成果をあげるためには「必要に応じて団体を組織し, 一致団結の力を持って其の成果を全からしむる」のが望ましい。したがって, 団体を組織し, 集団的に行動するための指導を試みたらどうかと提唱している[1]。

　上平泰博・田中治彦・中島純の『少年団の歴史』は, 少年団についての唯一といえる専門書だが, 同書は, 昭和7年の訓令を,「文部省が既設少

年団に対し学校少年団の方向へ衣換えすることを求め，また，少年団の設置されていない地域では，これからは学校少年団を新設するよう発令」と位置づけている(2)。それまで，子どもにとっての放課後は，家の手伝いをするか，遊ぶかする自由時間で，そうした時間帯に制度化された組織が関与することは少なかった。そして，組織に参加する場合も，地域の子ども会か，ボーイスカウトに代表されるような民間団体に参加することが多かった。

　そうした中で，学校少年団は少年団の活動を一本化して官製化するのを目指していた。それだけに，民間団体からの抵抗も見られたが，全体としては，学校を単位とする少年団設置の動きが活発化する。そして，昭和8年，社会教育局青年教育課から『少年団訓練要綱』が刊行されるが(3)，同要綱は，学校少年団を運営する際の指針となった。

　そして，昭和8年5月，文部省は「国民の覚悟」についての通達を発している。その中で，国家の非常事態に対応した少年団の活動として，

1　敬神崇祖ノ思想ノ徹底　　6　公共的運動ニ関スル協力奨励
2　国旗掲揚ノ奨励　　　　　7　困苦困難ニ耐フル訓練
3　時局ニ関スル訓話　　　　8　風紀ノ粛正
4　体育ノ奨励　　　　　　　9　警備並ニ防空ノ訓練
5　団体的ナ行動ノ奨励　　　10　銃後活動ニ関スル訓練

をあげている(4)。

　昭和8年前後，文部省訓令を受けて，各地の小学校では少年団を結成している。山口県の麻里布小学校を例にとると，昭和8年9月1日に結団式を行なっているが，少年団の宣誓（綱領）は，「神明ヲ尊ビ，忠孝ヲ励ミマス」，「人ノ為，世ノ為，国ノ為ニ尽シマス」，「心身ヲ練リ，困苦ニ打克チマス」の通りだった。そして，訓練要目には，敬神崇祖や忠君愛国などが定められていて，忠君愛国は「皇居遥拝。神宮遥拝と同時に行い，聖壽の万歳と皇居のご繁栄を祈念する」と規定されている。また，団体訓練中の「団体行進」の規定を見ると「行進ラッパに合わせ，団体行進の勇壮さを知らしめ，時々佐久間艇長の記念塔・岩国町・灘村などへ行軍をし勇往

邁進の気概を味わわせる」である[5]。

実際にこの学校で少年団訓練に参加した少年は，訓練の印象を，「『気をつけ』の号令一つで誰1人動く者もない。声を出す者もない。やがて国旗がはたはたと風にひらめきながら旗竿に上がって行った。重々しい『君が代』のラッパがいよいよ僕等の気持ちを引きしめた。これから国旗を先頭に行進だ」[6]と記述している。

仙台市でも，昭和7年11月，小学校長が集まり，学校を単位に愛国少年団を結成する決議をしている。そして，8年3月，愛国少年団が発足し，慰問品や慰問文を送る，出征家族の訪問，国家斉唱や宮城遥拝などの徹底などを活動目標に掲げている。なお，愛国少年団の綱領は「1ッ　私ハ日本少年トシテ忠君愛国ノ至誠ヲ捧ゲマス」，「1ッ　私ハ日本少年トシテ清ク正シキ精神ノ発揚ニツトメマス」，「1ッ　私ハ日本少年トシテ身体ノ健全ナル発達ヲハカリマス」[7]のように，細かな内容に違いが見られるものの，綱領の骨子は他の学校の綱領とほぼ一致している。

もっとも，すべての学校で少年団が結成されたわけでなく，新潟県小千谷地区では，大正時代から地域ごとに子ども集団が作られ，集団通学が行なわれてきた。そこで，小千谷小では，文部省の訓令を受け，昭和8年，通学団を発足させた。そして，綱領として，「私達ハ忠孝ヲ本トスル」，「私達ハ心身ヲ鍛錬シ進ンデ世ヲ益スルコトヲ務トス」，「私達ハ快活ヲ旨トシ，笑ッテ困難ニアタル」の3か条を決め，日曜や祝祭日に，神社仏閣などの清掃参拝や集団登校，ラジオ体操などの活動を展開している[8]。

長野県小布施の小布施小学校では，他より遅れ，昭和12年1月に少年団を結成した。「敬神崇祖，社会奉仕，勤労愛好，団体訓練」などが，主な活動目的だった[9]。

このように，子どもに愛国心を育てる目的で，全国的に，学校単位の少年団組織が作られていった。そして，こうした動きを全国的に掌握する組織として，昭和10年には帝国少年団協会が結成され，全国で150万の子どもが参加している。

2） 学校内の国家主義化

　千葉県の木更津第一小学校では，昭和4年にコンクリート製の御真影奉安殿を作っているが，同じ年に設定された学校訓は「忠孝を第一とします」，「自活的に進みます」，「礼儀を正しくします」，「勤倹を旨とします」，「健康を増進します」の5か条だった[10]。5項目の第1位に「忠孝」が掲げられるあたりに，国家主義化の兆しが感じられる。

　また，鶴岡市の加茂小学校では，昭和6年，修身科の充実を図ると同時に，精神的なまとまりを図る目的で校旗を設定した。また，「遠足の時には隊伍を整えて行進すること」などの規定も見られる。そして，昭和10年，山形県下で優勝したバスケット部を廃止し，相撲部を結成した。アメリカ的なスポーツを廃止し，伝統的な武道を強化する動きである[11]。

　島根県では，昭和10年5月，「国体の本義を明徴にする教育強化のこと」の訓令を発し，「国体観念ヲ明徴ナラシメ皇国ノ精華ヲ宣揚スルハ国民教育ノ要諦」だから，「生徒児童ノ教養上万遺憾ナキヲ期」して欲しいと要請している。さらに，昭和12年10月，「国民精神総動員運動趣旨徹底に関すること」を発して，「我ガ尊厳ナル国体ニ基キ尽忠報国ノ精神ヲ益々振起シテ」の通達も出されている[12]。

　この他に，多くの学校で国家意識を強めるための試みがなされている。その一例が神宮参拝旅行で，目黒区では，昭和3年から，油面小学校で伊勢神宮に参詣する参宮旅行が行なわれた。そして，昭和8年から，「目黒区参宮団」として，全区の学校が2班に分かれ2泊3日の日程で，伊勢神宮を参詣している[13]。新宿区でも，昭和5年11月に淀橋第六小学校が第1回参宮旅行を実施した。同じ新宿区の落合第三小学校の場合，2日目に伊勢神宮，3日目に奈良と京都を見学するので，3泊4日，1人平均4円50銭の修学旅行である[14]。

　山本信良・今野敏彦の『大正・昭和教育の天皇制イデオロギーⅠ』は学校文化の視点から学校の姿を克明に洗い出した労作だが，その中で，伊勢参宮について，「満州事変が始まると，従来の見学的修学旅行にかわって，伊勢神宮参拝を大の目的とした『参宮旅行』が，多くの学校で実施される

ようになった」。そして，昭和6年頃から，参宮旅行が一般化すると結論づけている[15]。

また，山本・今野の指摘によれば，御真影は，明治末から学校に下賜されるようになったが，大正の臨時教育会議以降，制度的な強制力が強まる。しかし，「天皇・皇后の写真は，生き神としての存在性を与えられ，御真影即天皇と化していく」のは昭和3年の全国一斉の御真影下賜以降だという[16]。

日本の学校に軍国主義の色彩が強まるのは，昭和10年の教学刷新協議会の答申以降といわれる。しかし，国家意識を強める傾向は，すでにふれたように昭和に入る頃から顕著になる。そうした中で，教員の思想を監視し，取り締まる態度が強まってくる。

埼玉県で，小学教員をした萩野末によれば，大正15年に学務課長の指示で，全学校で，神棚が作られ，皇大神宮の御弊が立てられるようになり，それ以降，学校では，年を追って，国体明徴が強められる。なお，国レベルでの動きとして，昭和7年に国民精神文化研究所が設立されると同時に，昭和10年の教学刷新評議会が設置されて，国体の本義的な枠組が構築される。そうした流れを受け，埼玉県下の全学校に思想対策研究区会が設置される。そして，思想指導委員の指導の下に，国体の本義を徹底する制度が作られる。萩野は，生活綴り方運動に関心を寄せ，実践に取り組むが，思想傾向を疑われ，私服警察につきまとわれるようになる。そうした時，校長から指名され，心ならずも思想指導委員として，国民精神研究所主催の練成講習会に1ヶ月参加している[17]。

前章でふれたように，子どもの個性を尊重する自由教育の実践は，国家主義的な傾向が強まるにつれて，社会体制と相容れなくなる。というより，危険思想とみなされるようになる。そうした閉塞状況を打開したいと，昭和5年頃から，教師の中には学校内での改革に限界を感じ，教育労働者組合の結成に動くようになる。特に新興教育研究所を中心に理論的な研修を深める教師が増加した。

大正13年，代用教員として諏訪の学校に勤めた山田国広は，硬直した学

校の雰囲気に反発して、教員運動に傾斜していく。そして、昭和6年に新興教育研究所諏訪支局を結成し、昭和7年に県の代表として新興教育研究所の会議に出席している。しかし、昭和8年、同志の教員とともに逮捕され、いわゆる「教員赤化事件」に巻き込まれることになる[18]。

　東京の淺川で教員となった川田由太郎は子どもの自主性を伸ばす目的で学級自治会を作るが、その後、学級自治会を発展させた形で、学級ごとに4名の代表を選出し、学校自治会を作り、毎週土曜日に自治会を開催した。川田によれば、「私たちの学校自治会は生徒の真実の声をきいて学校や教師が反省し、学級相互の紛議の解決を図る」のを目的としていた[19]。しかし、この試みに校長は批判的で、川田は転勤を迫られる。その後、昭和5年に逮捕され、教職を辞めるはめになる。

　兵庫県の教師・大田耕士は小砂丘忠義の作文教育や山本鼎の自由画教育に共感しながら、『新興教育』の読者になり、農民運動との連携を深めていく。大田の実践では、「子どもたちは、学級の歌として、ピオニールの『こいこい世界の小さな同士』の歌や、『掲げよ赤旗峯より高く』を改作してうたった」という。しかし、昭和8年、先にふれた「教員赤化事件」で逮捕され、20数名の仲間の教員とともに退職している[20]。

　山形の教師・村山ひでは、夫の村山俊太郎とともに、作文を通して、子どもの現実を見つめさせようとする。そうなると、子どもの現実を打開したいと考える[21]。その結果、労働者や農民との連携を図る動きになる。そして、「アカイ教師」のレッテルを貼られつつも、組合活動に参加する。そして、俊太郎は逮捕され、獄中で体調を崩すことになる。

　こうした記録は、受難した教師の氷山の一角にすぎないが、教師たちに共通するのは、教育実践的には大正自由教育的な思想に傾倒し、子どもの自主性を尊重する態度であろう。そうなると、学校運営でも自由を求めるので、学校の管理体制に反発するようになる。

　斎藤喜博は、島小の実践を通して、昭和30年代の教育界をリードした教育者だが、斎藤の自伝『可能性に生きる』によると、昭和5年に師範を卒業し、群馬県の玉村小学校に赴任するが、権威主義的な校長や視学に反発

する。そして,「私は戦争体制とか,全体主義とか,軍国主義教育とかに反対していた。それはどこまでも素朴なものであり,教師という実践者として本能的に身体で反撥していた」[22]と回顧している。たしかに,斎藤喜博は校長などとの対立をくり返し指摘しているが,それを越えて,他校の教師と連帯したり,教育運動を起こしたりする記述は見られない。

この斎藤のように,軍国主義化に問題を感じつつも,教育者としての立場を守って,学校内の改革に行動を限定する。そして,実際には,心ならずも軍国主義化に協力した教師も少なくなかったと考えられる。もちろん,同じ問題意識を持つ教師と連帯し,幅広く自由を求める運動を積極的に展開しようとする教師の姿もあった。しかし,そうした時,昭和初期では,自由な教育を求める動きを支援する組織は,社会主義的な団体以外に見出しにくかった。その結果,自由教育の担い手が共産党系の組織に加わるようになる。こうした傾向を,体制側から見ると,自由画教育や作文指導の指導者は危険な思想の持ち主と映り,自由画運動が弾圧されるようになる。そうなると,リベラル派の教師は新興教育系に傾斜し,最終的に教員赤化事件として,多くの良心的な教員が逮捕される事態に至る。

もちろん,こうした指摘は教師に関連した問題だが,子どもの立場からすると,子どもをよく見つめ,子どものサイドに立って,子どもを支えてくれる。そうした頼りになる先生が学校から姿を消し,軍隊調に指揮命令する教師が増えることを意味する。

3) 忠孝一本の教育

昭和11年10月,教学刷新評議会の答申が発表された。この評議会は昭和10年に文部大臣の諮問委員会として設置されたもので,この答申は,それから先の教育の原点になったものだが,前文に,「大日本帝国ハ万世一系ノ天皇皇祖ノ神勅ヲ奉ジテ永遠ニコレヲ統治シ給フ。コレ我ガ万古不易ノ国体ナリ。而シテコノ大義ニ基キ一大家族国家トシテ億兆一心聖旨ヲ奉体シ克ク忠孝ノ美徳ヲ発揮ス」の記述が見られる。そして,教学の基本は「我ガ国ニオイテハ祭祀ト政治ト教学トハ,ソノ根本ニオイテ一体不可分

ニシテ，三者相離レザルヲ以テ本旨トス」となる。そして，万世一系で万古不易の国体を奉じる国家だから，教育も，「単ニ国体ノ意義ヲ抽象的ニノミ説明シ教授スルニ止ラズ，各種教科ノ内容，教科ノ方法，修養ノ手段等凡テ教育ノ具体的ナル方面ニ至ルマデ，我ガ国ノ特性ニ従ヒ攻究発展セシムル」（「教学刷新ノ実施上必要ナル方針」より）ことが大事だと説かれる[23]。

　教学刷新評議会の特別委員として，委員会の理論的な指導者だった筧克彦は配布資料の中で，「日本は神と皇と国との不二不三たる国なり。祭政一致の国」である。天皇の統治は政治外交軍事だけでなく，教学にも及ぶから，「大皇は政主にして大教主なり」「教学の本流は，天皇に在り」[24]と，天皇にすべてを収斂する体制を提唱している。

　筆者も，長い研究者生活の中で，行政関係の審議会に参与した経験がある。正直な感想をいえば，審議会では，行政の眼鏡に叶った委員が行政の意向に沿った発言をして，答申をまとめることが多い。もちろん，本来の審議会は文字通りの有識者が集まり，英知を集めて議論する仕組みと思うが，そうした審議会は少数で，多くの場合，行政の施策を正当化する隠れ蓑という感じがする。それでも，筆者は，納得のいかないことには，自分の意見を発言した。そうした発言をすると，次期の委員に再任されないと思うが，研究者としてのすじを通すことが重要と考えたからだ。そして，実際に，流れに逆らった発言をすると，次期の委員に再任されることはなかった。それでも，一人ひとりの研究者が，自分の信念に従って行動をすれば，少なくとも改悪にブレーキをかけることができる。

　こうした感慨を書いたのは，教学刷新委員会の議事録を読んでいて，54人もいる委員の見識を疑ったからである。天皇を神格化して，すべての権威を天皇に集中する。といっても，天皇がすべてを司るわけもないから，天皇の名の下に，恣意的な行政が行なわれる。明治以降の立憲君主制を否定し，シャーマンの支配する古代へ逆行する動きであろう。それだけに，天皇制の強化を考える立場をとるにしても，もう少し論理的な指摘や科学的な理論化があってよいと思うが，そうした発言はなされていない。

この教学刷新委員会の審議に限らず，歴史の資料を読んでいると，学者とは難解な言葉を使って，空理空論を語る人種だと思った。学者である以上，自分の言葉に責任を持ち，変節する時は根拠を明示する。それが，研究者としての社会的な責務であろう。

　そうした私的な感慨はともあれ，昭和10年代の日本に記述を戻すと，昭和12年3月，文部省は『国体の本義』を刊行した。教学刷新評議会の答申を学校用に解説した指導書だが，わが国は万世一系の天皇を「宗家」とした「一大家族国家」で[25]，臣民が「止み難き自然の心の現れ」から天皇を「渇仰随順」し，天皇は臣民を「赤子と思召されて愛護」し，両者間に「敬慕と慈愛」を軸とした密接不可分の関係が成立する。これは，欧米流の権利－義務の関係とも，東洋の支配－服従関係とも異なり，「分を通じて本源に立ち，分を全うして本源を顕す」「和」の関係であると説く[26]。そして，「忠を離れて孝は存せず，孝は忠をその根本としている。国体に基づく忠孝一本の道理」が基本で，「忠孝一本は，我が国体の精華」と要約している。

　こうした忠孝一本的な教育の思想は，明治以来，元田永孚の教育議論争や教育勅語の制定などの折，西欧思想との対比の中で，くり返し論議されてきた。思想的にとらえた時，明治24年の民法制定の時に，穂積八束（東京帝國大学法学部教授，法典調査会委員）が「民法出テ忠孝亡ブ」と述べたのが有名だが，彼は「我国ハ祖先教ノ国ナリ家制ノ郷ナリ」と，父権的な家制度が日本独自の文化だと説いた[27]。また，東京帝國大学哲学科教授で，明治を代表する学者・井上哲次郎は，日本には，「孝」を中心とした「個別家族制度」と「忠」を基本とする「総合家族制度」とがある。「日本では個別家族制度の側において孝といふ徳が萌芽し総合家族制度の側において忠といふ徳が胚胎した」[28]と述べ，個別家族を総合家族が束ねる構図を提示している。

　第2次大戦後，国家主義的な教育思想を分析した石田雄は「私的敬虔心であるところの孝と公的な忠誠心であるところの忠との連続性」[29]に特色が見られると指摘している。また，丸山真男は日本的なウルトラナショナ

リズムの特色を，私的な世界を公的な世界に延長した点にある(30)と提起している。石田や丸山は，ともに第2次大戦後の日本をリードする政治学者だが，その他の研究者も，日本の国家主義的な思想は，国家の基礎に家族制度を置き，私的な心情としての孝と公的な倫理としての忠とを一本化した家族国家観に見られるという点で共通している。

たしかに『国体の本義』では，くり返し「忠と孝とは一致して決して背反することはない。これ即ち忠孝一致」(31)と指摘しているし，昭和16年に文部省が発行した『臣民の道』でも「我が国においては忠あっての孝であり，忠が大本である」(32)と，忠を孝の上位概念に位置づけている。

こうした経過をたどって，忠孝一致を基本とする教育理念が構築されたので，昭和10年代に入ると，『臣民の道』的な教育体制に逆らうことは困難になる。そして，『臣民の道』は，上意下達の形で，各府県を通して，学校に伝達され，学校の隅々まで浸透していく。

秋田県では，昭和13年6月に知事が「教育綱領」を定めている。この綱領には，「国体の本義に基づき教学の刷新を期すべし」，「国体の精華を明らかにし，忠君愛国の士気を発揮すべし」，「敬神崇祖の念を培い，感恩報謝の至情を涵養すべし」などの内容が続く(33)。

昭和14年8月，国民精神総動員委員会は，毎月1日を「興亜奉公日」と定めている。そして，各学校で，興亜奉公日に，①早起遥拝，②始業前朝礼，③出征兵士の武運長久を祈って黙禱，④慰問文や慰問袋を送る，⑤勤労奉仕などが行なわれることになった(34)。

その後の国レベルの動きとして，教学刷新委員会に続いて，教育審議会が設置された。同審議会では，小学校に代わる初等教育機関の設置が議題となり，「国民学校」の構想が検討された。そして，昭和16年3月1日，国民学校令が発布された。

国民学校令は，国民学校を「第1条　国民学校ハ皇国ノ道ニ則リテ初等普通教育ヲ施シ国民ノ基礎的練成ヲ以テ目的トス」と規定したのに加え，国民学校令施行規則では，「教育ニ関スル勅語ノ旨趣ヲ奉体」，「皇国ノ道ヲ修練セシメ」，「皇国ノ地位ト使命トノ自覚」などの規定が見られる。そ

して，国民学校の教科は①国民科（修身，国語，歴史，地理），②理数科（算数，理科），③体錬科（武道，体操），④芸能科（音楽，習字，図画，工作，裁縫），⑤高等科の実業科の5教科で，全体として皇国民の「練成」を狙いとするものだった。特に5，6年生は，週33時間の内，18％にあたる6時間が「武道の簡易基礎動作」にあてられている。学校というより，小兵士の育成の場という感じである。

そして，国民学校では，これまでの小学校と，学校の学習内容も変わってくる。教科書を例にすると，国民学校の初等科2年生の『ヨイコドモ下』には，「日本　ヨイ国　ツヨイ国　世界ニ　一ツノ神ノ国，日本　ヨイ国　ツヨイ国　世界ニカガヤク　エライ国」の詩が載せられている。よく知られているように，そうした国家主義的な教材は国語や修身だけでなく，音楽教科書には，「天の岩戸」（3年生），「靖国神社」（4年生），「大八州」（5年生），「御民われ」（6年生）などの歌が見られる。

2　戦時体制下の学校

1）　学校レベルの対応

教育の国家主義的な傾向は，昭和16年の国民学校令発布を契機に始まったものでなく，すでにふれたように昭和10年代に入ると，急速に強まってくる。例えば，東京都北区の王子第一尋常小学校の「御真影奉護に関する規定」（昭和12年）を見ると，「御真影並勅語謄本ノ取扱ニ際シテハ清浄ナル手袋ヲ用ヒ直接手ヲ触ルベカラズ（第4条－5）」，「御真影並勅語謄本ニ御異常ヲ認メタル場合ハ即刻（口頭又ハ電話ヲ以テ）知事ニ報告スベシ（第4条－7）」，「御真影ヲ式場ニ奉戴セン場合ハ挙式中ハ勿論其ノ前後ニオイテモ御側ヲ離レス奉護ノ任ニ当ルヘシ（第4条－8）」のような規定が見られる。そして，ご真影は素手ではさわれない神格化された国体のシンボルとしての扱いを受けることになる。

同じ北区の烏山小学校の「御真影・勅語謄本奉護規定」（昭和15年2月）を見ると，「第4条　学校長ハ毎日出勤ノ直後及下校ノ直前ニオイテ奉安

所ノ情況ヲ検査ス」,「第6条　御真影ノ取扱ニ関シテハ学校長之ニ当リ清白ノ手袋ヲ用フ」のように，御真影の扱いについて，細かな規定が認められる。

そうした御真影に限らず，北区王子第一尋常小学校の「非常時教育ノ実践」(昭和12年9月)の中には「非常時粗食弁当ノ実施」の項目が含まれている。「毎月1回以上1食5銭ヲ限度トスル中食弁当ヲ食シ有事ニ際シテハ粗食ニ甘ンジ堅忍持久困苦欠乏ニ堪ヘ得ル精神ヲ養ヒ同時ニ残余ノ金ハ勤倹貯蓄ニ資セントス」で，その後，子どもは，月に一度程度，白いご飯に梅干だけの日の丸弁当を持ってくるのが一般的になる[34]。

もちろん，北区以外にも，国体を伝達する教育が細かな規定となって要請されるようになる。世田谷区守山小学校の学校経営案（昭和12年7月）には，「本校は教育勅語の御聖旨を奉戴し健全有為なる国民，忠良なる臣民の養成に全力を傾斜して」の規定が見られる。そして，「皇室尊崇」の項には，「イ毎朝朝礼ノ際皇居ヲ遥拝シ皇室ニ忠勤ヲ致スコトヲ誓ハシムルト共ニ聖壽万歳国家ノ隆盛ヲ祈ル」，「ロ校門出入ノ際ハ御真影奉安所ノ方向ニ向キテ必ズ敬礼ヲナスコト」と定められている[35]。

杉並区の北沢小学校の「非常時下における本校の指導方針」（昭和15年）には，①毎月1日に皇居遥拝と国旗掲揚。当番訓導の号令で，服装姿勢を正し，最敬礼，②毎月15日に北沢八幡神社参拝。戦捷祈願と出征兵士の武運長久を祈る，③毎週月曜日に校長や当番教諭が時局に関する講話の規定が見られる[36]。

京都府の舞鶴市明倫小学校の昭和16年の教育方針には，「天皇陛下の赤子です」に続いて，「剛健　心も体も正しく強く」，「潤達　心ゆたかにのびのびと」「随順　心すなおにまことをこめて皇国の為に尽くします」と書かれている。なお，朝礼は，「①朝ノ挨拶，②宮城遥拝，③御製奉読，④誓ノ言葉，⑤斉唱（校歌，海行かば等）」と定められている[37]。

また，昭和17年度に改訂された足立区の小学校（国民学校）の通信簿には，表紙に，「私ハ天皇陛下ノ赤子デス　奉公ノ誠ヲ致シマス　皇国ノ光ヲ輝カシマス」，「興亜ノ子供デス　何事モ真剣ニヤリマス　常ニ身体ヲキ

タエマス」,「弘道国民学校ノ児童デス　礼儀ヲ正シクシマス　従順デホガラカナ子供ニナリマス」という文章が印刷されている[38]。

　吉田国民学校（愛知県大府）の昭和16年度の年間行事記録によれば，1日の興亜奉公日，8日の大詔奉戴日の他，週1回の体育日と合同体操，さらに，10日と22日を心身鍛錬日と定めている[39]。

　このように国家主義的な教育が強調されると，学校生活の細部にまで規定が及んでいる。そうなると，学校以外の子どもの生活にも軍国主義が浸透してくる。そして，子どもの読み物にも，規制の目が注がれるようになる。

　内務省は昭和13年10月，いわゆる「児童読書の統制」に乗り出している。これは，「児童読物改善ニ関スル指示要綱」に基づくもので，「廃止スベキ事項」として，「卑猥ナル挿絵」「卑猥俗悪ナル漫画及ビ用語」「極端ニ粗悪ナル絵本」「内容ノ野卑，陰惨，猟奇的ニ渉ル読物」などの項目があげられている。その他，「小説ノ恋愛描写ハ回避シ，『駆け落ち者』等ノ言葉ハ少年少女ノ小説ヨリ排スルコト」などの規定も見られる。この要綱に基づき，同年年末までに，マンガ30種，絵本3冊が発売禁止処分になった[40]。

　そして，昭和14年に内務省が内閲した印刷物は，絵本223冊，マンガ443冊，紙芝居96種，雑誌141種，単行本10冊の913種に及ぶ。15年も，それぞれ287冊，286冊，93種，110種，23冊の799種で，児童読み物の冊数は，両年度とも800冊程度に達する。そして，多くの著作は申請段階で，指摘された通りに修正して，認可を受けている。その結果，単行本の発売禁止は28冊，新聞の削除が3紙，単行本の警告が23件にとどまる。そして，始末書提出が54件である。

　内務省の指導内容を具体的に紹介してみよう。『児童たけくらべ』は，「特殊社会に生活する子供達の生活描写が，読書に対して早熟にして，且卑猥なる印象を与ふる憂ある点」また，『天狗小太郎』は「強烈俗悪な色彩と卑俗なる用語を使用」が，禁止理由としてあげられている[41]。

　このように読み物規制は形式的なものでなく，かなり厳密に実施されている。そこで，民間サイドの自主規制組織として，昭和15年6月，小川未明や城戸幡太郎，波多野完治，山本有三らを発起人に，児童文化新体制懇

談会が発足した。しかし，12月には大政翼賛会に組み込まれる感じで，文部省や内務省などが参加して児童文化協会が結成された(42)。

　規制の動きは図書だけでなく，ラジオ放送にも及び，昭和16年の「子供の時間」は「大東亜建設に必要な基礎を作るといふ立場から，イ敬神，忠孝，友愛の美徳を発揮すると共に　ロ艱難困苦に堪へる精神を鍛錬し，ハ奉公奉仕の念を養ひ　ニ科学精神を涵養し，ホ国民学校教育の補助教具となる放送」と位置づけられている(43)。

2）　戦時下の学校生活

　戦時体制化が強まる中での子どもの姿については，山中恒の『ボクラ少国民』や『子どもたちの太平洋戦争』（岩波新書，1986年）を代表とする一連の著作に詳しい。山中恒は「文庫版あとがき」の中で，「いくら日本人はもの忘れが激しいといっても，二度と八紘一宇の皇護顕現である大東亜戦争の過ちは繰り返すことはないだろうと思っていたし，いまもそれを信じたい。（中略，昔を合理化し，懐かしがる）人たちが，日本のあらゆる分野で権力を握っており，『夢をもう一度』と思っているのだという現実を認めないわけにいかない」今は「かなりヤバイ事態」で，「ここに書かれたことは，過去の事象ではなく，現在進行形であることを念頭においていただきたい」(44)と記述している。

　筆者も，最近の世相に，山中氏と同様の感慨を抱く。昭和10年頃にしても，一気に暗い時代が到来したのでなく，少しずつ暗い流れが増し，その流れに歯止めがかからないまま，最悪の戦時体制化になった印象を持つ。それだけに，最悪に到る前に，歯止めをかけることが必要で，そうした際，審議会の委員などが，自分の信条に従って行動することが重要になろう。

　そうした感想はともあれ，本論に戻ると，昭和7年に，静岡市内の小学校を卒業した山内修は，四大節（新年拝賀式，紀元節，天長節，明治節）の思い出を「開式，君が代が，2回歌われている間に正面の幕が開かれて，ご真影があらわれ一同拝礼します。次には戸口から教頭先生が細長い箱を黒い盆にのせて，両手で高く持ち入って来て校長先生に渡します。

163

校長先生はモーニングに白手袋という装束で，うやうやしく箱の紐をほどき蓋をとって真横におき，中から紫のふくさに包まれた細長いものを出して」と語っている[45]。

すでに昭和7年でも，国家主義の教育が広まっていることを示す事例だが，昭和12年に山形に生まれた屋代柳は「学校の校庭には二宮尊徳先生の銅像と天皇陛下と皇后陛下のお写真がまつってある『奉安殿』があり，毎日一礼して教室に入るのです。授業前には『兵隊さん，毎日ご苦労さん』，昼には『兵隊さんいただきます』と言ってから私たちも弁当をいただきました」と，回想している[46]。また，東京の小学4年生の作文に以下のような内容が描かれている。「一昨年7月7日に起こったろこう橋じけん以来，私達の兵隊さんは勝ち越して，支那軍が最後の鉄壁として守って居た武漢三鎮も，皇軍の前には一たまりもなくくずれ落ちました」[47]。

昭和17年に勝間小を卒業した友森昭三は，「『校長先生に対して敬礼，頭——右』に始まり，勝間小学校独特の誓詞でした。忘れもしません。1我等は天皇陛下の御為に生まれ，1天皇陛下の御為に働き，1天皇陛下の御為に死せん。これを声高らかに朗読，この後，男生徒は勿論，女生徒に至るまで上半身裸のまま冬でも素足にて校庭でのかけ足，これが朝礼の日課でした」[48]と回顧している。また，妹尾河童（前出）は，学校時代の思い出として，「生徒たちは，毎日の登校時と下校時には，必ず奉安殿に最敬礼しなければならない決まりになっていた」のように奉安殿と御真影をあげている[49]。

このように国体を神聖視する規制が学校生活の細部にまで及んでいる。余談になるが，拉致に関連して，北朝鮮の社会がテレビに映されることが多い。そうした折，有識者が北朝鮮社会を理解不能のように語る。しかし，半世紀前まで，日本は北朝鮮以上に常識を超えた精神主義の社会だった。北朝鮮は日本と異質の社会ではないことを教育の歴史は教えている。

そうした感慨はともあれ，戦時下の学校を象徴するのは，国体崇拝と同時に，軍隊的な行動様式の徹底だった。昭和21年に島根県の広瀬小学校を卒業した西田久美は，「1年生から高等2年生まで，分団長の指揮で登校，

校門には週番の歩哨が立っており，門に入ると分団長の号令で『歩調取レー，頭右！』次いで奉安殿に最敬礼して解散し教室に入る」と語っている(50)。

先の島根と離れた神奈川の事例だが，武田津田恵（昭和11年，町田生まれ）は，小学校時代の思い出を，「軍隊調が学校生活全体を覆っていましてね。教室の入り方，出方ですけれども，毎朝級長が出席簿を取りにゆくわけですね。そのとき戸を開けて『何年何組誰々入ります』と名乗って」，出席簿を取り，「誰々帰ります」といって，職員室をでるという軍隊式の行動様式だったという。そして，学級の中でも，軍隊と同じ連帯責任が問われ，「誰かが（ちょっとした悪いことを）すると班長が必ず責任を持たされて。当時廊下に火はたきとか防火用バケツがあって，班長が責任取ってそれを持って，廊下に立たされる」（若林佐喜子，昭和8年，神奈川県町田生まれ）状態だった。また，沖津洋子（昭和7年，町田生まれ）は「学校教育は軍国色に塗りつぶされ，小学生なのに，毎朝『1つ軍人は忠節を尽くすを本分とすべし』などと唱えさせられました」と回顧している。

昭和16年から，町田市で教鞭をとった斎藤花子は，教師の立場から，学校生活を，「教室に入れば，職員室の行事同様御製の奉謡，教育勅語の奉読，英雄に対して黙禱それから授業。2時間程度の授業が終われば，勤労奉仕です」と回顧している(51)。

西宮市の鳴尾小学校では，『80周年記念誌』で，戦時中の学校生活についての座談会を行なっているが，その中に以下のような回想談が見られる。

「A　（前略）何か一寸した事でも，すぐビンタが頬にとんだしね。

B　4年の時だったか，組に1人ビンタ掛が居て，先生の命令で，なまけた者や，悪い事をした者を，かたっぱしからなぐっていた。

C　4年の頃は一番しんどかったね。それに，先生が皆二十歳そこそこの方だったから，余計に烈しかった。作業の態度が悪いと云って，組中総ビンタを食った事も有った」(52)

高井有一（昭和7年，東京生まれ）は，学校時代の思い出を「天長節を始め，式のある日には，校長は決まってフロックコートを着用して講室の壇上に上った。御真影に深く拝礼して，やおら校長の巻物を取り出す仕草

は，子供の目から見ても荘重そのものであった」と語っている。

　これまでの引用と同じ変哲もない回想のようだが，これは，自由教育の牙城・成蹊小学校の姿である。高井の記憶によれば，成蹊には奉安殿がなかったし，教師も子どもの自主性を尊重したという。そうした学校でも，御真影にからむ行事を行なっている[53]。それだけ，軍国主義化が学校の細部にまで浸透したのだろう。

3）子どもの暮らし

　これまで大都市を中心に学校の情況を紹介してきた。当然のことながら，地方の学校でも，国家主義的で軍隊的な学校の風景が見られる。酒井美枝子（昭和5年，福井市生まれ）は昭和18年に小学校を卒業するが，「何の動作も軍隊並みで職員室に入るときも『○年○組○○，○○先生に用事が有って参りました』」と大声をだすが，「声が小さければ『声が小さいやりなおし』」と先生に一喝されたという[54]。

　昭和16年に姫路市城南小学校を卒業した上吉川悦男によれば，「先生が戦闘帽に国防色の服をきて脚にはゲートルをまき腰にはサーベルをつけ，私たち生徒は木製の銃をかついで司令官にひきいられた兵隊のように運動場の中央を西から東へラッパ手のラッパに足並みをそろえて分裂行進をしました」だったという[55]。昭和14年に木更津第一小学校へ入学した森田貞男も，「体操は空手，剣道，騎馬戦，棒倒し等，猛々しい物が多くなり，女子はナギナタを習っているようでした」[56]という。

　また，岐阜県各務原の那珂第二国民学校の6年生は，学校生活で思い出に残るのは四大節の儀式で，「式の始まる前から全校がビリビリと緊張していました。教室を出る前に『教室を出たら一切私語をしない』『君が世の前には咳払いをしない』『鼻をすすらない』『上目で前を見ない』など，くどくどと担任の注意がありました」[57]という。

　こうした記録を読むと，学校というより，子どもを対象とした軍事訓練所のような印象を受けるが，学校を離れても，子どもの暮らしに戦時色が強まっていく。

4章　戦時下の子どもたち

「食べ物も不足していて，いつも，さつまいも，かぼちゃ，大根，野草などを食べていました。(中略) このおいもも，お金を出せばいつでも買えるというのではありません。遠くのお百姓さんの所へ品物を持っていき，とりかえていただきます。物々交換です」は，昭和6年，東京生まれの娘の記述である[58]。また，「私たちの生活も衣類，米，砂糖，酒，たばこ，塩等が切符制になり，朝早くから店の前に行列ができました。(中略) 夜も電燈に黒いカバーをかぶせたり，窓ガラスには新聞紙にすみをぬり，闇のような夜の町でした」(大正12年，甲府生まれ)[59]のような記録もある。

『暮しの手帖』96集は「戦争中の暮しの記録」を特集している。暮らしを見つめる雑誌として定評のあった雑誌らしく，多くの読者が手記をよせているが，その中から，子ども時代の思い出をいくつか抜粋しておこう。

「盗られるといえば，体操や教練で鞄を教室においで出ると，必ずお弁当をとられた。からの弁当箱は，便所の中にすててあって，中身は食べられても，せめて箱だけはおいてくれぬものかとうらめしかった」[60]は，弁当を盗まれた感想である。また，父親が召集され，母親と伊豆の社宅で暮らした子どもは「食事といっても豆粕の水とんとか豆粕だけのごはんでした。道ばたのサヤ豆や稲の穂を学校の帰りにとって，ナマでたべたりしました」[61]という。

さらに，ある女性は，戦時中の思い出として，「戦時下でズック靴が手に入らなくなり，わらぞうりをはいて登校するようになった。しかし，贅沢ということで，通学用のぞうりも禁止された。それからは毎日はだしで登校しなければならなくなった。(中略) 背には竹の皮で作ったカバンを背負い，母の古着で作ったカスリのモンペをはいて，はだしで歩くさまは，思い出すとみぶるいしそうである」[62]と回想している。

筆者は，昭和15年に小学校へ入学した。担任の先生が作文に熱心で，先生の指導で毎日絵日記を書いた。お陰で，手元に絵日記が残っているので，3年生の時(昭和17年)の日記を紹介すると以下のようになる。

「十月七日　水　晴。今日の少国民新聞を見ると4人のえらい軍人のし

ゃしんが出ていました。この人たちは5月30日にごう州シドニーを強しふしたえらい人です。小さい舟にのって国をはなれた遠いごう州シドニー港に死ぬかくごでいった4勇士です。なんて勇気があるのだろうと思いました。

　十月八日　木　晴。今日は第十くわい大詔奉たい日です。式が終わってから高石神社のけいだいをきれいにした。十ヶ月間に香港，シンガポールは落ち，南は大西洋に北はアリュウシャンのほうまでいっても，日本の舟が世界中まわるようになるだろう。

　十一月十二日　木。けさの朝かんにアリュウシャン列島の近くで八二回戦とうし，三一きを落としたそうです。寒いアリュウシャンで日本の国を守って下さる兵隊さんにあつくお禮を申さねばならない。ぼくたちは寒い暑いとはいはないやうにしようと思う。

　二月十一日　今日は紀元節である。朝早く起きて日の丸を立てた。さびしく見えた日の丸も，立ててみると，日の中の赤色が勇ましかった。学校へいって式をやった。ごしんえいをおあけして君が代を歌った。それから校長先生のお話を聞いた。

　式が終って教室にはいった。次のように先生はいはれた。『わが国は二千六百三年と世界に二つとない長い長いれき史を持っています。外にいろいろ強い国はありますがだんだん栄えていく国は二つとありません。きのうなどいろいろ戦果がありましたが日本の兵隊さんはらくに勝ったのではありません。きみたちはせいの高い人を十人向かふにまわしてこっちは二人といふ戦ひをして勝っているのです。今日から一生けんめいやりましょう』といはれた」。

　読み直してみると，毎日の内容が戦争に関連しているわけではない。

　「十月二十六日　日　今日はおとうさんがおやくしょにいったからぼくたちも行った。お父さんがおやくしょでおしごとをしている間千葉の町をあるいた。通っていくとみつるというひゃっかてんがあった。

　十一月十七日　月　曇。今日学校へ行くと理隆ちゃんがお休みなので家によってみました。おじさんが『ねつがある。今月いっぱい休む』といっ

4章　戦時下の子どもたち

ていました。

十一月十九日　水　曇。ほっけ寺へ葉を集めにいきました。つくと，いろいろの学校の人がいました。にわのおくまで行って，いてふの葉を取った。黄色い点の葉だ。それから茶色の葉も取った。どんぐりを五つ拾った。雨がふってきたので，学校へかえった」。

日記にはこうした感じの文章が続くが，念のために，小学3年の9月1日から12月31日までの122日分の日記の内容を分析してみた。

①　新聞やラジオから，戦争の話を聞いて，日記に書いた　　　　18%
②　御真影や奉戴日など，戦時体制の世相が感じられる記述がある　34%
③　担任や校長など，戦時に関連する話を聞いたなどの記述がある　20%
④　日常的な暮らしだけが記述されている　　　　　　　　　　　28%

このように，日記の7割は戦時下の世相に関連し，中でも，約2割，週に1，2回は戦争に関する内容だけで日記に書かれている。小学3年生でも，戦争に巻き込まれているのが分かる資料である。

しかし，開戦直後，勝利に沸き，明るかった世相も，昭和19年の夏になると，子ども心にも戦争が思わしくないのが感じられるようになった。そして，空襲が始まる。東京の石神井の学校で学んだ中野和彦のいうように，「学校は授業を途中でやめたり，休んだりしてろくに勉強もしませんでした。家に帰されて勉強しようにも空襲警報で防空壕に逃げこむ時間が多く」の状態になる[63]。

千葉県の館山市の北条小学校に昭和14年に入学した斎藤文子は，「軍隊の訓練よろしく，軍歌を歌い，へとへとになった遠足。歌や踊りで軍隊訪問。昼近くなると必ず鳴るサイレンの音。男生徒は木刀をふるい，女生徒は木の薙刀を持ち『えい！』と叫んだ。空襲にそなえて防空頭巾に救急袋をたずさえ，三角巾の使い方，爆風よけの『伏せ』の練習」[64]の生活だった。

また，昭和7年に岩手県一関に生まれた男性は，「学校に行くにも，右の肩には救急袋，左の肩には防空頭巾をさげて登校です。授業が始まると，『ウウウウー』と警戒警報のサイレンの音。防空頭巾かぶって，机の下に

伏せたり，家に走って帰ったりしました」[65]と語っているが，東京生まれの小林信彦（昭和7年，東京日本橋生まれ）は，「登校時には必ず防空頭巾をかぶり，胸には血液型を書いた白い布をつけていた。負傷した時のためである。校内に訓練用のサイレンが鳴ると同時に，机と机の間に伏せた。両手の親指で耳をふさぎ，人さし指，中指，くすり指で目を，小指で小鼻をおさえる。いずれも爆風から身を守るためである」と，学校生活の思い出を書き記している[66]。

　昭和16年に名古屋市の旭小学校へ入学した若杉晋の回想によると，「穂の欠けるように男の先生が次々と出征していった。日曜日，学校へ行くと，前日朝礼で出征のあいさつをした先生が，無人の教室でピアノをひき続けていられた姿が今でも印象的である」[67]と書いている。

　筆者の体験でも，若い男性の先生が，ゲートルを巻き，戦闘帽をかぶって，「一ツ，軍人ハ忠節ヲ尽クスヲモッテ本分トスベシ」などと，大声をあげながら，校内を歩いていたのが，印象に残っている。そして，数日後，その先生は，朝礼で別れを告げ，戦地に旅立っていった。ひとりずつ，男の先生が減り，学校内が淋しくなった頃から，警戒警報や空襲警報が発令されるようになった。警戒警報がでると，防空頭巾をかぶり，避難することになるので，落ち着いて勉強をする感じは薄れていった。

3　子どもの集団疎開

1）　空襲が激しく

　すでにふれたように，昭和19年になると，空襲による警戒警報が発せられるようになる。そして，警報への対応について，いくつかの規定が見られる。世田谷区経堂小学校は，昭和19年6月，警戒警報の解除が，①始業前なら普通通り，②正午までに解除なら，弁当を持って登校，午後普通の授業，③正午以降の解除は休講の決定を行なっている。さらに，昭和19年12月になると，空襲の激化に対応して，小学校の授業を8時半から11時までの3時限とし，1時限は40分，11時までに子どもを帰宅させるよう指示

している⁽⁶⁸⁾。

「夏になるとぼくたちは学校に行けなくなった。九州沖合いを航空母艦が遊弋し，その艦載機がぼくの村までやってきて銃撃するようになったからだ。(中略) 登校するのは危険になったので，学童はそれぞれの集落ごとにその地区にあるお宮で授業を受けることになった」と，野田知祐（昭和13年，熊本生まれ）は回想している⁽⁶⁹⁾。

空襲体験だけでなく，戦争の影は，子どもの生活に影響を及ぼし始める。早乙女勝元（昭和9年，東京足立区生まれ）は，小学5年生（昭和19年）の12月，授業を中断し，隅田川沿いの鉄工場に勤労動員されることになった。「学校に集合した私たちは，四列縦隊に隊伍をくんで正門へむかった。(中略，そして，工場では) 六十人の子どもたちは，金の帯のように流れる鉄を穴のあくほど見つめていたが，すぐつぎの日から黒い作業服をきて，もう人なみにはたらくことになった」⁽⁷⁰⁾。

東京都教育局は昭和19年5月，「国民学校児童勤労動員要綱」を発している。これは，放課後や休日を利用して，小学生が年間40日以内に限って，1日6時間程度，食料増産や軍需工場（高等科のみ），防空施設などへ出向き作業する規定だった⁽⁷¹⁾。その他の県，例えば，青森県では，昭和16年県下の国民学校417校中の89.7%にあたる374校で，子どもが田植えや除草，薪運搬などの勤労奉仕活動に従事している⁽⁷²⁾。

世田谷区の烏山小学校では，昭和19年6月から，高等科2年生を午前10時から12時までの2時間，醬油工場で麹を混ぜる仕事に従事させているし，1年生を，午後3時から2時間，農作業の手伝いに派遣している⁽⁷³⁾。

愛知県大府町第二国民学校の実習地は，昭和18年まで500坪に満たないが，19年になると，実習地が3500坪，河川敷が2500坪に増加し，3年生以上の子どもがさつまいもや大豆の作付けに参加している⁽⁷⁴⁾。

また，岐阜県各務原では，昭和15年頃から，「草刈り，麦刈り，田植え，桑の葉つみなど農家の仕事が忙しい時に手伝いに行くのです。授業日に行くのですから学校での勉強は遅れる一方です」（昭和17年，高等科1年生女子）のように，高学年生は出征兵士や遺族の家庭の農作業を手伝うよう

になった。さらに，昭和19年9月，「工場事業ニ対スル中等学校低学年ナラビニ国民学校高等科児童ニ関スル件」によって，高等科の子どもは毎日8時間工場で働くことになった。

岐阜県更木の高等科1年の生徒は，昭和19年11月末に，校長先生から「諸君はいよいよ12月から三井の大崎工業に産業戦士として働きに行くことになりました。日本の国の興亡をかけてのこの戦いに，少しでも役立つよう一生懸命頑張ってください」と励まされ，地元の工場で飛行機の備品作りに参加している。「工場での勤務は月曜から土曜まででしたが，土曜も1日働きました。当時は『月月火水木金金』といって，土曜日の午後も日曜日も返上して働いた時代でした」（昭和20年，高等科2年，男子）の情況が，敗戦まで続く[75]。

2) 集団疎開への動き

昭和13年東京生まれの少年は「ある夜，ドカーンという音とともに，家の裏がパーッと明るくなった。と同時にゴーッという音をたてて火柱があがった。（中略）父がどなるように『にげろ，にげろ，表に出ろ』といって庭に出た。無我夢中で，走る。泣き叫ぶ女の子，どこかのお母さんが子どもの名を呼んでいる」は，空襲で家を焼かれた夜の思い出である。そして，「その日から私たちは講堂で生活した。家を焼かれてしまった人がおおぜいいたので共同生活したのだ」の生活が始まる[76]。

女学校受験のため，疎開先から東京に戻った下村智子（昭和7年，東京生まれ）は，3月9日の東京大空襲を体験している。「京成電車のガードは，鍛冶屋のフイゴのメラメラ火が燃える，あのいきおいをそのまま大きくしたように，上からゴウゴウとうなりをたて，下はなめるように火がはい，地獄そのものであった」[77]。もう一例あげるなら，「突然星空に空襲警報が鳴り渡り，私たちは水に濡らした布団をかぶって市のはずれの田園地帯に向かって走った。走って走って振り返ると，私達の市は，ソドムの市のように，家々の倍の高さの炎に燃えていた」[78]は久世光彦（前出）の体験である。

4章　戦時下の子どもたち

　さらに，寺山修司（昭和10年，青森生まれ）は，昭和20年5月に青森で空襲を体験している。死者が3万人でたという大空襲だが，「私と母とは，焼夷弾の雨の降る中を逃げまわり，ほとんど奇跡的に火傷もせずに，生残った」。翌朝，「荒涼とした焼野原，まきちらされている焦土の死体たち」と「花火のように燦爛としていた前夜の空襲」の思い出とが入り乱れて，放心状態だったという(79)。

　この時期，筆者は千葉県の市川市に暮らしていた。東京の上野の生家は，戦時体制が強まり，家業の下駄屋を支える番頭や小僧が出征し，男手がなくなった。それと同時に，草履などの注文も減り，閉店に追い込まれた。そこで，昭和17年に市川市に移住し，父親は慣れない会社員勤めを始めた。その後，昭和20年3月，東京大空襲があった。前夜，東京の方の空は夜通し真っ赤だったが，翌12日朝，東京で罹災した人たちが，すすだらけで，素足，焼け焦げのある風呂敷包みなどを持ち，疲れきった足取りで東京から江戸川を渡って歩いてきた。近くの人が，お茶やおにぎりの炊き出しをしたが，衰弱してしまうと食欲も出ないのか，手を出す人は少なかった。

　その後，市川市にも空襲で，焼夷弾が落ちるようになった。空襲警報が発せられると，夜空に敵機の爆音が響き，それを迎え撃つ高射砲が発せられ，闇夜が一瞬明るくなる。と思うまもなく，シュルシュルシュルの音とともに，焼夷弾が落下し，近くの家から火の手が上がる。そうした夜が毎日のように続く。これでは危険だということで，疎開をすることになった。といっても，親戚も含めて，全員が東京育ちなので，地方に縁者がいず，結局，店でねえやをしていた女性を頼って，宮城県の白石市に縁故疎開をした。父だけが東京に残り，普通の家の2階2室を借り，姉2人と母の4人の生活が始まった。

　白石市は，町外れを白石川が流れ，遠くに不忘岳など蔵王連峰が見える風光明媚な地域だった。家族と一緒の縁故疎開だったせいか，疎開暮らしは未知との遭遇の連続で楽しかった。上野という都会の密集地で育った者には自然の暮らしは新鮮だった。川で泳ぎ，魚をとる。時には，山に入って，アケビを食べる。毒キノコを教えてもらいながら，食べられるきのこ

173

をとる。手製のパチンコを使い，石で鳥を落とす毎日だった。

　そうしたある日，担任の先生が家を訪ねてきた。「君は学力もトップだし，しっかりしているから，級長をやって欲しいと思っている。しかし，それでは，地元の子が反撥する。悪いけれど，副級長として，疎開できている仲間のリーダーとして，級長のA君と一緒に2人でクラスをまとめて欲しい」という内容だった。担任の先生は，ふだんから「疎開の友だちは，戦争のために都会を離れて，白石に来たのだから，仲良くしなさい」とくり返し話していた。そして，疎開っ子も，先生を頼りに暮らしていた。それだけに，先生の話を理解でき，喜んで副級長をやらせてもらうことにした。

　部屋を借りた家の大家さんも，なにかと気にかけてくれたし，担任の先生も頼りがいがあったので，縁故疎開としては，楽しい毎日だった。縁故疎開を含めて，疎開の話は，後でふれることになるが，筆者の疎開体験は，担任の心くばりや大家の親切のお陰で，恵まれたものであった。

　しかし，疎開といっても，縁故疎開できる子どもは限られるから，集団疎開が必要になる。しかも，大都市の子どもを疎開させるのであるから，組織的な動きが必要になる。一例をあげるなら，昭和19年3月10日，東京都教育局は「学童疎開奨励ニ関スル件」との通達を発している。これは，「縁故ヲ頼リテ地方ヘ学童ヲ疎開スル様奨励セシムル」を目的とするもので，「次代の国家を担ふ学童の生命を空襲の惨禍から救ふ」ため，「地方に親戚や縁故者なる方々はこの際進んで学童を疎開させて頂き度い」と訴えている[80]。

　昭和19年の6月に，「学童疎開促進要綱」が閣議決定されているが，これは，学童疎開は縁故疎開を原則とするが，縁故を見出さない子どもに対して集団疎開を勧奨する内容だった。東京都では，昭和19年7月に「学童疎開に関する指示」を発している。

　その指示は，「①子どもの疎開は縁故疎開を原則とする，②縁故疎開のできない3年生以上の子どもを集団疎開させるよう親を説得する，③疎開先は1箇所100名を基本とする，④学童50人に訓導1人，25名に寮母1人

を原則とする，⑤疎開先の子どもに係わる生活費の1部として月10円を負担させる，⑥携行品は20キロ以内」[81]を骨子としている。

　もちろん，この指示は，都が独自に行なったものではなく，閣議決定を基本に，昭和19年6月に内務省と文部省，都とが協議した結果をふまえたもので，そうした意味では，国策に即した内容だった。そして，政府の試算によれば，集団疎開が予定されている児童は，東京都区部20万をはじめ，横浜市などの神奈川県，大阪市，兵庫県，名古屋市などの愛知県，門司市などの福岡県など，6府県40万人だった[82]。

　もちろん，昭和19年の指示から明らかなように，疎開は縁故を原則としたが，実際には，親子で身を寄せる場を地方に簡単に見出しにくい状況もあった。東京都の場合，昭和19年4月の調査によると，縁故疎開の予定者は全体が9.3％で，学年ごとでは小1が5.7％，小2は11.2％，小3＝10.7％，小4＝10.3％，小5＝9.9％，小6＝7.7％だった。縁故疎開に大きな期待をかけにくい数値である[83]。

　それでも何とか縁故疎開先を探す家庭が増える。戦災で東京の家を失った立原えりか（昭和12年，東京生まれ）は，父親の実家に縁故疎開している。「街とちがって，田舎の学校は，一時間も歩かなければ行きつけないほど遠いのです。ひとりで家を出た私は，たいてい道を迷って，森の中をさまよったあげく，学校には行かず」だったという[84]。

　また，昭和19年の9月に，東京から祖母のいる猪苗代湖へ縁故疎開した漆原智良（昭和9年，東京生まれ）は，疎開先での学校生活を「授業らしい授業は，ほとんどおこなわれず，まい日が，食料不足をおぎなうための農作業と，からだつくりのための軍事訓練だけ」と回顧している。具体的には，「学校のうら山の荒地開墾，児童が割りあてられて農家への手伝い，ばんだい山の中腹からの材木運び，モッコをかついでの馬ふんひろい，教室のナワない作業」である[85]。さらに，昭和19年9月に，東京から南九州へ縁故疎開した伊達肇子によれば，「学校の授業は，半分は畑仕事で，いも掘りや稲刈りなどをしました。校庭も3分の2は，いも畑に変わり防空ごうがあちこち掘ってあり，カボチャがその上にゴロゴロとなっていま

した」が，学校生活だった[86]。

　それでも，縁故疎開は，家族とともの疎開なので，安定した家庭環境が残されている。

　しかし，縁故が無理となると，集団単位の疎開，いわゆる集団疎開が必要になる。当然，見も知らない土地に親から離れて子どもが過ごすのであるから，多くの親は集団疎開に尻込みがちになる。そこで，「東京都隣組回報」（昭和19年7月18日）のように，「学童の生命を，空襲の惨禍から救ふことは，これこそ真に親の大愛の発露だと言ふべきです。（中略）即断即決，大切なお子さんを疎開させましょう」と，学童集団疎開へ参加するように呼びかける回覧が発せられている。

　もちろん，親からすれば，集団疎開に不安感を持つのが当然で，都教育局は「学童疎開問答」を配付し，その中で，①疎開先は可能な限り関東地方，②2年生までは生活習慣ができていないので，3年生から，③持参するものは，掛布団，敷布団，枕，毛布，衣類，寝巻き，下着などと指示している[87]。

3）集団疎開の実施

　昭和19年の2学期を迎え，集団疎開が実施に移された。昭和19年9月25日時点での集団疎開の実施状況は，東京23万5,000人（予定は27万人），神奈川3万8,000人（予定は4万1,000人），愛知3万4,000人（3万7,000人），大阪8万2,000人（9万9,000人），兵庫2万2,000人（3万人）である。全国の5都府県で，合計47万7,000人の予定数の内，41万1,000人の子どもが，昭和19年9月中に疎開を終了している[88]。

　神奈川県の事例を紹介するなら，横浜，川崎，横須賀の3都市に住む3年生以上の10万人が疎開を予定されていた。そして，縁故を6割と見込み，残りの4割が集団疎開の対象と考えられていた。なお，疎開先は県内を想定していた。しかし，神奈川県には3都市の他に，県下に都市地域が多い。そこで，近隣の都市も疎開の対象となる。横須賀市の場合，市内にある28の小学校3年生以上が1万9,000人で，親の希望調査によると，縁故疎開

希望が41.5%，集団疎開希望51.1%，残留希望者7.4%だった。そして，8月13日を皮切りに，24日までに，横須賀市内の20校，6,154人の子どもが集団疎開先に旅立っていった。そして，この時期，集団疎開に加わった子どもが4割強で，残留した子どもは23.4%，4人に1人が横須賀に残留している(89)。

東京の世田谷区の3校の場合，昭和19年8月末の疎開状況は表4-1のようになる(90)。

表4-1　世田谷区の疎開状況（3学年～6学年）（%）

	中里小	太子堂小	池之上
縁故	13.6	26.0	34.6
集団	49.9	55.5	42.0
残留	36.5	18.5	23.4

『世田谷区教育史　資料編六』平成5年，222-228頁より作表

この3校の中でも，縁故疎開の割合は13.6%から34.6%と，かなりの開きが認められる。

そして，翌年3月になっても，中里小学校の場合，3年生以上の594名の内，縁故疎開が58.0%，集団疎開27.8%で，残留者は14.2%である。したがって，疎開といっても，いろいろな理由から，残留している子どもが少なくない(91)。

また，世田谷区玉川国民学校の昭和20年5月4日の調査によると，残留児童の割合は，以下の通りだった。

	小学1，2年	3～6年
人数	357人	628人
縁故疎開	13.7%	6.7%
集団疎開	5.3%	65.0%
残留児童	81.0%	28.3%

玉川国民学校の残留児童の割合は3年生以上で28.3%と，3割に迫って

いる。そして，子どもが残留した理由の1位が病気の28.7%で，携帯品調達困難が12.9%，経済的な理由8.9%，その他は49.3%である[92]。このように各地に少数ながら，残留している子どもがいるので，昭和20年3月になると，校区内の3～4ヶ所に分教場を作り，教師が2時間程度出張授業をする体制を作っている[93]。

　新宿区の四谷第五国民学校の場合，毎日2時間，算数と綴り方を中心に授業を行なったが，空襲による授業の中止が続き，授業にならなかった。また，四谷第三国民学校は「二階のひさしの木部が火災で燃えつきたり，教室の机の間に焼夷弾が燃え上がり，火消し棒でたたいたりして」学校を守ったというような挿話が語られることになる。そして，敗戦後の記録によると，都立の小学校675校中，全焼校が38.8%（262校），大破焼校が11.4%（77校）で，非罹災校は336校（49.8%）にとどまった[94]。

　しかし，多くの子どもは，家族と離れ，疎開先で集団生活を送ることになる。教師の付き添いがあるといっても，子どもだけでの疎開なので，多くの問題が生じる。横浜から近くの相模原へ集団疎開をした中野和彦（前出）によれば，疎開先でのすべての生活が軍隊式だった。4，5年生が5，6人で班を作り，1人が班長になり，起床から食事，勉強，作業，就寝まで，「第1班，5名集合しました。異常なし」のように，規律づくめの生活が続く[95]。

　それでも，疎開した直後は食生活が安定していたので，集団疎開の大変さの序の口だった。しかし，戦争が激しくなるにつれ，食料事情が悪くなり，米の配給量も減る。乏しいご飯と野菜だけの副食物では，食べ盛りの子どもの胃袋を満たすことはできない。集団疎開に同行した多くの教員は，子どものそうした生活面のやりくりに苦労したと語っている。

　京都府の明倫小学校では，昭和20年3月，小学3年生以上244名が熊野郡に集団疎開している。そして，入浴について，以下のような記録がある。「入浴も近所の農家で，3，4名ずつもらい風呂であったが，シラミがでて，これもこちらから遠慮し断らねばならぬことになった。その後，鉄砲風呂をとりつけ入浴させ，入浴がおわると，衣服をその中に入れ，煮沸

してシラミを退治した」。

　なお，明倫小では，こうした集団疎開した子どもとは別に，高等科の子どもは，昭和19年4月から，海軍工廠第2造兵部へ学徒動員とし出動している。高2の男子は機械工場，女子は検査や木工，高1の男子は組み立て，女子は郡是の舞鶴工場である(96)。

　昭和20年5月に目黒区鷹番国民学校が区長に提出した「学童集団疎開ニ関スル月末報告（4月分）」によると，疎開生活の中で楽しみなのは親の面会日だった。「待ちに待った面会日がやってきた。母親たちは子供らに食べさせようと，取って置きの砂糖でおはぎなどの甘い物をつくり，いそいそとやって来た。(中略)ろくに話しをせず，ただむさぶるように食べ続ける私たちに，母は飢えた子猿の姿を連想して悲しかったという」(97)。

　しかし，現在と異なり，親が子どもの所を訪ねるのも容易ではない。昭和19年9月に世田谷区長が発した「学童集団疎開保護者の面接につき通知」によれば，疎開学童が多いので，面会は，学期1回程度，時期が集中しないように計画的に実施する必要がある。

　具体的には，学校長から学童集団疎開連絡証明書を発行してもらい，前日の10時に駅で割り当て枚数の切符を求め，日帰りを基本として，面会に行く。ただし，「飲食物ヲ携行シテ児童ニ供給セシメザルコト」の規定も見られる。そして，学童集団疎開父兄面会日程表によれば，渋谷駅で切符を購入した人数が日別に記載されている(98)。

　子どもが疎開すると，校庭があく。東京では，昭和16年，学部部長は，軍関係者から校舎の借用を申し込まれたら，便宜を図るように指示している。そして，19年末，多くの小学校で軍関係者の校庭使用が目につく。目黒区では，区内の13校が物資集積所となり，中には，八雲小学校のように陸軍衛戍刑務所に利用される事例もあった(99)。

4）疎開学童の生活

　集団疎開は，慣れない土地で，幼い子どもが親元から離れ，子どもだけで暮らすのであるから，困難な状況なのは誰にでも理解できる。そうした

不慣れな集団生活の中で，食べ物のなさと衛生環境の悪化が加わる。

横須賀から集団疎開した子どもは，「お風呂は月一度くらいしか入れないため，特に下級生は不衛生で頭の毛に虱が，肌にも白い虱がわいて肌着の縫い目に並び」や「楽しいはずのお風呂も桶が三個くらいで百八十人も入るのですから，最後の六年生は湯が肥だめのようで臭くて入る気もしません」(100)と回顧している。また，東京の荒川から福島県に集団疎開した女子は疎開先で，「女の子は頭にシラミがたかり，小さい子の頭をくしでとかすと，こまかいシラミがいっぱい落ち，かゆいかゆいとぐずった」(101)という。

高井有一（前出）は，集団疎開での思い出として，「密食」と「シラミ事件」，「いじめ」をあげている。「密食」とは「東京を発つときに荷物の底に忍ばせて来たり，面会日に親がこっそり届けて呉れた食べ物を，教師や寮母の目を盗んで食べる」行為である。「シラミ事件」はシラミが発生した時，先生が，親が心配するから，「虱が湧いた事をお父さんやお母さん宛ての手紙に書いてはいけない」といったできごとである。また，「いじめ」は「数人の子がしめし合わせて，Ｓの飯を盛った丼に，見えないように火鉢の灰を撒き散らした」ような行為が見られた情況をさす(102)。

兵庫県西宮市の鳴尾小学校は宍粟郡の３村に集団疎開しているが，地元の人でも食べられるかどうかの山間の貧村だった。それだけに食べるものがなく，「村当局にも内情をうちあけ，救けを求めるが思う様には運べない。然し，何とかしなければ生活できない。それ故食べられる物はなんでも食べた」と，子どもも食糧確保にかり出されている(103)。

昭和20年５月，疎開先の山梨県鷹番国民学校から目黒区長に提出した「学童集団疎開ニ関スル月末報告」によると，「生鮮食料品ノ学童用配給非常ニ少ナク，各寮トモ献立ニハ困難ヲ感ジツツアリ。鮮魚，塩物等ノ配給殆ドナシ」の状態だった。実際に，鷹番小学校の献立は以下の通りだった。

4章　戦時下の子どもたち

	朝食	昼食	夕食	オヤツ
9月16日	雑炊, 南瓜, ジャガ芋	ジャガ茹で塩味	雑炊, 人参, 南瓜, ジャガ芋	ぶどう
17日	米食, 豆, ジャガ芋, 味噌汁	炒り豆, ジャガ芋, 玉ねぎ, 西瓜, 汁物	雑炊, 人参, 南瓜, ジャガ芋	ぶどう, 牛乳
18日	豆, ジャガ芋, 米食, 味噌汁	雑炊, 人参, 南瓜, ジャガ芋	雑炊, 南瓜, ニシンノ煮付ケ	ぶどう

　家庭から離れて淋しい子どもにとって楽しみなのは, 食事であろうが, 質量ともに貧相な食事である。「白米食べたさに自称下痢患者が出たとか, 子どもたちは歯磨粉や蜜柑の皮を食べ, しまいには『お手玉』の豆を空き缶で炒って食べてしまった。中にはわかもとやエビオスを食べて『腹が減った, 腹が減った』と言う子もいた」[104]。

　練馬区の第二国民学校は群馬県に集団疎開を行なっているが, 寮母の鈴木ひろ子の日記によると, 20年6月の献立は以下の通りだった。

　6月4日　朝　麦入り米飯, 味噌汁, 漬け菜
　　　　　昼　麦入り米飯, キンピラ, 漬け菜
　　　　　夜　馬鈴薯入り米飯　菜入りスマシ汁　　　　おやつ　なし
　　　5日　朝　麦入り米飯, 味噌汁, 漬け菜
　　　　　昼　麦入り米飯, 菜ゴマ和え, 菜漬け
　　　　　夕　煮込みうどん　　　　　　　　　　　　　おやつ　なし
　　　6日　朝　麦入り米飯, 味噌汁, 漬け菜
　　　　　昼　麦入り米飯, スマシ汁（トロロコブ, 菜）, 菜漬け
　　　　　夜　馬鈴薯, ニンジン, ごぼう入り米飯, 漬け菜　おやつ　なし

　1日中, 麦入りご飯と味噌汁の食事で, 肉はもちろん魚も登場してこない。米飯があるだけ救いがあるのかもしれないが, 米飯も食べ放題でないから, 空腹を抱えた子どもの姿が浮かんでくる[105]。
　そうした疎開先の子どもにアンケートを行なった調査結果がある[106]。表4-2から明らかなように,「ご飯が足りない」のがつらく,「朝の駆け足」がきつい。そして, うれしいのは「家の人が面会に来た時」だという。い

かにも，子どもらしい反応である。

表4-2 疎開先の子どもの気持ち（%）

	男子	女子	全体
1. 一番うれしかったこと			
①家の人が面会に来る	80.6	76.0	78.3
②家から手紙や小包が来る	6.8	9.0	7.4
③その他	12.6	15.0	14.3
2. 一番悲しかったこと			
①友だちからいじめられる	10.7	33.0	21.4
②疎開してすぐ	21.4	10.0	15.8
③面会にきて帰った後	18.4	5.0	10.8
④その他	49.5	52.0	52.0
3. 一番嫌なこと			
①朝の駆け足や午後の鍛錬	35.0	48.0	41.4
②友だちからいじめられる	9.7	7.0	10.3
③朝起きる時	4.9	10.0	7.4
④その他	50.4	35.0	40.9
4. 食事について			
①ご飯が足りない	64.1	54.0	59.1
②副食が足りない	26.2	18.0	22.2
③その他	9.7	28.0	18.7

滝野川国民学校「学童疎開関係資料集」『北区教育史　資料編』平成7年，356-357頁

　子どもが親から離れ，長期間集団生活を送る。戦時下の緊急避難といっても，悲惨な情況であることはたしかであろう。敗戦直前の8月11日に長野県須坂の高額寺に疎開児童を訪ねた毎日新聞の記者は，その思い出を以下のようにまとめている。

　「忘れられないものは，当時の食糧である。また食器も哀れであった。

4章　戦時下の子どもたち

二つと同じ食器は無かった。割れたどんぶりもあれば灰皿も食器。その中に盛られる食事が，イモ，カボチャ，ツクシ，タニシ，カニや雑草だ。お堂の前に干された小麦の回りには，学童がいつの間にかそのムシロを取り囲み，ひと粒ふた粒と口に入れるという，いたいけな姿も見せられた。

シラミとの闘いも今も目にちらつく。先生も生徒もシラミだらけ，毎朝の起床と同時にシラミ取り始めの号令がかかる。プツン，プツンという音，着物の襟元に1列に並んだ白い列に煮え湯を掛ける」[107]。

このように，縁故にせよ，集団にせよ，小学生は疎開しているが，高等科の子どもは軍需工場で働いていた。

昭和5年に山口師範を卒業した師井恒男が，昭和17年に赴任した宇部国民学校は，子どもを「巻きキャハンをつけて登下校させ，少年戦士養成を校風として誇っていた」学校だった。入学から1週間，「服装検査，不動の姿勢，敬礼，整列，行進，閲兵分列，校地・室外・室内の擧止動作など」を型にはめる訓練をしていた。そうした学校も，昭和19年から，学徒総動員令によって，工場に分散配属され，授業はまったく行なわれなくなった[108]。

昭和19年1月19日には，「緊急学徒動員方策要綱」が閣議決定されたが，小学校に関連する内容として，19年3月13日に内政部長名で「食料増産ニ関スル学徒動員ニ関スル件」が発せられた。これは，「麦並ニ薯類ノ増産確保及自給肥料ノ増産完遂」のため，高等科の生徒は，休み期間はむろん，授業の30日まで使って，食糧増産に従事するものだった。

長野県の戸倉小学校の場合を例にすると，「4月16日　高2 薪割り，17日　高1 薪割り，20日　高2 薪割り，25日　高等科木出し」のように，毎日のように，農作業が続いている[109]。

姫路の栗生小学校では，昭和20年1月から高等科の生徒が大阪陸軍造兵廠に動員されている。昭和13年に姫路市の白浜小学校へ入学した吉田研宏は，動員の思い出を「工場の門を通る時には，歩調をとって軍隊同様に歩いたものである。門を通ると男子は第1工場に，女子は第3工場に入った。第1工場での男子の仕事は，電気溶接，船体の組み立て，船体の塗装，そ

183

れに電気班の4つに分かれていた。女子は，旋盤，ボール盤など機械関係の仕事だった」と記述している[110]。

神奈川県相模原市でも，昭和19年の3月から，兵器学校3月9日から3日間，浅野重工業7月1，2日，小3以上のように，断片的な勤労動員がなされているが，12月になると，高等科の子どもは通年動員体制に入る。午前中2時間工場で授業があり，午後4時間勤労動員する体制である[111]。

こうして工場などに動員された子どもだけでなく，高等科の中には，戦争に直接巻き込まれる姿もあった。昭和11年に高等科2年の時，志願兵の受け付け年齢が満16歳から14歳まで引き下げられ，2年から志願できるようになった。北条小学校へ入学した栗原一雄は，14歳で「一刻も早く，お国の役に立ちたいという信念に燃えておりましたから，自発的に志願しました。朝礼の時，相川信二君と私が，壇上から挨拶しましたが，生きて帰らぬ決意から，『往きます』と言いきって，『往って参ります』とは申しませんでした。先生方の寄せ書きの旗と日の丸を十文字のたすきに掛けて，戦闘帽，詰め襟にゲートル姿で館山駅を発ちました」のように海軍特別年少兵に志願している[112]。

さらに，昭和7年に満州国が独立してから，満州開拓のために青年義勇隊が作られているが，昭和16年新潟県では，青少年義勇軍郷土部隊送出計画に基づき，県下で2中隊1,000名を募集する予定だった。しかし，拓殖訓練受講者900名中，家族の反対328名などがあって，実際に満州に送れたのは412名にとどまる[113]。

筆者は，昭和20年の1月，小学5年生だった。担任の先生がグライダーの操縦の名手で，子どもたちを，グライダーを通して，航空兵に育てようとしていた。担任の先生は，体育の時間などに目をつぶって全力疾走をする，あるいは，何回転かしてすぐに真っ直ぐ歩くなど，航空兵としての適性を調べた。そして，筆者は航空兵候補として選ばれた3人の中に入り，同級生と一緒に，霞が浦の予科錬を目指すことになった。

子ども心に将来を考えた。陸軍に入ると，重い銃器を背負って歩くからしんどい。海軍は魚雷があたると海に沈み，苦しそうだ。空軍なら，自分

4章　戦時下の子どもたち

で操縦できるから、うまくいけば生き残れるし、撃たれたら、飛行機ごと自爆すればよい。同じ死ぬのなら、空軍に限る。いずれ20歳までに死ぬのだから、カッコのよい予科錬に行こうと、器械体操の練習に打ち込んだ。そして、ラジオから流れる特攻の話に自分の将来をダブらせ、予科錬をまねて、白い手拭を首に巻いたりした。というと、悲壮感が漂うが、いずれ死ぬつもりで、それ以外に道がないと感じていたので、あたり前の人生だと思っていた。

　戦時下といっても、小学高学年になると、子どもなりに世の中のからくりを見抜く力が育つ。筆者は、御真影はたかが写真なのに、拝むのはおかしい。それに、教育勅語も紙の文章で、そんなことを、天皇が　つ　ついうわけはないとも思っていた。そして、子ども心にも、戦局が悪化し、日本が苦しい局面になっているのは分かった。だから、自分も、日本の役に立ちたいと考えていた。

　そして、敗戦を迎えた翌日も快晴だった。大人たちは、敗戦のショックにうちひしがれていたが、子どもの変わり身は早い。すっきりと晴れた青空を見ている内、予科錬への気持ちなどはふっとんでしまい、悪夢から目がさめた感じがした。そして、東京に戻れる喜びで、胸が膨らみ、未来がすっきりと明るくなったのを憶えている。

〈注と参考文献〉
(1)　「児童生徒ニ対スル校外生活指導ニ関スル件」『帝国教育』1933年1月15日、66-71頁
(2)　上平泰博・田中治彦・中島純『少年団の歴史』萌文社、1996年、215頁
(3)　(2)に同じ、228頁
(4)　『板橋区教育百年のあゆみ』1974年、446-447頁
(5)　『麻里布小学校百年史』1973年、305-308頁
(6)　幸本茂（5年生）「少年団訓練」(5)に同じ、356-357頁
(7)　『宮城県教育百年史』第2巻、1978年、198-199頁
(8)　(新潟県)『小千谷小学校史』(下)、1978年、252-254頁
(9)　(長野県)『小布施小学校沿革史』1973年、163頁

(10) （木更津第一小学校）『百年の歩み』1973年，100-101頁
(11) （山形県鶴岡市）『加茂小学校史』1975年，44頁，98頁
(12) 『島根県近代教育史　第6巻資料編』1979年，142頁，260頁
(13) 『目黒区教育百年のあゆみ』1986年，426-427頁
　　　『目黒区教育百年のあゆみ』資料編，1986年，281-282頁
(14) 『新宿区教育百年史』1976年，479-481頁
(15) 山本信良・今野敏彦『大正昭和教育の天皇制イデオロギーⅠ』新泉社，1976年，177頁
(16) (15)に同じ，72頁
(17) 萩野末『ある教師の昭和史』一橋書房，1979年，12頁，45頁
(18) 山田国広『夜明け前の闇』理論社，1967年，220-253頁
(19) 川田由太郎「社会的目ざめ即失業」国分一太郎編『石もて追われるごとく』英宝社，1966年，44頁
(20) 大田耕士「古い日記から」黒滝チカラ，伊藤忠彦『日本教育運動史』2，三一書房，1960年，235-237頁
(21) 村山ひで『明けない夜はない』労働旬報社，1969年，32頁
(22) 斎藤喜博『可能性に生きる』文芸春秋，1966年，128頁
(23) 林雅行『「国民学校の朝」がくる』拓殖書房，1983年，50-53頁
　　　『杉並区教育史』（下），1966年，149頁
(24) 筧克彦「教学の基礎たる皇国体」『教学刷新評議会特別委員会議事録』第3輯，1937年，64-66頁
(25) 『国体の本義』1937年，19頁
(26) (25)に同じ，35頁
(27) 『穂積八束博士論文集』有斐閣，1943年，223頁
(28) 井上哲次郎『国民道徳概論』1912年，211頁
(29) 石田雄『明治政治思想史研究』未来社，1954年，13頁
(30) 丸山真男『現代政治の思想と行動　上巻』未来社，1957年
(31) 『国体の本義解説叢書』文部省，1944年，135頁
(32) 『臣民の道』文部省，1941年，57頁
(33) 戸田金一『国民学校』吉川弘文館，1997年，46-47頁
　　　入江曜子『日本が「神の国」だった時代』岩波新書，2001年，22-43頁
(34) 『北区教育史　通史編』1995年，148-149頁
(35) 『世田谷区教育史　資料編五』1929年，105-106頁，120-121頁，174-175頁
(36) 『杉並区教育史』（下），1966年，185-186頁

『目黒区教育百年のあゆみ』1986年、445頁
(37)　(京都府)『明倫百年史』1973年、204-208頁
(38)　『足立区百年のあゆみ』1980年、589頁
(39)　『大府教育史』1973年、218-219頁
(40)　佐伯郁郎「児童図書出版政策」『児童文化　上』西村書店、1941年、70-74頁
(41)　上月景尊「児童図書校閲について」『児童文化　上』西村書店、1941年、103-108頁
(42)　菅忠道「児童文化の現段階」『児童文化　下』西村書店、1941年、26-28頁
(43)　金谷完治「児童向け放送の現在と未来」(42)に同じ、265-266頁
(44)　山中恒『ボクラ少国民』講談社文庫、1989年、440頁
(45)　山内修「私の小学生時代」(静岡県)『堀之内小学校百年史』1979年、145頁
(46)　屋代柳「戦争下の小学校生活」石神井小学校編『戦争を知らない子どもたちへ』1981年、42頁
(47)　鈴木啓子「私のかくご」(4年生)『麻里布小学校百年史』1973年、354頁
(48)　友森昭三「思い出」『勝間小学校百年史』1976年、283頁
(49)　妹尾河童『少年H』講談社、1997年、146-147頁
(50)　西田久美「戦争っ子－勉強は二の次」(島根県)『広瀬小学校百年史』1976年、217頁
(51)　『町田教育百年史』1975年、98-99頁、104頁、140頁、195頁
(52)　『西宮市立鳴尾小学校創立80周年記念誌』1953年、126頁
(53)　高井有一『昭和の歌、私の昭和』講談社、1996年、86頁
(54)　酒井美枝子「軍隊式学校生活」『福井市旭小学校百年史』1975年、250頁
(55)　上吉川悦男「回顧座談会」姫路市城南小学校『百年史』1972年、108頁
(56)　森田貞男「終戦直前に卒業した私」(10)に同じ、165-166頁
(57)　「昭和17年当時6年生の思い出」坪内広清『国民学校の子どもたち』彩流社、2003年、73頁
(58)　渡辺とめ子「サツマイモと野菜の思い出」石神井小学校編『戦争を知らない子どもたちへ』1981年、46頁
(59)　大柴てる子「甲府大空襲」(58)に同じ、68頁
(60)　太田芳江「あのころのこどもはこんなふうにしてくらしていた」『暮しの手帖(96集)』特集「戦争中の暮しの記録」1968年8月、177頁
(61)　江川佐一「15キロもあるとなりむらへひとりでかいだしにいく」(58)に同じ、178頁
(62)　松本和子「まいにち四キロのみちをがっこうへはだしでいった」(58)に同じ、

179頁

- (63) 中野和彦「ただ食べたかった」(58)に同じ，88頁，90頁
- (64) 斎藤文子「戦争のイメージ」(千葉県)『北条小百年史』1974年，72頁
- (65) 佐藤義雄「『勝つまでは』とがんばった人びと」(58)に同じ，52頁
- (66) 小林信彦『和菓子屋の息子』1996年，新潮社，164頁
- (67) 若杉晋「太平洋戦争のあのころ」(名古屋市)『旭小学校史』1973年，405頁
- (68) 『世田谷区教育史　資料編六』1993年，50頁，55頁
- (69) 野田知祐『少年記』本の雑誌社，1999年，12頁
- (70) 早乙女勝元『下町の故郷』三一書房，1962年，160-161頁
- (71) 『北区教育史　資料編第2集』1994年，347-349頁
- (72) 『新青森市史　別編2 教育(2)』1999年，110頁
- (73) 『世田谷区教育史　資料編六』1993年，66頁
- (74) (39)に同じ，224頁
- (75) 坪内広清(23)に同じ，84頁，104頁，106頁
- (76) 片岡謙一「忘れえぬあの日あの時」(58)に同じ，12-13頁
- (77) 下村智子「2度とおこすな残酷な戦争」(51)に同じ，77頁
- (78) 久世光彦『家の匂い，町の音』主婦の友，2001年，112頁
- (79) 寺山修二『私という謎』講談社文芸文庫，2002年，191-192頁
- (80) 『足立区教育百年のあゆみ』1978年，595頁
- (81) (68)に同じ，50頁，55頁
- (82) 逸見勝亮『学童集団疎開史』大月書房，1998年，69-73頁
- (83) 逸見勝亮，(82)に同じ，79頁
- (84) 立原えりか「ながいひまわり」『わたしの8月15日』あかね書房，1975年，60頁
- (85) 漆原智良「激動をこえて」(84)に同じ，85頁
- (86) 伊達肇子「南九州への疎開」(58)に同じ，112頁
- (87) (80)に同じ，605-606頁
- (88) (82)に同じ，102頁，114-115頁
- (89) 横須賀市教育研究所『横須賀の学童疎開』1997年，6-14頁
- (90) (68)に同じ，222-228頁より作表
- (91) (68)に同じ，246-247頁より作表
- (92) (68)に同じ，261頁より作表
- (93) 『板橋区教育百年のあゆみ』1974年，480-482頁
- (94) 『新宿区教育百年史』1976年，558-560頁
- (95) 中野和彦，(63)に同じ，91頁

4章　戦時下の子どもたち

- (96)　(37)に同じ，218-221頁
- (97)　伊藤幸枝「お母さんと別れて」横須賀市教育研究所『横須賀の学童疎開』1997年，71-73頁
- (98)　(68)に同じ，330-333頁
- (99)　『目黒区教育百年のあゆみ』1986年，366-367頁
- (100)　水島範子「学童疎開の思い出」(89)に同じ，108頁
- (101)　下村智子，(77)に同じ，75頁
- (102)　高井有一，(53)に同じ，90-92頁
- (103)　川口武(元教諭)「思い出」『西宮市立鳴尾小学校創立80周年記念誌』1953年，154頁
- (104)　『目黒区教育百年のあゆみ』1986年，533-535頁，536頁
- (105)　『練馬区教育史　資料5』第6巻，1975年，255頁
- (106)　滝野川国民学校「学童疎開関係資料集」『北区教育史・資料編』1995年，356-357頁
- (107)　二村次郎「記者が見た終戦時の疎開学童」『別冊　一億人の昭和史・学童疎開』毎日新聞社，1977年，264頁
- (108)　師井恒男『教師にとって愚直とは何か』一ツ橋書房，1970年，65頁
- (109)　(長野県)『戸倉小沿革史』1967年，266-268頁
- (110)　吉田研宏「戦時中に学び抜いて」(姫路市)『白浜教育百年のあゆみ』1973年，121-122頁
- (111)　『相模原市教育史』第2巻，1984年，891頁
- (112)　栗原一雄「海軍年少兵」『北条小百年史』1974年，83頁
- (113)　(新潟県)『小千谷学校史』(下)，1977年，426-428頁

5章　戦後を生き抜く子どもたち

1　焦土と物不足の中で

1)　8月15日の思い出

　8月15日の玉音放送で戦争は終わった，しかし，玉音の意味を取れなかったという子どもが多い。赤瀬川原平（昭和13年，横浜生まれ）は，敗戦の日の思い出を，「棚の上のラジオから『ガァガー，ピッピー，ガリガリ……』という音が聞こえてきます。それは天皇陛下の声なのです。だけど何をしゃべっているのかさっぱりわかりません」[1]と回顧している。

　赤瀬川は，敗戦を小学低学年の時期に迎えているので，玉音放送の内容を理解できなくて当然だが，昭和7年東京の品川生まれの吉岡源治も「正午から天皇陛下の重大放送があるというので，路地のまんなかに白い布をかぶせたテーブルが置かれ，その上にタテ型のラジオが置かれた。（中略）やがて放送が始まると，いっせいに不動の姿勢をとり，玉音に耳をかたむけた。雑音の間から，気の抜けたような声が聞こえてきた。『耐えがたきを耐え，忍びがたきを忍び』何をいっているのか，私には理解できなかった」[2]と語っている。立原えりか（前出）も，「やがてはじまったギョクオンホーソーは，なんのことかわかりませんでした」[3]という。

　手塚治虫は，8月15日の夜，大阪行きの電車に乗っている。そして，「H百貨店のシャンデリアが，はげ落ちた壁の間で，目も眩むばかりに輝いている。何年振りだろう。灯火管制がとかれたのは？　その灯を見ていたら，はじめて平和になったのだという気分がこみあげてきた」[4]という。

　岩波新書の『子どもたちの8月15日』には，33人の著名人が子ども時代に体験した8月15日の思い出が収録されている。もっとも，8月15日を迎

えた年齢が4歳から12歳まで開いているので，敗戦の受け止め方に開きが見られるが，玉音放送の聞き方にもいくつかの形がある。集団疎開していた扇千景（昭和8年，神戸生まれ）は，疎開先の温泉宿の広間で放送を聞いたが，「放送が終わったときには，シーンとしていました。ところが先生から，これで戦争が終わったので，やがてみんなは家に帰れるだろう」といわれ，敗戦を知った[5]。山川静雄（昭和7年，静岡生まれ）は中学1年の夏，家族とともに，放送を聞いたが，「中学1年生には，その後はさっぱり理解できなかった。私は戦争の勝ち負けばかりが気になり，祖父におそるおそるたずねた。『負けたんだ』祖父ははき捨てるようにいった」[6]。

　筆者は，縁故疎開先の宮城県白石市で，小学6年生の時，敗戦を迎えた。15日の正午に玉音放送があるという情報は子どもにも伝わっていた。しかし，家のラジオが壊れていたので，大家さんの家に集った。他に近所のおばさんや子どもが10数人ほど来ていた。アナウンサーの「只今から天皇陛下の玉音放送がございます。謹んでお聞きするように」というような緊張した声に続いて，玉音放送が始まった。「甲高い声だな」が第一印象で，残りの内容は聞きとれなかった。たしかに，「耐えがたきを耐え，忍びがたきを忍び」の言葉が耳に残った。しかし，本土決戦に備え，最後まで耐えて戦って欲しいという内容なのだと思った。おばさんたちもそんな感想を話していた。

　8月15日は雲一つない快晴で，真夏らしい暑い日だった。これからどうなるのかとぼんやり考えながら，学校の方へ歩いていくと，校庭に力なく座っている兵士の姿が目に入った。中には，号泣している兵士がいる。ふだんはカッコの良い将校も放心状態で，銃を杖代わりに立っていた。その瞬間，日本は戦争に負けたと直感した。それと同時に，「これで死ななくてすむ」とも思った。前章末にふれたように予科練入りを目指して，体を鍛えていた。当然その先に死を予定していたが，死の影が消え，将来が開けた気持ちがした。

　その晩，家の前にある靴屋の電気がこうこうとつき，大きな音で流行歌が聞こえてきた。他の家は，敗戦のショックで，電燈の黒い覆いをしたま

ま暗い夜を迎えているのに，その店だけ，灯りが表まで届いている。朝鮮系の人が経営していて，それまで世間を避けるように暮らしていたその店は，その晩から，戦勝国の仲間入りをした感じで，落ち込んでいる近所の家との対比が目立った。

2)　疎開児の帰宅

戦争が終わって，疎開児童の帰宅が問題になった。昭和20年8月28日，東京都の教育部長は，帰京について，「帝都ニオケル学校校舎並ニ住宅ノ焼失輸送及食料等ノ諸事情ヨリ今直チニ復帰困難ニテ当分ノ間継続実施」と，当分，帰京を待つように指示している。そして，9月27日，東京都は，集団疎開を昭和21年3月まで継続すると決定した。しかし，「父兄ガ希望スル」場合で，越冬が困難な地域や食料事情が悪い地域の子どもは11月末までに，「計画輸送ヲナスモノトスル」と指示している[7]。

このように行政当局は都会が混乱しているから帰宅を待つように指示した。しかし，終戦となれば，子どもを疎開先から帰宅させたくなる。実際に10月頃には，疎開児の帰宅が進んでいる。板橋区の「集団学童復帰要綱」によれば，板橋区の場合，板橋第八国民学校の9月20日を皮切りとして，20年10月20日から11月始めにかけて，区内19校中の16校が帰京している。最後に帰京したのは，板橋第七国民学校の21年3月だった[8]。

世田谷区でも，昭和20年11月2日に北沢国民学校，4日鶴巻国民学校のようにほとんどの学校が20年の11月に帰京し，12月21日に代沢国民学校で学童集団疎開復帰記念学芸会が開催されている[9]。このように，敗戦から3，4ヶ月で，子どもは帰京している。

神奈川県横須賀市の場合，昭和19年8月に同一県内の相模原や大沢（当時は農村だった）へ疎開しているが，疎開先が近いせいか，すべての学校が20年の10月上旬に帰京している[10]。

杉並区では，11月上旬，長野県佐久に疎開していた26校の子どもが帰京している。疎開に同行していた教員（鷹野歌子教諭）は，引揚げが決まると，「毎日，劇や歌の練習で，大騒ぎである。お別れのための学芸会の練

習のためだ。当日は疎開先小学校で村を挙げての謝恩の会が盛大に行われた」と回想している[11]。

　苦しい疎開生活も，終わってみれば楽しい思い出になる。疎開先での別れの会と同じように，帰京歓迎会も開催された。例えば，東京の北区では，昭和20年11月19日に区役所の「疎開学童復帰感謝演芸会」が開かれた他に，12月17，18日（月，火）に学芸会，18，19日（火，水）に展覧会が開かれている。学芸会は各校1種目，展覧会は学年男女ごとに1点を集めての全区的なイベントだった[12]。

　戦災にあい，子どもが疎開したのは，東京に限らなかった。福井市でも，「7月に戦災で学校は跡かたもなく灰になってしまった。急造のバラック校舎で授業が始まった」（昭和23年，福井市旭小卒の伊藤捨録），「四散していた児童たちもぽつぽつ戻ってくるにつれて午前と午後の2部授業，そしてくる日もくる日も，高学年の児童と先生方は焼け跡整理，また，焼け跡や公開グランドに麦やさとうきびや，さつまいもを植えての食料増産」（旭小の教諭，佐川文子の記録）[13]のような記録が見られる。

3）　敗戦直後の子どもの暮らし

　小林信彦（前出）によれば，敗戦直前の気持ちは「残るのは〈本土決戦〉しかないのだから，これはもう，サイパンや沖縄と同じで，〈戦って死ぬ〉しかないのだと思った」。そして，敗戦後，「戦争は終わったというが，要するに，負けたことは，みんな知っていた。とすれば，常識であった〈男はペニスちょん斬りで奴隷，女は強姦〉の線はまだあると，ぼくは見ていた」という[14]。

　子どもといっても，それぞれに感じ方があると思うが，すでにふれたように，筆者は小学6年の時，疎開先の宮城県の白石市で敗戦を迎えた。そして，打ちひしがれ無気力な大人と対照的に，子どもは，世の中が明るくなった感じで，うきうきと毎日を送っていた。昭和20年の9月始め，アメリカ軍が仙台へ行く途中，国道を通るという情報が流れてきた。小林信彦が回顧しているように，町ではアメリカ軍は，男子を徴用し，女子は乱暴

されるという噂でもちきりだった。家々は窓戸を閉め，息を潜めて，アメリカ軍の通過を待った。しかし，筆者は子ども心に，そうはならないと感じていた。それ以上に，アメリカ兵を見たいという好奇心から，国道の傍らに身を隠して，アメリカ軍の到着を待った。

　遠くから明るい音楽が流れてきた。そして，軽装した米国兵が，笑みを振りまきながら近づいてきた。危ない人ではないと直感した子どもが，国道に飛び出す。兵士は，子どもにお菓子を配り始めた。筆者も飛び出して，お菓子をもらった。2枚はチョコレートとすぐに分かった。それは大事にしまい，もう一つの菓子の包みをむいて口に入れた。経験したことのない甘い香りが口に広がる。しかし，いくら嚙んでも柔らかくならず，味もなくなったので，飲みこんだ。それが，チューインガムとの初めての出会いだった。やがて，あちこちから子どもがでてきて，黒山のようになった。米兵たちは，子ども一人一人にチョコレートを配り，笑顔を振りまきながら，国道を仙台に向かって去っていった。姿が消えた後も，国道に陽気な音楽が流れていた。怖いだけの日本の兵隊と比べ，アメリカの兵隊は明るく親しみやすかった。その瞬間からアメリカ好きの子どもになった。

　そうして白石市から昭和20年の年末に帰京した。千葉の蘇我にあった軍需工場の女子寮跡がとりあえずの落ち着き先だった。近くに進駐軍の駐屯地があり，その近くの空地で，毎日，草野球をしていた。物不足の時代なので，野球のボールはビー玉をひもで巻き，布でくるんだもの。グローブは，仲間が古いグローブを2個調達してきた以外は，手作りの布製で，中に真綿がつめてあった。バットは木の太い枝を削り，ペンキを塗ったもので，打つとすぐに折れる代物だった。

　ある日，草野球を見ていたアメリカの兵士が駐屯地の塀の上から手招きする。近寄ると，塀の上から，2個のグローブを落としてくれた。グローブをくれるつもりらしい。覚えたての英語で「サンキュウ・サンキュウ」と大声でいい，グローブを拾い，手にした。皮の匂いがする大きなグローブからアメリカの香りがした。早速，キャッチャー，ファストがグローブを使うことになったが，グローブは宝物の時代なので，アメリカ製のグロ

ーブを2個持っているだけで，どのティームも，試合に応じてくれた。そして，寝る時，布団の中にグローブを持ち込み，グローブの香りをかぎながら，寝ていたのを思い起こす。

そうしたチョコレートとグローブとが契機となって，筆者は完全にアメリカ贔屓の少年になった。それから，半世紀が経ったが，今でも，アメリカ好きに変わりはない。アメリカ人はいい人だという感触が原体験にある。もちろん，アメリカの対外戦略などについて，アメリカの姿勢に疑問を感じ，アメリカを批判することはある。それは，政策批判であって，アメリカ市民に対しては好感を持ち続けた。そして，現在でも，アメリカ好きが自分の根底に流れている感じは拭いされない。

もう少し，個人史を書き加えると，敗戦直後は食糧難だった。親たちは着物を物々交換し，米や芋を手に入れてくれた。しかし，食べ盛りの子どもには，空腹の毎日だった。たまたま，寮の後ろに40坪ほどの空地があったので，土地を耕し，家庭菜園を始めた。東京育ちで，農業の仕方など無知なので，近所の農家に尋ねたり，種屋と相談したりして，栽培の仕方を覚えていった。空腹なので食べる物が欲しい。夢中で，じゃが芋やとうもろこし，さつま芋，トマト，きゅうりなどを作った。今になると，中学1年生が一人きりで農作業を始めるなど考えられないが，混乱の社会では子どもも子どもなりに生き抜いていくバイタリティが必要だった。

その頃，父は会社に勤めていたが，インフレと銀行預金の封鎖もあって，父の収入では暮らしていけなかった。そのため，中学生の筆者が古釘などの金属を拾い集めて，古物商に売る。新聞を集め，リヤカーで買い取り店まで持っていくなどして，現金を稼いだ。

このように，子どもなりにたくましく戦後を生き抜いていたのだが，子ども心にも，戦後の町は活気にあふれていた。戦時中の暗さに代わって，ラジオから「カムカム・エブリボデー」（平河唯一の英会話番組のテーマソング）や「バッテンボー」（「ボタンとリボン」）が流れてくる。闇市に人があふれ，旧家が没落する一方で，新興成金が羽振りをさかす。既成の権威が失墜し，みんなが平等なデモクラシーが到来した感じだった。

個人史を語りすぎたかもしれない。松広茂（昭和10年，東京の日本橋育ち）は，敗戦直後の東京の暮らしを，「焼跡にはバラックの小屋がたっている。防空壕が家の代わりになっているし，時々モグラのように地面から人が首をだす。びっくりする」と，回想している。もちろん，子どもだから，「俺たちの遊びは市場通りでの三角ベースだった。入舟町のズック屋で手作りの布のグローブを買ってもらい，木下商店の前で毎日遊んだ」のように，遊びに多くの時間を費やしている。

しかし，他の子どもも働いているから，自分も何かをやりたいと，数寄屋橋で靴磨きをしている。初日200円を手にしたが，暴力団から毎日50円のショバ代を払うように要求され，新聞配達に仕事を変えている。「新聞屋の朝は早い。朝というより夜中から働く。新聞社からオート三輪で店に新聞が届くとすぐに各人が受持つ区域の部数が分けられる。（中略）百軒位が一人の区域で配達は早ければ小一時間で終わる」[15]が，新聞配りの記述である。

増井光子（昭和12年，大阪生まれ）は，敗戦直後を，「食糧事情がたいへん悪く，人々は野菜をつみ，ご飯にいも，豆，海索麺（アメフラシの卵を干したもの）といわれる海産物を干したものが多量に混ぜられるようになり，シラミが発生し，栄養不足から，虫に刺されたあとが，すぐに化膿して体中オデキだらけになったりしました」[16]と回顧している。

また，漆原智良は，母の病死に続いて，父を戦災で亡くし，妹と病気がちな祖父と暮らすことになる。そして，新制中学の2年生の2学期，学校を中退し，商家の奉公に出ている。昭和23年9月，漆原が13歳の時に勤めたのはノコギリ屋で，朝5時半から夜8時まで働いて，給金は月に20円だった。しかし，勤務条件がきつく，漆原は，下駄屋や電気屋，メリヤス工場，自転車屋などと，勤めを転々としている[17]。

戦後は，混乱の時代だったので，多くの人が，戦後の生活を書き留めている。先に引用した赤瀬川原平は，敗戦直後を象徴するものがアメリカ文化だった。サマータイムやサッカリン，DDT，ララ物資などが，洪水のように押し寄せる。そして，チューインガムが登場する。「アメリカ人が

食べる菓子には，いくら嚙んでもぜんぜんへらない便利なお菓子があるらしい」，それをチューインゴムと噂していた。ある日，友だちがチューインゴムを持ってきて，1つもらったものを3つに分け，4人で順々に口に入れた。「ぜんぜんおいしくはないけど，この感触は何だろうと思った」[18]と記している。

戦後の生活は極端なほどの物不足だった。昭和20年11月，青森市の浪打国民学校に在籍する子どもの情況は「住居，仮小屋33.9％，借家20.0％，電燈のない家39.7％」，「子どもの情況，靴がない69.4％，雨具がない48.7％，冬服がない62.0％」，「食事，3度雑炊38.0％，2度雑炊33.3％，1度雑炊14.0％，食事している14.7％」，「弁当，欠食児15.6％」の通りだった。靴のない子どもが69.4％，欠食児童が15.6％などの数値を見ると，発展途上社会のような数値だが，たしかに戦後の日本は貧困と混乱の真っ只中で，子どももそうした状況に巻き込まれていた[19]。

東京の練馬区開進第二小学校で，昭和21年5月，親を対象に弁当の希望調査を行なっているが，「弁当持参で午後まで授業4％」，「昼食を自宅で取り，午後再登校する22％」，「弁当なしで，授業は午前中74％」が結果だった。食糧難の時代なので，弁当らしい弁当を用意できない。そのため，弁当持参に賛成なのはわずかに4％にとどまる[20]。

それでも，家庭のある子どもは幸せで，空襲で親を失ない，戦争孤児と呼ばれる子どもの姿があった。孤児の中に，浮浪者の群れに加わる子どももいた。昭和21年に大阪で施設に収容されている子ども233名を対象に，身上を聞き取る調査を行なっている。主な結果は，「①家族＝両親なし45％，片親のみ31％」，「②きょうだい＝あり60％」，「③孤児になった背景＝戦災54％，未復員10％」，「④収容前にしていたこと＝物乞い67％，闇商人の手伝い15％」，「⑤希望＝保護者の許に38％，働きたい15％」，「⑥性格＝よい6％，普通25％，問題あり（乱暴や意志薄弱など）56％」[21]だった。戦争で親を失い，物乞いをして暮らしていた子どもが多いことが分かる。

昭和22年厚生省の調査によると，戦争孤児などの全国の浮浪児は5,625名，4,080名は施設に収容されたが，1,545名は街を徘徊しているという。

実際に神奈川県児童相談所が昭和22年7月から9月までに扱った児童数は72名で、その内、36名は戦災孤児、30名は家出だった。

戦災孤児でも、まじめに靴磨きをすれば、毎日100円位、多いと300円位の収入になる。あんみつや汁粉が10円の時代の100円はかなりの収入だが、戦災孤児の多くは地道に働かず、もらいやたかり、すりなどで生計を立てている。データの分析をした愛育研究所の竹田俊男は、物の不足より、子どもの心の荒れが心配だと報告している[22]。

4) 働く子どもたち

昭和25年の文部省の資料によると、長期欠席児の内訳は表5-1のような構成である。

表5-1 長期欠席児の内訳（昭和25年）（人）

	小学校			中学校		
	男子	女子	計	男子	女子	計
病気	19,078	18,104	37,182	11,570	12,375	23,945
手伝いが主	11,462	15,625	27,087	39,205	45,759	84,964
（留守番・子守）	5,091	10,996	16,087	6,203	21,394	27,597
（農業・林業）	2,631	1,775	4,406	18,013	13,831	31,844
（日雇い・雑役）	521	470	991	2,655	2,174	4,829
（その他）	3,219	2,384	5,603	12,334	8,360	20,694
手伝いが一因	14,885	13,121	28,006	23,654	24,000	47,654
（留守番・子守）	3,508	5,451	8,959	2,380	7,666	10,046
（農業・林業）	694	367	1,061	2,805	1,627	4,432
（日雇い・雑役）	500	401	901	3,127	3,359	6,486
（その他）	10,183	6,902	17,085	15,342	11,348	26,690
病気外の計	26,347	28,746	55,093	62,859	69,759	132,618
長欠児の計	45,425	46,850	92,275	74,429	82,134	156,563

『文部省統計年報』昭和25年より作成

小学校の長欠児は9万2,000人で、この内、「病気が原因」が3万7,000人（40.3％）にとどまり、「手伝いなど働く」ためが5万5,000人（59.7％）に達する。そして、中学生の長欠児16万2,000人の内、病欠が2万9,000人で、就労による欠席が13万3,000人（82.1％）に達する。

表5-1を要約した表5-2が示すように、手伝いなどを「主な理由」とする欠席は小学生の2万7,000人（長欠児の29.4％）、中学生の8万4,000人（長欠児の52.6％）である。このように、昭和25年には、小学生はともあれ、中学生の就労はかなり一般的な光景だった。

表5-2　長期欠席児の内訳（昭和25年）（％）

	小学校			中学校		
	男子	女子	計	男子	女子	計
病気で長欠	42.0	38.7	40.3	15.5	17.2	17.9
病気外の長欠	58.0	61.3	59.7	84.5	82.8	82.1
（手伝いが主）	25.3	33.4	29.4	52.7	63.4	52.6
（手伝いが一因）	32.7	27.9	30.3	31.8	19.4	29.5

この時期、12歳以上15歳未満の子どもを雇用する時には、労働省に使用許可証を提出する必要があった。その資料によると、昭和27年、全国で、5,000人の子どもが働いているが、新聞配達が3,100人など、働く男子は4,000人だった[23]。

昭和24年、社会学者の籠山京は、北海道の檜山地方の小中学校で、漁業に出かける生徒の情況を調査している。表5-3に示すように、小学低学年の内、1～2割の子どもが漁業を手伝っている。そして、高学年になると、漁業を手伝う子どもが増加し、6年生の就労率は55.5％に達する。しかも、労働する日数も長くなり、特に、中学生の半数は50日以上漁業に従事しており、漁業の手伝いが一般化しているが分かる[24]。

表5-3　小中学生の漁業手伝い（％）

	手伝う割合	年10日未満	10〜19日	20〜49日	50日以上	20日以上小計
小1	11.4	100.0				0
2	12.5	46.1	30.8	15.4	7.7	23.1
3	16.7	49.1	21.8	27.3	1.8	29.1
4	25.6	42.0	29.0	14.0	15.0	29.0
5	35.0	24.7	28.2	21.8	25.9	47.7
6	55.5	14.8	20.5	17.3	47.4	64.7
中1	49.9	9.8	16.0	14.6	59.6	74.2
2	50.1	7.3	10.4	10.8	71.5	82.3
3	56.4	6.9	6.4	9.2	77.6	86.8

籠山京「児童労働」『児童問題講座　第4巻社会編』新評論，昭和26年，135-136頁

　調査を実施した籠山京は，漁業は，「漁業経営が零細な規模で家族労働力を土台」にしているので，「春鰊がドッと浜へやってくると，浜では半鐘が乱打され，中学校も小学校も臨時休校になって，少年少女は浜へ駆け出していく」状態だったという[25]。そして，農業も，「労働賃金を支払う必要のない経営で，はじめて成り立つような零細経営なのである。だから，家族は総出で農業に従う。少年は農耕をやり，少女は子守や炊事を手伝い，昼食やおやつを畑へ運んでいく」情況だった[26]。

　こうした農漁村部はともあれ，大都市の状況はどうか。社会心理学者の南博は東京の京浜地区を訪ね，子どもの暮らしについての作文を集めている。その中に，「私の家のまわりは全部道具屋だとかまき屋とか，工場にふさがれている。朝から晩までトントン，ジージー，チューンチューン，タンタンと音がたえない」（中学1年），「私の家のすぐ裏の工場は，ガラス工場です。えんとつが大きいのが1本，小さいのが3本立っています。それがみんな石炭をもしているのでその煤煙が家の中に入ってくる。歩くと足が黒くなり，洗濯物を干しておくとボツボツと模様のようになってしまう」（中学3年）[27]のような文章がある。家が工場街の中にあり，落ち

着かない感じが伝わってくる。戦後の混乱の中で、子どもが雑踏の町の中を駆け回っていたのであろう。

2　混乱の中での学校再開

1）　占領軍による民主化

　奥成達（昭和17年、東京都下品川生まれ）は、2部授業の多かった小学校時代を「教室はぎっしりとすし詰めで、何度も2部授業、ときには3部授業さえやっていた。1部の授業が終了するころになると、次の2部授業を受けるこどもたちが教室の廊下いっぱいにあふれている」[28]と回顧している。

　実際に、杉並区を例にとると、区内の10校の内、戦災で8校が全焼し、1校が半焼の状態だった。したがって、昭和21年8月、8校が2部授業、2校が分散授業だった。教員の宮本敏夫によれば、2部授業だと、授業時間数が少ないので、早めに登校させ、「体育や理科を行なう」と同時に、焼失した学校の校庭に行き、「土台に座らせて授業を行なった」[29]という。小泉光夫（昭和12年、東京生まれ）も、小学校が戦災で焼け、自校の校舎がないので、「二葉小学校の生徒は緑小学校の教室を借りて、2部授業でした」。しかし、不足していたのは、校舎だけでなく、「教科書は自分のものじゃあなくて、上級生が使ったものを使うんです」という[30]。

　そうした物資面の不足からの回復も大事だが、それ以上に、大きな問題だったのは、「臣民の道」的な教育をどう考えるかだった。実際に、敗戦直後の日本は、戦力的に壊滅したといっても、文化的に追いつめられたわけでないので、教育界内部から、臣民の道を否定する発言は少なかった。例えば、昭和20年8月16日、京都府知事は、府下の校長を集め、「日本ハ力折レ矢尽キタルニ非ズ、然レ共、原子爆弾ソ連ノ参戦ニヨリ、大和民族ノ滅亡ヲ防グ為共同宣言ヲ受諾シタルナリ。大和民族ノ将来ハ全ク教育ニマツ外ナシ、教育ハ、無言ノ戦ハ、只今ヨリ始マル」[31]と訓示している。やむなく敗戦になったが、大和民族の教育を日本再起の

きっかけにしたいという内容である。

　また，北区滝野川国民学校の「教育刷新に関する意見書」(昭和20年,日時不詳)によれば，「貴族政治や金権政治に対する民衆の政治－これに責任を分つ。これが，デモクラシーつまり民主主義であってみれば，少しも我が国体と矛盾するものではない。日本の国体下にある民主主義は一君万民で，義は君臣にして情は父子なり」と，国体と民主主義とは矛盾しないと説く。そして，教育刷新の目標は「国体を基調とせる民主主義の実践」だと，指摘している[32]。もちろん，忠孝を基本とした国体観念が，主権在民の民主主義と両立するはずはないのだが，こうした指摘をする位，それまでの体制を守ろうという気持ちが強かったのであろう。

　このように国内には国家主義的な教育を守ろうという雰囲気が強かった。それだけに，占領軍としては，軍国主義的な体質を強い態度で排除しようとした。例えば，青森県青森市では，昭和20年9月25日に陸奥湾よりアメリカ軍が上陸し，進駐軍が駐留することになった。そして，11月28日，青森県進駐軍第3司令部から「日本人学校ニオケル軍事訓練ニ関スル件」が通達され，軍国主義的，国家主義的な教育を排除するために，「直ニ禁止スベシ」ものとして，「1.挙手ノ礼及挙手ノ礼ノ凡テノ形態」，「2.校長及教師ノ出入ニ際シ号令ニヨル生徒ノ「気ヲ付ケ」ノ姿勢」，「3.校長，教師及生徒ニ対シ号令ニヨル集団ノ礼」，「4.軍歌ヲ歌ウコト」，「5.体操ノ隊形ヲ作ル場合及体操行為ノ場合ノ外軍隊行動ニアル動作(注目，左，右向ケ等)訓練及其ノ他ノ行為」[33]の5項目を指示している。

　山形県では，昭和20年10月16日，「教育上特に留意する事項並進駐軍学校視察に関する件」が通達され，鶴岡市の加茂小学校では，進駐軍に対する投石の禁止，左側通行などを指導している。さらに，12月16日，山形市で開かれた「終戦に伴う教科書の取り扱ひに関する講習会」に4人の教員が参加し，教科書の墨塗り個所の指示を受けている。翌21年3月，同校では，武道具や日本歴史関係教材の焼却が行なわれ，校長が「証」を県軍政部に提出している。なお，3月9日に県から「奉安殿撤去に関する件」も通達されている。したがって，山形県では昭和21年3月末までに，軍国主

義的な設備や教具が学校から廃棄される状況を迎えている(34)。

　占領軍からすると,「教育の民主化」を進めるためには多くの面からの改革が必要になるが,もっとも有効な手段は教科書の検閲だった。教科書を吟味して,国家主義的な教材を排除する。いわゆる教科書の墨塗りである。

　仙台市のある教員は,昭和20年12月半ば過ぎ,「GHQから視察のため学校訪問すると電話があった。学校は上を下への大騒ぎ。教頭先生の指示で墨塗り教科書ははっきり示す」準備を進めたと回想している(35)。また,昭和21年1月25日,東京の錦華小学校では,文部省教科書局長名の発教14号で,「終戦ニ伴ヒ不適当トナリタル教材ニハ削除修正ヲ施シ使用セシメラレ居ルコトト存候ニツロ」,連合国軍最高司令部の指示があったからと,1月中に広範囲にわたって教科書の墨塗りを行なっている(36)。さらに,長野県戸倉小学校の資料には,「県通牒ヲ順覧ノ法ニ依リ各学年各学級順次之ヲ実施セリ。職員室黒板ニ学級名ヲ表示シ置キ実施済ミノ学級名ヲ印ヲ附シ,訂正終了ヲ公示シ,削除セル部分ハ暖房ニテ焼却セリ」(昭和21年2月16日)の記述が見られる(37)。

　このように昭和21年1月には,各学校で教科書の墨塗りが始まっている。そして,昭和21年5月28日,文部省は,教科書使用について,文部次官名で「修身,国史及地理科の授業停止について」の通達を発している。これは,教科書を「現在の計画に依れば,(21年の)9月末日までに供給を終わる」予定になっている。したがって,10月以降に国史などの授業を再開できる予定である。それまでの間は,使用できるのは「連合軍司令部の許可を得て印刷発行した国定または検定のもの」で,奥付に「Approved by Ministry of Education」のある教科書に限ると通達している。実際に北区の滝野川国民学校では,使用できない教科書を回収し,それが,31貫200匁で,これを古紙として売り,51円4銭の収入を得ている(38)。

　昭和21年4月,文部省の「新学期授業実施ニ関スル」通牒では,墨塗りの徹底という指示の他,用紙不足の時期に教科書を提供するため,「十六頁乃至三二頁ノ折本ノママトシ分冊供給ノモノアリ。第二分冊以下ノモノハ逐次供給」するとの備考も見られる(39)。たしかに,筆者も,中学1年

生だった昭和21年の夏頃，大判の紙が4，5枚配られ，それを折りたたんで，教科書として使った記憶がある。それも，教科ごとに紙が配られるので，たたむだけでも一苦労だった。それに，前にもらった紙をなくしてしまい，何を習ったかが分からなくなった。その内，分野ごとにまとまった小冊子が配られるようになり，その冊子を5，6冊まとめて，1教科とするようになった。

　もちろん，教育民主化のための指示は教科書だけでなく，広範囲に及ぶ。例えば，長野県小布施の小学校では，昭和21年3月19日に進駐軍の視察が予定されたので，3月1日に軍国主義図書の整理を行なった。焼却処分にしたものは，①軍人援護の証書，②宮城の写真など200枚，③『日本神話』など児童図書500冊，④『武士道』などの職員図書800冊，⑤奉安殿関係，⑥英霊関係の写真61枚，⑦戦地からの手紙1,000通だった。そして，当日，2名の軍人が来校し，「鍵のある部屋を全部廻る。教室へも入り児童の教科書を調査し，1削除サレナイ個所，国語，算数ヲ指摘シ指令通リヤッテ下サイ，2削除個所，墨ノウスイモノヲ指摘シ指令通リヤッテ下サイ」[40]などの指示を与えている。

　昭和21年7月，滋賀県犬上教育事務所長は，各校に①教育勅語を唯一の深淵とみなす考えを取り去ること，②式などで教育勅語を奉読する慣例の廃止を通達している。こうした通達が必要なほど，伝統的な価値観の排除が難しかったのであろう[41]。

　このように占領軍が学校に出向き，学校改革を指示する記録はその他の学校史などに認められるが，愛知県大府町では，昭和21年から折あるごとに，占領軍の教育担当官がアポなしで学校を訪問し，「授業の進め方は，討論式か，一斉授業か」「校長など幹部は職員を一方的に支配しているか」などの質問を重ねている。そして，昭和23年1月13日に，軍政府の担当官が，通訳，地方事務所長，町長などと大府中学に来校し，校長に，150項目の質問を行なっている。一例をあげれば，「学校の運営は職員と一緒に進んでいるか」，「学校参観の予定ありや」，「コミュニティースクールの研究会に何人参加したか」，「PTAの会長はどう決めたか」などである。

占領軍が絶対的な権限を持っている上に，教育の民主化についての質問なので，模範解答が必要になる。そのため，学校では，「これまでに視察のあった学校の記録を参考にして，質問内容を想定し回答を研究したり，教具に指令違反のものはないかと確認をする」などの準備を重ねたという[42]。

昭和21年から，神奈川の町田で教鞭をとった小林洋子は，進駐軍からのお達しで，「教師は体育の時，号令をかけてはいけない。又登下校の時，又遠足の際，整列して歩いてはいけない。三三五五歩けと言われ，神社などで一斉に参拝することはまかりならぬ」などの規制があったと回想している[43]。これは，昭和21年7月30日に文部省が，体育局長名で「秩序，行進，徒手体操等実施に関する件」を発しているが，その中で，「『気を付け』『休め』『右向け』『整頓』『番号』等は最小限程度に止め」「行進間に『1-2』『右左』等と調子を唱えることは適当でない」と指示したのに基づいている[44]。

そうした軍国主義の排除は地域差が見られるが，奈良県葛城村の葛城南小学校の記録によると，戦時色の払拭が，①20年12月30日，御真影奉還。②21年8月20日，奉安殿撤去。③23年8月14日，教育勅語返還のように，3年近い時間をかけて行なわれた事例も見られる[45]。

2） 戦後教育の始まり

教育から国家主義的な色彩を排除し，民主的な教育を作るといっても，具体的にどういう教育を考えたらよいか。そうした全体像を構築するために，昭和21年3月5日，27人の委員から構成される米国教育使節団が来日した。そして，日本の学校を視察した他，文部省関係者と折衝して，3月末に，報告書を提出している。

報告書の中に，「すべての少年少女のために初等学校の上に3年制の『下級中等学校』を新設し，（中略）我々は『下等中等学校』を3年間，すなわち満16歳まで義務教育とすることをすすめたい。この『下等中等学校』は無月謝にすべきである。（中略）事情のゆるすかぎり早く男女共学にするがよい」[46]のような一節がある。

このように使節団は，無償制で，男女共学，3年制の中学の設置を勧告している。原文を読むと，［我々は勧告したい］（we recommend）となっているが，敗戦直後の日本であるから，教育使節団の勧告は決定に近かった。日本の事情としては，物資不足と混乱の中なので，使節団のいう①6・3制，②男女共学，③無償教育は無理難題に近かった。それだけに，日本側の委員は①中学は2年制，②男女別学，③当面は有料などを提示して，抵抗を示したが，結局，教育使節団の勧告に沿った形の改革が行なわれることになった。

　教育学関係者の間では知られた話だが，占領軍の文教の責任者・ニュージェント中佐はスタンフォード大学（カリフォルニア州）の出身者だった。したがって，ニュージェントは，日本の教育改革に取り組むにあたって，学生時代を過ごしたカリフォルニア州を改革のモデルに据え，カリフォルニア州から教育者を招いている。教育使節団のメンバーもサンフランシスコを中心としたカリフォルニア州の関係者で占められている。

　現在でも，カリフォルニア州は革新的な動きが目につくが，1940年代，カリフォルニア州は子どもの経験を重んじる教育の推進地域として知られていた。専門的には「進歩主義」（progressive）と呼ばれる動きで，社会科は，そうした進歩主義を象徴する教科だった。敗戦直後は，そうした事情は分からないので，「カリフォルニア＝アメリカ」だった。しかし，1940年代，アメリカの南部や東部では，6・3・3制や社会科を実施していない州が多い。したがって，仮に東部の出身者が日本の改革を扱えば，日本の教育の形も異なったと思われる。しかし，日本の教育改革は，アメリカの中でも革新的な色彩の強いサンタバーバラ市（カリフォルニア州）などのプランを根底に構想されることになった[47]。

　その結果，強制された形ではあるが，戦後の日本は，未来志向的で質の高い教育を目指すことになった。どの子どもも平等に学習を進めるのを目指して，6・3・3制や男女共学を実施する。あるいは，住民の意向を尊重するために教育委員の公選制や教育委員会を制度化する。そして，子どもの自主学習を促すため，社会科を導入し，生徒会を設置するなどが具体

例となる。

　すでにふれたように，敗戦直後の日本では旧勢力が力を持ち，伝統的な教育を内部から排除する動きは乏しかった。そこで，外部からカリフォルニアの教育文化を導入して，御真影や教育勅語的な日本の学校文化を排除する。そして，民主教育を旗印にして教育を作る試みである。価値観が崩壊した敗戦直後でなければ実施できない一大実験だった。

　読売新聞社編の『日本の新学期』（昭和30年）は，新聞の社会部の特色を生かし，取材を重ねて，敗戦直後の教育の動きを描いた貴重な証言集である。同書では戦後教育の出発の目次を「六三制強行，右に教科書，左に短銃」としている。「カリフォルニアの高校の先生から軍服に着かえて日本に来た人たち」が，命令を実施する形で実施された。反対するなら短銃があるぞと，脅しつつ実行を迫ったと要約している[48]。いずれにせよ，6・3・3制や男女共学，教育委員会制度など，敗戦後に実施された改革は，外圧という条件の中で実現したものであった。

　今では，社会科という教科名に違和感を持つ人は少ない。しかし，戦後の社会では，「社会科（Social Studies）」は新鮮な響きがあった。また，教育委員会制度のもとでの教育委員の選挙も目新しかった。こうした形で，文部省は，占領軍CIEの意向に沿いつつ，手探りの形で教育改革を進めることになった。

3）　新制中学の発足

　新教育の中でも，難航が予想されたのは新制中学の設置だった。財源難の上に，校舎も焼失しているから，3年制の学校を新たに作れる可能性はほとんどなかった。そうした中，昭和22年，文部省は「新学校制度実施準備の案内」を発表し，学校設置の大綱を示した。そして，各県は大綱に沿い，中学作りを試みている。愛知県の場合，「新学校制度実施に関する緊急処置方針案」を市町村に示したが，新制中学の設置の骨子は，「①市町村に少なくとも1校を設置」，「②昭和22年度は中1のみ義務制」，「③国民学校卒の者は中1，高等小学卒は中3に編入」，「④男女共学」，「⑤1学級

定員は50人」,「⑥当分は2部授業」だった。したがって,文部省は,新制中学の完全実施は無理で,「市内の1校に中学1年を収容」程度の部分的な実施を考えていた。しかし,占領軍に強制された形で,昭和22年1月,昭和22年4月から新制中学を完全に発足させることになった。といっても,残された時間は3ヶ月にすぎない。そんな短期間の中学作りは無理難題に近かった。

しかし,占領軍は,財閥解体や農地解放などの荒療治を進めている最中なので,新制中学も,完全実施を迫った。そうした勢いに圧倒された感じで,各地で新制中学が設置されることになった。必要とされる新制中学1万574校の内,期限内の昭和22年4月までに64%にあたる6,757校が創立され,25%にあたる2,661校も昭和23年4月に設置された[49]。もちろん,設置といっても,新校舎の建築にかかる費用は75億と見込まれるので,校舎が新築されたのでなく,大半は既存の施設を間借りした形だけのスタートだった。

愛知県の大府町では,第一小学校の講堂を借用して,中学の入学式を行ない,青年学校の校舎で仮授業を実施した。その後,苦労して農地を獲得し,寄付を集め,教師や生徒が協力して,中学校作りを行なっている。「農業の授業や体育の時間を使って建築の後片付けを先生,生徒の強力で行なった」。そして,昭和24年6月に新校舎が完成している[50]。

東京都北区の場合,校舎を借りる形でも,新制中学の設置が間に合った。そのため,昭和22年5月5日に入学式を行なう予定なので,それまでの1ヶ月間,自宅待機するように指示している。実際に昭和24年,北区では,17小学校の内,6小学校は,中学に教室を貸与している。しかし,新制中学の新設という以前に,小学校の教室も不足していた。北区内の17小学校の内,正常の授業をしたのは2小学校のみで,全校が2部制の2校を始め,15校で2部授業が行なわれた。区全体で544学級が必要だが,2部授業184学級,3部授業50学級の情況である。そこで,6小学校で増築が計画された。そして,必要な89教室の内,36学級を転用でまかない,53学級の増築を計画した[51]。

目黒区では，昭和21年9月段階で，17小学校が開校されているが，全校2部授業の2校を含めて，すべての学校で2部授業が行なわれていた[52]。そうした状況下で，11の中学校の新設が予定されていた。そして，昭和22年5月段階で，独立校なのは，陸軍軽重兵学校跡に建てた第一中，碑会国民学校跡の第八中学の2校にすぎなかった。そして，残りの9校は小学校などへの間借り生活である。その後，木造でベニヤの簡単な作りだが，24年に1校，25年に5校，26年に2校のように，中学校舎の新築が続いた[53]。新宿区でも，新制中学10中学の内，6校が小学校，4校が都立高校の借用だった。そして，23年9月の1校に続いて，24年に2校，25年に4校，26年に3校，27年に1校と中学の新設が続いている[54]。

　こうして新校舎の設置が進むが，東京を例にとると，昭和26年でも，都内813校の内，45％にあたる367校で2部授業が行なわれ，就学児童生徒の26％にあたる20万人が2部授業を体験している[55]。千葉県船橋市の場合でも，市内の全学校で2部授業が行なわれ，2部授業が解消されたのは昭和30年だった[56]。また，神奈川県相模原市でも，開校された9中学の内，独立校は2校で，残りは小学校の間借りだった。市内の旭中学は小学校の講堂が教室なので，小学校の行事があると，中学生の行き場所がない始末だった[57]。

　大都市でない地方都市でも校舎不足は深刻だった。青森県の場合，戦火をそれ程受けていないが，物資や資金の不足のため，昭和22年4月に設置された新制中学277校の内，独立校は8校にすぎない。「東奥日報」（昭和22年5月24日）は，新制中学の情況を「新制中学も開校以来1ヶ月を経たが，未だに教科書は1冊も行き渡らず，机も椅子も不足で床上に座って不自由な勉学を続けている」と報じている[58]。

　福島市の場合も，新設8中学の内，高校に設置された1校を除くと，7校は小学校を借用して開校した。そして，24年に1校，25年に4校，27年に2校と新設が続き，28年6月に8校目の校舎が落成した[59]。宮城県では，県下の中学校284校の内，71.5％にあたる203校は小学校の間借りで，残りの44校は高等小学校の利用だった。2部授業を行なっても，授業時間

が不足するので，教室の外で授業をする「青空教室」も広まっていた[60]。

こうした中で，大蔵省は校舎の建築費補助として，「6・3制貯金制度」を提唱している。これは，貯金額と同額の起債を認める制度で，目黒区では，昭和23年9月，各世帯が500円貯金すると，全体で1,692万9,300円を起債できると試算している[61]。

これまで校舎建設の大変さにふれてきたが，その他にも，昭和22年に大宮市の指扇小の校長に赴任した小島透が回顧しているように「校長は補充教員を探すために奔走したものだ。小学校より上の学校を卒業した者であるなら各種学校出であろうと何であろうと好き嫌いを云っている余裕はない」教員集めの苦労も見られる[62]。

4) コア・カリキュラムと社会科

敗戦直後，教員をしていた岡田正平は，敗戦直後の学校生活を「教科書もノート類もザラ紙のおそまつなもので，紙不足の折とて宿題さえさしひかえるほどであった。（中略）体操の時間も教練らしい気をつけや行進はやるべきものではなく，野球ばかりが幅をきかせ」と回顧している[63]。また，昭和21年12月に岡本貞子は，教師として姫路市の栗生小学校に赴任しているが，「窓硝子は1枚も無いという私がかって想像もしなかった教室でした。そこにはもう何ヶ月も担任のいない子供が待っていました。終戦の時没収されて，教科書らしい教科書も持たない子供達でした」という状況だった[64]。

占領軍という外圧が契機であるにせよ，第2次大戦後，教育の姿が180度変わった。すでにふれたように，①進路に応じて学校制度が三分される複線型学校制度に代わって，6・3・3制の単線型学校制度が導入された，②中央集権化された文部省主導から教育委員の選挙制など教育委員会を母体とした地方分権の形へ，③師範学校卒業生が教員となる「閉鎖的な教員養成」から，大学で単位を取得した者が教員になれる「開放的な教員養成制度」への転換だった。

文部省学校教育課が昭和24年に発表した「新制中学校・新制高等学校・

望ましい運営の指針」は，新しい学校の運営について，8項目を提示している。各項目を紹介すると，以下のようになる。「①学校は，その民主主義的な教育方針の明文化したものをもっているかどうか」，「②学校の教育方針は，その地域社会のすべての青年の必要に応ずることを強調しているかどうか」，「③学校は，その主要目標の一つに，民主主義的生活の理想と恩恵を進めることを挙げているかどうか」，「④学校は，各生徒を個人として尊敬し，個性に即した教育をしているかどうか」，「⑤学校は，個々の生徒の完全性と重要性とを尊敬しているかどうか」，「⑥学校は，生徒を民主主義的生活に参加するように教育しているかどうか」，「⑦新制高等学校は，入学者選抜の必要がある場合に，これをその家族の社会経済的政治的地位や門地を無視して行なっているかどうか」，「⑧学校は，貧しい者が入学できないような高い授業料や他の出費を求めていないかどうか」[65]。

CIEに資料を提出したせいか，翻訳調の文章が目につくが，それ以上に印象深いのは，民主主義に素朴なまでの信頼が寄せられている事実であろう。占領軍を意識した面もあるとは思うが，学校の中に民主主義を徹底させたいという強い姿勢が感じられる。

筆者は，昭和21年4月，旧制の千葉中学に入学した。県としてナンバー1の旧制中学なので，敗戦直後といっても，伝統校という意識が強く，戦後の雰囲気は乏しかった。それまでの陸士や海兵などの軍事関係への進学がなくなった分，一高（第一高等学校）へ進路をしぼろうという雰囲気が強かった。しかし，昭和22年4月，6・3・3制の教育が開始されることになり，校内の雰囲気が一変した。千葉中の3年生以下は，「千葉高等学校併設中学校」として，新制中学に位置づけられた。そうなると，教科書は新制中学と同じになった。旧制中学では，1年生の時，漢文を学び，数学は2元2次方程式を習っていた。しかし，新制中学になると，中学2年になっても，学習内容は1年生の時よりやさしいものばかりだった。先生も目標を失ったのか，授業は低調で，サボる生徒が続出した。

そして，筆者が高校1年生になった昭和24年，文部省の新しい社会科の教科書として『民主主義』が配付された。それまではタブロイド版の用紙

を折って手製の教科書を作っていたが,『民主主義』はきちんと製本された教科書だった。

　あらためて,『民主主義』の教科書を読み直してみた。日本では「忠君愛国のような『縦の関係』だけが重んじられ,あらゆる機会にそれが国民の心に吹きこまれてきた」。しかし,これからは,「『縦の関係』の代わりに,責任と信頼とによって人々を結ぶ『横の関係』を確立していかなければならない」という。そして,学校も,「学校の違いや性別によって教育を受ける機会が均等でなかったことは,それぞれの学校の学生や卒業生の間におのずから差別観念を与え」た。しかし,「学校制度が単純化され,教育を受ける機会が平等化されたことは,教育における民主主義の実現への画期的な出来事である」と叙述している[66]。門地や性別を越えて,すべての人は平等であり,そうした平等をふまえるところから民主主義が始まるという民主主義賛歌が教科書の全体を貫いている。これが教科書とは思えない位の真っ正直なまでのデモクラシー賛歌である。そして,中学生として,筆者はデモクラシーを信じ,希望に燃えて毎日を送り始めた。

　その内,「社会科」という聞きなれない勉強が始まった。先生は,自分で調べたことを発表するのが社会科だという。そこで,数人の仲間と,ラッシュ時の列車の乗車率を調べ,そのデータを持って,千葉駅へ行き,駅長に対策を尋ねた。主権在民の世相のお陰か,駅長は中学生に,長時間を割いてくれた。しかし,時刻表は千葉鉄道管理局の問題といわれ,局長にラッシュ対策を聞くことにした。その経験に味を占め,その後,青物市場へ行き,市場長に生産価格と小売値との開きを尋ねる。あるいは,千葉市議会に交通渋滞の解消を陳情し,議長と話すなどの機会を持った。今にして思えば,局長や市議長が中学生に時間を割く奇妙な時代だった。文化大革命の時期に,中国の北京で見かけた紅衛兵と同じ感じがするが,その当時は,これが民主主義の社会なのだと違和感を持たなかった。

　高野伊都子（昭和17年入学,千葉県館山生まれ）は,昭和22年の新学期に,担任の先生から「これからは,教室だけの勉強でなく,グループごとに,実地に調べに出かけるんだよ」といわれ,社会科の探検学習へ出かけ

ている。6年生の社会科で印象に残ったのは、「『下駄のできるまで』をテーマとし、長須賀の高橋さんの工場へ調べにいきました。山から切ってきたままの太い荒い丸太が、角材に、きれいに削られ、下駄の大きさに、形になり、三つの穴もあき」、下駄が店へ届くまでの行程を見聞きする集団学習だったという[67]。

　高野伊都子の在籍していた千葉県の北条小学校は、南房総の教育の拠点となる小学校で、この時期、北条プランといわれる地域性に根ざした地域社会学校を作り、活発な活動を行なっていた。特に、子どもの経験を学習の中心に据えるコア・カリキュラムの実践で、全国的によく知られた学校だった。

　コア・カリキュラムは第2次大戦後の学校を特色づけるカリキュラム構成法で、これは、1930年代後半から、アメリカの西海岸を中心に試みられていた。アメリカの教育界では、20世紀の初頭から、進歩主義（progressive）と本質主義（essential）との激しい対立が続いた。「本質主義」が基礎基本的な知識の伝達を重視するのに対し、「進歩主義」は子どもの主体的な学習を尊重する動きである。進歩主義の場合、子どもが学習を進めるために、単元の設定が必要になる。コア・カリキュラムは、そうした単元を抽出するための教育課程の作り方で、スコープ（領域）とシークエンス（系列）とをクロスさせてプランを作る。スコープとは、社会人に必要とされる知識や技能の「領域（スコープ）」で、「生産」、「消費」、「健康」、「家庭」などが、領域の一例になる。そして、「生産」を例にとれば、生産の中を、「農家の仕事」「養蚕のあらまし」「これからの酪農」などに分け、その内容を、学習のレベルを配慮して学年別に配当する（シークエンス）と、カリキュラムのスケッチができる。そして、コア・カリキュラムでは単元学習をカリキュラムのコア（中核）に置き、周辺に国語や算数を配置する形をとる。

　すでにふれたようにカリフォルニア州はこうした進歩主義の牙城だった。そして、戦後の日本の教育改革はカリフォルニア州をモデルにしていたので、このコア・カリキュフム的な考えも戦後の日本に翻訳され、輸入され、実践されることになった。

5) コア・カリキュラムの展開

コア・カリキュラムでは，スコープの設定にあたり，地域性を配慮し，それぞれの地域独自のカリキュラム作りが必要となる。それと同時に，子どもの自主性を重視する。このようにコア・カリキュラムは，教師や子どもの自主性を尊重する民主的な試みなので，教育界の関心が集まった。そして，各地で，研究者の指導の下，地域名をつけたコア・カリキュラムのプランが作成され，実施された。先に紹介した北条プラン（千葉）の他，明石プラン（神戸）や吉城プラン（奈良），川口プラン（埼玉）などである。

兵庫師範女子部附属小学校の実践は，明石プランの名前で知られている。明石小は及川平治が主事となり，「分団式動的教育法」を提唱して，大正自由教育の先頭を切った学校として知られる。昭和23年に作成されたコア・カリキュラムでは，横軸にあたるスコープとして，消費，生産，通信運輸，教育，衛生慰安，宗教及び芸術などの10領域を構想した。そして，縦軸のシークエンスとして，1年生＝家庭と学校，2年生＝私たちの町，3年生＝明石市，4年生＝明石市とその周辺，5年生＝兵庫県とその周辺，6年生＝日本と世界を設定している。こうした縦軸と横軸とをクロスさせると，具体的な教材が単元の形で浮かんでくる。

具体的には，1，2年が，「学校めぐり」，「八百屋さんごっこ」などの11単元，3，4年生＝「明石の町の地図」，「初秋の空を観察」の10単元，5，6年生＝「食料品の展覧会」，「電気の使い方」の9単元，計60単元が設定され，これが「中心学習」の教材となる[68]。

東京高等師範附属小学校でも，昭和23年4月から文部省の委嘱を受け，コア・カリキュラムの作成を行なっている。そして，領域（スコープ）として，「生命の保全，資源の保全，生産・分配・交易・消費，交通・通信・運輸，厚生・慰安，美的表現，教育」などの12を設定し，生活学習という名の単元学習を提案している[69]。

兵庫県の明石師範や東京高師は，国立大学附属での実践だが，公立学校でもコア・カリキュラム作りの実践があった。先の北条プランは館山市に基礎を置いた計画で，その他，川口プランは東京教育大学梅根悟教授を理

論的なリーダーとして作成された地域密着型の計画だった。そして，川口の実態調査をふまえて，スコープとして，①生産，②消費，③交通・通信，④健康などの8領域をあげ，小中学9年間に学ぶ68項目を抽出した。「生産」を例にすると，1年生「町の工場」，2年生＝「い物のいろいろ」などが単元となる(70)。

　長野県の若槻小学校は，川口や北条のように全国的に知られた実践ではないが，この学校でも，昭和24年から地域教育プランを作成し，実践に移している。毎日2時間，週24時間の内，10時間を社会科と理科を中心とした「中心学習」にあて，他は，国語，算数，図工，音楽，体育である。2年生の中心学習の「私たちの村」を例にすると，①髻山へ登って村を展望しよう，②若槻村めぐりをしよう，③若槻村の模型づくりをしよう。④公共施設について調べようなどの9単元から構成されていた(71)。

　こうしたコア・カリキュラムの実践は，①地域ごとに，②教師が中心になって，③地域の情況に応じたカリキュラムを編成し，④子どもの主体性を尊重するという計画で，現在の学校で導入されている「総合的な学習の時間」をより発展させたような実践だった。

　現在の教育学の水準からとらえても，コア・カリキュラムは，地域性を配慮し，子どもの自主性を尊重する優れた理論をふまえている。しかし，理論的には優れていても，実践となると多くの問題をかかえていた。教科書に沿った授業でないから，次々と単元作りに追われる。その内，夜遅くまで準備を進めても，単元が追いつかなくなる。コアの単元に関心が集まり，基礎学力の伝達がおろそかになる。外部から学力低下が非難され，内部では疲労が蓄積する。

　すでにふれたように，コア・カリキュラム運動はアメリカ西海岸で発達した。西部開発の流れを受けて，広大な土地にそれぞれの地域が形成され，教育も地方分権の上に成立している。そして，個人の主体性を尊重する文化も見られる。加えて，歴史が浅いので，歴史性を捨象して，地域性をふまえたプラン作りはアメリカの風土に適している。しかし，日本の場合，中央集権化された制度に慣れている上に，アメリカのような地域差が見ら

れないので，地域性に立脚した教育プラン作りといわれても当惑する。さらに，日本は歴史の重みがある社会なので，歴史的な伝統への配慮も必要になる。そう考えると，コア・カリキュラムの直輸入でなく，日本的な受容の仕方があって良かったと思われる。そうした事情が重なり，20年代後半になると，コア・カリキュラムブームは急速に沈静化していった。

現在の視点からの総括はともあれ，昭和20年代半ばまで，社会科の授業が始まり，コア・カリキュラムも広がり，子どもからすると，自分で考え，友だちと一緒にデータを集め，発表するという勉強のスタイルが広まることになった。

南伸坊（昭和22年，東京生まれ）は，昭和30年代初めの学校の雰囲気を「とにかく『戦後民主主義教育』ですから，（中略）まあ『平等』を先生がたは気にしていたんですね」，学芸会をやる場合でも，「1年生の学芸会でも，このあいだの学芸会でも劇に出られなかった人，手をあげて」と，先生が呼びかける。「とにかく，1度も選ばれなかったやつばっかりで，劇をやれ」ということになり，「春の小川」に合わせて，おどりを踊ったりした[72]と回想している。

社会科の始まり以上に，子どもの意識に強い影響を与えたのは男女共学の実施だった。東京の板橋区の中学に在籍した男性は，昭和22年に，「俺は初めて男女共学を経験する。二人一つの机の隣には女の子がいる。俺の隣は日出子ちゃんだ」。その日出子ちゃんを好きな男の子がわざといじわるしたりしたと，共学についての思い出を語っている[73]。また，阿久悠（昭和2年，淡路島生まれ）は，「新学期早々に異変があった。男女共学になったのだ。それまで，女性徒組の教室の前でたちどまるだけで，ぶん殴られていたのに，同じ教室で，しかも，机を並べて勉強しろというのである」と回顧している[74]。

昭和24年に，福島市第二中学で，生徒に男女共学について尋ねた調査結果がある。

「賛成」が3分の1で，「反対」と「どちらでもよい」がそれぞれ3分の1を占める。なお，教師たちは，男女共学が実施され，①男子の学力は変

わらないが，女子の学力は向上した，②積極的に学習に取り組む生徒が増えた，③男女間の乱れによる非行は見られなかった，と男女共学に肯定的な評価を与えている[75]。

	賛成	反対	どちらでも	無関心
男子	31%	31	29	9
女子	37	23	32	8
計	34	27	30	9

東京高等師範附属中でも，昭和22年に，男女共学についての意識調査を行なっている。

	賛成	反対	時期尚早	どちらでもよい
男子	44.0	23.0	24.5	8.5
女子	33.8	18.6	45.7	1.9

同校では，長年の伝統を破って，昭和22年から共学に踏み切ったが，賛成は4割前後である。男女別学が当たり前と思っていたのに，急に同席といわれ，当惑する気持ちが強いのであろう。なお，教員は，共学について，①男女とも中性化しやすい，②下級生の女子と上級生の男子との間に恋愛感情が生まれやすい，③女子の学力が低く，男子の学力が伸び悩むなどの懸念を感じると答えている[76]。

いうまでもなく，敗戦までの日本では，男女別学が前提で，小学校では人数の関係から男女混合組も見られたが，男女別クラスが基本だった。そして，中等学校は中学と高等女学校とに分かれ，教育内容も異なっていた。そうした「男女7歳にして席を同じくせず」的な文化の下では，男女共学は想像もできない事態だった。しかし，占領軍の担当者は男女共学を教育民主化の指標の一つと考え，かなり強引に実施を迫ったといわれる。そして，始めの内，多少の混乱は見られたものの，男女共学への違和感は薄れ，共学が社会的に定着することになる。

これまでふれてきた新制中学の設置，コア・カリキュラムの展開や社会科の導入，そして，男女共学の実施。どれをとっても，日本の自力で実現するのに時間がかかると思われる改革である。くり返しになるが，戦後の

教育改革のモデルがアメリカの中でも革新的なカリフォルニアであったことが，日本の子どもにとって幸運だった。性差に関係なく，どの子どもも平等に9年間の共通教育を受けられるようになったのである。

3　群れ遊ぶ子どもたち

1）　三角ベースの草野球

　大田守彦（昭和17年，東京生まれ）は，戦後間もない東京の下町の遊びを，「その頃の遊びというのは，ベーゴマ，メンコ，ビー玉，それと釘さしなんかですね。それと，子どもたちが何人か集まると馬跳びもしましたね。（中略）雨の日はすることがなくて困っちゃってね。その頃はテレビもないし，本を読むといったって，マンガなんかも少なかったしね」と回顧している[77]。

　同じ地域で育った飛田孝（昭和13年，東京生まれ）によれば，「私が子供の時は悪漢探偵，水雷艦長とかいう遊びや，ベーゴマ，ビー玉など，それに，映画の役者の真似ごとをよくやりましたね。（中略）遊びは，ほとんどが外で遊ぶことばかりだったね。なにしろ家にいると，『このガキャー，家ん中ばかり入ってやがって』とどなられたんだからね」[78]のような子ども時代だった。

　野田知祐（前出）は，小学5年生頃，「学校が終わると友人の家にカバンをあずけ，そのままわれわれは菊池川に行った。川舟を漕いで淀みにイカリを投げこみ，舟を止めて魚を釣ったり，川のまん中にある島に乗りこんで遊ぶのだ」が，6年になると，「トリモチで小鳥を獲るよりも罠を仕掛けてもっと大きなコジュケイやヤマドリを獲ることが面白くなってきた。腕が上がったのである。釣りではぜいぜいフナまでしか獲れないが，置きバリをすると，ウナギやナマズなどの大物が獲れる」と，友だちと自然の中で遊んだ生活を回想している[79]。

　野田のように，熊本育ちなら自然も豊富だと思うが，東京の場合はどうか。沢野ひろし（昭和19年，愛知県生まれ，東京育ち）は「学校から帰る

と原っぱに一目散に走っていった。仲間に手を振り，まず喜びの合図をするのが，僕らの習わしである。当時は中央線の東中野周辺は，それこそ原っぱだらけであった。夏は草むらでかくれんぼ，冬はインディアンごっこと，一年中原っぱ遊びをしていた」[80]という。

そうした中で，男の子が熱中したのは野球だった。といっても，きちんとユニホームを着た野球ではなく，道具などは手作りの三角ベース野球だった。蜷川幸雄（昭和10年，埼玉生まれ）は，「兄が拾ってきた古材を削ってバットにしたり，硬球に似せようと釣の錘に布をかぶせて手製のボールを作った」「僕は母からもらった布に綿を入れてグローブを縫った」，そして，「球場は道路だった」と回想している[81]。

落語家の林家木久蔵は昭和12年に東京の日本橋に生まれ，戦争直後に子ども時代を過ごしている。学校から帰ると，「風呂敷でフク面してオモチャの刀でチャンバラごっこをしたり，木の枝にぶら下がってターザンごっこをしたり」して，日が暮れるまで友だちと遊んだという。そうした中で，楽しかったのは「友達が集まると，川上の赤バット，大下の青バットを真似てみんなで草野球をやってます。当時は革のグローブなんて持ってる子どもは滅多にいなくて，テントの生地をグローブの形で切り裂いて，中に綿を詰めてタコ糸で縫った布グローブで，少年野球をやってました」[82]の野球だったという。

西宮市の鳴尾小学校の昭和28年の学校要覧は，「遊びの指導。ベッタン，ラムネ遊び等バクチじみた遊びやその他戦争ごっこ等好ましくない遊びが時々流行する。その都度，注意して善導しているので現在では殆ど悪い遊びはなくなった」[83]と記述しているが，それだけ元気に遊んでいたのであろう。

2） 群れ遊ぶ子ども

昭和22年に，児童心理学者の鈴木清は，子どもの遊びについて調査を実施しているが，男子が「一番よくする遊び」の１位は野球（60.6％）で，以下，②かくれんぼ（12.1％），③将棋（7.6％），④鬼ごっこ（7.6％）の

通りだった。女子の1位以下は①なわとび（65.9％），②かくれんぼ（23.6％），③ままごと（21.1％），④野球（16.3％）である[84]。

ほぼ同じ時期の昭和22年の6月に，九州から北海道までの小学2年から6年まで，1万3,000人を対象に遊びについて実施した調査がある。大規模な調査なので，要点の紹介になるが，まず，「遊び」「勉強」「手伝い」「その他」の中で，「面白かったこと」の問いに，「遊び」が楽しいが，男子70.6％，女子61.5％，全体66.4％だった。残念ながら，「勉強」が楽しいは，それぞれ12.1％，15.4％，13.8％にとどまる[85]。

遊びが楽しいのは，どの子どもにも共通する気持ちであろうが，具体的にどんな遊びが面白いのか。上位2種目をあげると表5-4のようになる。

表5-4　面白かった遊び・上位2位（％）

	男子		女子	
	1位	2位	1位	2位
小2	鬼ごっこ 17.4	かくれんぼ 17.0	かくれんぼ 23.7	ままごと 22.3
小3	野球 21.8	かくれんぼ 19.7	かくれんぼ 23.2	まりつき 17.9
小4	野球 26.0	かくれんぼ 15.6	かくれんぼ 19.5	なわとび 18.6
小5	野球 37.0	かくれんぼ 11.9	なわとび 24.3	まりつき 20.2
小6	野球 40.6	魚つり 8.9	なわとび 18.6	なわとび 16.2

木下弘「児童の遊びの生活」『児童心理』昭和23年7月，57-68頁

男女ともに鬼ごっこやかくれんぼのような伝統的な遊びが上位を占める。そして，女子にままごとが面白いという声が多い。そうした中で，野球が男子の圧倒的な支持を集めている。また，よく遊ぶ人数は，「3人」の14.3％，「4人」13.9％，「5人」13.2％，「6人」12.2％，「2人」12.2％で，「2人から6人まで」が67.9％を占める。また，遊び集団の構成について，「年長・同年齢・年下を含む」が40.7％，「年長を含む」が22.8％，「年少を含む」22.8％で，「同年齢だけ」は19.2％にとどまる。さらに，性別では，男女混合の群れは21.0％で，男女別が79.0％を占める。

面白かった遊びを地域別に集計した結果によると，表5-5のようになる。男子は「野球とかくれんぼ」，女子は「なわとびとかくれんぼ」が好きという傾向は地域差を越えて，子どもの遊びに共通している。

表5-5　面白かった遊び×地域（％）

	男子		女子	
	1位	2位	1位	2位
都市	野球 30.4	かくれんぼ 15.1	なわとび 19.0	ままごと 18.0
農村	野球 29.0	かくれんぼ 15.4	まりつき 21.8	かくれんぼ 21.3
山村	野球 18.7	かくれんぼ 13.8	なわとび 22.0	かくれんぼ 14.5
漁村	野球 20.9	かくれんぼ 12.9	かくれんぼ 17.8	なわとび 17.2

これらの調査によれば，昭和20年代の子どもは，異年齢の同性の子が4，5人集まって遊んでいる。そして，男子は野球やかくれんぼ，女子はなわとびやかくれんぼをして，群れて遊んでいた。そうした子どもの姿は，都市や農村，山村の違いを越えて，全国の津々浦々で見られる子どもの姿だった。

3）紙芝居が来た

昭和24年9月に東京の北区滝野川小学校では，子どもに「紙芝居を見ているか」を尋ねているが，小1の91.7％から小6の88.1％まで，全体で91.0％が紙芝居を見ている。そして，好きな紙芝居は，3年生位までは，「はっちゃん」「ことりのぴよこちゃん」，4年生以上は「黄金バット」「少年王者」があがっている。もちろん，タダ見はできないので，子どもは平均して毎日2円を使っている[86]。

奥成達（前出）の地域には，「タッちゃんボーヤ」と「黄金バット」の二人の紙芝居屋が来ていた。そして，「黄金バット」のおじさんは「紙芝居の裏に書かれている説明文をたださっと読むだけ」で味気なかったが，「タッちゃんボーヤ」のおじさんは「一言一言に感情移入して読んでいく

ので説得力もあり，はるかにドラマチックだった」[87]という。

　松山巖（昭和20年，東京生まれ）は，紙芝居を見た状況を，「子どもたちは小遣いの硬貨を握りしめて集まり，おじさんから水飴を買う。他にも酢昆布とか薄い煎餅を売っていた気もするが，大半の子は飴を買った」[88]。そして，アメを買った子は前の方に並び，買えない子は後ろや隅に小さくなって，紙芝居が始まるのを待ったと回想している。

　南伸坊（前出）の紙芝居の思い出は，「モノを購入せずに，紙芝居を見るのは『タダ見』といって，たてまえ上はしてはいけない行為だった。「『おじさん，この子タダ見だよ』と言いつけられると，オジサンが何も言わなくとも，そこにいにくくなる」[89]のような「ダダ見」の居心地の悪さだった。

　村松友視によれば，子どもには，いろいろなタイプがあり，「飴やコンブやスルメを買う子どももいれば，硬貨を握りしめたままあいまいな場所に陣取り，チャンスがあればタダ見をして小遣いを浮かせようとするタイプもあった」という。そして，紙芝居屋は，「オジサンは，最後の一枚をつまんだときは思い入れたっぷりに子供たちを見回し，『さて，この続きはいかがなりましょうや……』と言ってドンと太鼓を叩き，『それはあしたのお楽しみ』と言って，太鼓を連打する。それが終わりの儀式だった」のような演技者だった[90]。

　藤田英夫（昭和7年，新潟生まれ）は，地元での代用教員をやめ，昭和28年に上京し，紙芝居の貸し元の家で働き始めている。紙芝居の流通過程が分かる叙述なので，その中から，引用してみよう。「5時半（朝の5時―筆者注）を過ぎると『支部』と呼んでいる紙芝居屋さんグループの組長さんがお菓子の仕入れにやってきます。一つの支部は，街頭へ出て商売をする会員と呼ぶ人たちを10人前後抱えています。僕の店はそんな支部12，3を束ねる元締めで，支部長と呼ばれていました。（中略）次々に自転車でやってくる組長さんに，紙芝居の絵を取り替え，せんべい，水飴，お菓子などを渡し，お金を受け取り，帳面に書きとめてお茶などを出していると，いつのまにか7時を回ってしまいます」[91]。

5章　戦後を生き抜く子どもたち

　昭和24年にシベリヤ抑留から引き揚げてきた森下正雄は仕事のないままに，25年から紙芝居を始めた。当時，荒川区だけで250人くらいの紙芝居屋がいた。そして，森下によると，マンガと新派，活劇の3巻が1回分で，貸元に1日100円，月3,000円程度を支払う場合が多かった。そして，飴などは基本的に仕入れ値の倍で売れるので，1日1,000円の売上をあげると，収入が500円程度となる。その頃，「240円（日雇いのニコヨン）」という言葉があった。その倍程度の収入になる[92]。したがって，紙芝居屋はまじめに働けば収入の多い仕事だった。

　また，父が紙芝居の貸元をしていた右手和子は，紙芝居の貸元の生活を以下のように回顧している。「ただただ忙しい仕事で，いちいち裏書（説明文）を書いておくなどは不可能に近く，街頭の紙芝居屋さん同志の間で『口立て』で，今日の使用者から明日の使用者へと伝達されていくのです。毎日，日暮れになると，私の家にも，紙芝居の交換のためと，飴やおせんべいの補充に，おおぜいの方がやってきます」[93]。

　もちろん，紙芝居が成り立つには，紙芝居作りがシステム化されなければならない。加太こうじは東京の葛飾区に大日本画劇会社に籍を置いているが，敗戦3ヶ月後の昭和21年1月，「ともだち会」を作った。そして，3ヶ月の準備を経て，紙芝居の製作と配布を始めている。

　加太こうじによれば，第2次大戦後の紙芝居は，昭和21年1月に紙芝居製作社2社，紙芝居演者6名で再開された。そして，戦後の娯楽不足を背景として，紙芝居は子どもからの人気を集め，紙芝居の演者も，21年の8月に800名，秋には1,000名を超えた。もっとも，その頃の紙芝居は，現在考えられるような印刷でなく，手書きだったので，「絵が千人分できたから千人になった。（中略）絵さえあれば，紙芝居屋はもっとふえた」という。そして，東京だけでも，昭和23年末に紙芝居屋の演者は史上最多の3,000名になり，昭和25年には，全国で紙芝居屋が5万名に達したという[94]。

　しかし，紙芝居は，勧善懲悪的な台本が多く，暴力シーンも少なくないので，子ども文化として健全でないという批判も強かった。中でも，占領軍は，メディアの民主化を図るために，活字メディアの守る基準を「ビク

トリアル・コード」として設定した。そして,「反民主的,超国家的,軍国主義的な宣伝」を排除するという理由で,映画,幻灯,演劇作品の検閲が始まった。そうした動きの一環で,紙芝居も検閲の対象となった[95]。

そうした中で,大阪の紙芝居業者が,1946年7月,500点以上の未校閲の紙芝居を所蔵し,その一部を「連合国占領軍検閲済み」として偽造する事件が発生した。そして,業者は,軍事裁判に送検され,1,500円の罰金と8ヶ月の懲役という判決を受けた[96]。

実際に,紙芝居は,占領軍から,新聞,映画と並んで戦争遂行に寄与したメディアという評価を受けていた。そして,日本教育紙芝居協会の代表・佐木秋夫が昭和21年6月に極東軍事裁判で証言を求められる出来事も生まれている。そうした反省をふまえ,高橋五山や加太こうじらは,昭和23年に民主紙芝居人集団を結成して,紙芝居の民主化運動に乗り出した[97]。

昭和24年10月16日に,これまであったGHQの検閲が廃止された。しかし,それを契機に,紙芝居が粗悪に流れる可能性が生まれた。そこで,神奈川県は昭和24年5月に神奈川県紙芝居業者条例を設定し,①免許を持たずに営業した者は懲役1年以下,1万円以下の罰金。②ひわいな行動や見苦しい服装などは免許取り消し,③免許の手数料は300円,交付料500円,試験料1,120円などを定めた。なお,紙芝居業者試験は国語,算数,社会科の筆記試験,児童福祉,児童衛生,公安交通についての口述試験と実地試験から構成され,免許は2年ごとに更新される仕組みだった[98]。大阪でも昭和25年8月に「大阪府紙しばい条例」が制定された。これは紙芝居業者に免許制を導入する試みで,業者は講習を受けた後,試験を受ける。試験科目は児童福祉,公衆衛生,保安交通などの筆記試験と口頭試問で,その試験に合格すれば,免許を取得できる。そして,無免許で紙芝居をしている場合は,児童福祉士が取り締まりにあたることになっていた[99]。

それに対し,東京都では,紙芝居業者が自主規制に乗り出し,昭和24年9月,東京紙芝居審査委員会を設置する動きを見せた。そして,昭和24年10月,東京紙芝居審査委員会を結成した。そして,紙芝居業を認定制にし,

演者のための講習会を開催して，出席を義務づける。それと同時に，新しく紙芝居を始める者にはテストを課すことにした。紙芝居審査委員会は，認定制について，「1,800人の業者と配給業者を営む100人の支部長と街頭紙芝居製作者連盟18社の団体が満場一致賛意を表して制定された，いわゆる紙芝居の憲法である」と，認定制の重要性を力説している。

　しかし，実際には，審査を受けないで，紙芝居をやっている者が少なくなかった。昭和25年３月に発表された「もぐり問題に対する東京紙芝居審査委員会白書」によれば，「れっきとした組合の役職にいる製作者や配給支部長のところから，絵を借り，飴を買って営業している」。「私利私欲に目がくらんで，無認定者に営業の便宜を図った一部の不徳義漢の仕業である」という。認定試験が難しすぎるという人がいるが，文部省の教科書に検定があるように，紙芝居にも検定が必要で，もぐりを含めて放置すれば，紙芝居は社会の批判を浴び，消滅してしまう。これでは「香具師の一族として軽蔑されてきた紙芝居業者を，世界語『カミシバイ』の名のもとに，文化国家の視聴覚教育の演出者とまで水準を高めた努力が」水泡に帰してしまうと認定制の尊重を訴えている[100]。

　こうした紙芝居業者の認定制と同時に，紙芝居そのものの審査も試みられている。紙芝居関係者は，東京都教育委員会と協議をし，「紙芝居の自主自立を基盤として，公共的な民間作品審査機関を設置」することとなり，昭和26年１月，審査機関の発会式を行なった。そして，小学校校長や婦人会会長など外部20名，内部22名が委員に任命された。そして，「暴力を手段とする直接行動を肯定してはならない」や「復讐を肯定しないこと」などの20か条の基準を設け，審査に合格した作品に「紙倫」の検印を押すことにした。

　この紙倫の審査結果は，表5-6の通りだが，提出された作品への修正指示率は高い。昭和31年の修正率は23.6％で，真剣に審査をしているのが分かる。そうした反面，審査への非協力社が多く，昭和31年の場合，25社中の４割にあたる10社が審査に参加していない。このように町には非協力社の野放しの作品が多いと，審査機関の権威は半減する。実際に，これでは，

審査の意味が少ないという声があがっている[101]。

表5-6　紙芝居の審査結果

	製造元	協力	非協力	提出	修正指示	修正率
昭和26年	20社	11社	9社	482種	31種	6.4%
27年	18社	9社	9社	270種	24種	8.9%
28年	20社	12社	8社	403種	26種	6.5%
29年	23社	16社	7社	488種	53種	10.9%
30年	25社	25社	0社	639種	256種	40.1%
31年	25社	15社	10社	488種	115種	23.6%

浅井清二『紙芝居屋さん，どこへ行った』紙芝居刊行委員会，昭和64年，78-86頁

　紙芝居事情に詳しい青木菊男は，紙芝居の情況を，「漫画と物語風なものの２本立てでやっている。子供達は拍子木の音がすると手に手に金１円也を握ってかけつけてくる。与えるものは肉桂かせんべい風の菓子類１枚である。そして演出物は，この水準では，子どもの害はあっても利益のないものばかりだ」と批判している[102]。また，村田亨は，紙芝居には功罪があり，長所をいえば，①携帯に便利，②いかなる場所でも会場に，③製作が容易，④製作経費廉価，⑤説明実演容易，⑥童心に合致である。しかし，街頭紙芝居は，「色彩の強いどぎついものでないと外部の刺激に弱められてくることになる。説明も同様，他の騒音に打ち勝つために発声も不自然なものになる」と，紙芝居の弊害を指摘し，それだけに，紙芝居の教育面での活用を提唱している[103]。

　こうした批判に対抗し，紙芝居の水準をより高めるために，上述の紙芝居業者の自主規制の他に，雑誌『紙芝居』では，「作品月評」を掲載している。そして，優良作品として，「民主化を正面から取り上げたものとして，『逃げた神様』（画劇文化），『えらいひと』（ともだち），『建設の歌』（平和），名作物として，『山に咲く花』（ともだち），『コーカサスの捕虜』（トルストイ），『ライオンのめがね』（ビルドラック），新作物に『秋公老

5章　戦後を生き抜く子どもたち

人と花』『へうたんラジオ』（全優社）などをあげている[104]。

　こうした形で，質の良い紙芝居を作ろうという意図は理解できる。しかし，そうした紙芝居が品は良いのはたしかであろうが，子どもにとっては魅力を感じない紙芝居になりがちでもある。そうした一方，この時期，水木しげるや白土三平など，後にマンガの大家となった人たちも，絵描きなどの形で紙芝居業界に参入している。そうした意味では，紙芝居業界は有為の人材が参画し，隆盛を極めていた。

　しかし，塩崎源一郎が回想しているように「30年末ころからはテレビ受像機の普及とともに紙芝居の消滅が目に見えてきた」[105]。先の森下正雄も，昭和32年頃から紙芝居業界は曲がり角を迎え，廃業するものが増え始めていると回顧している[106]。

　鈴木常勝は昭和47年に，児童福祉，食品衛生，交通法規の3科目のテストを受け，大阪府から街頭紙芝居業者免許証を得て，紙芝居屋を始めている。鈴木によれば，昭和50年の場合，絵の借り賃が1ヶ月3,800円，飴が20円，1日売上が3,000円前後だった。スーパーのアルバイト程度の収入があり，気楽だし，子どもに夢を与えられる魅力的な仕事だったという。もっとも，昭和47年といえば，随分遅い時期の開業で，免許番号が2,543なので，すでに2,542名の有資格者がいる計算になる。しかし，この年，業務に必要なレントゲン検査を受けた者は44名だった。大阪府の場合，認可された紙芝居業者は，昭和25年の1,205名を経て，29年は1,545名に達するが，35年に386名に減り，46年は45名，48年は44名となり，紙芝居は衰退に向かっている[107]。

　それから20年を経た昭和64年，大阪の箕面市で，第1回箕面紙芝居まつりが開かれ，全国から17名（団体を含む）の手描き紙芝居演者が集まって，紙芝居についての話し合いが持たれた。そして，紙芝居という「世界一小さな演劇」を文化運動として広げていきたいというアピールを採択した[108]。紙芝居という素材の持つ可能性を広げていこうという意欲的な試みである。そういえば，平成になっても，幼稚園や保育園などで，保育者が紙芝居を演じ，子どもが話に聞き入っている姿を目にする。そうした意

味では，街頭紙芝居と異なる形で，紙芝居は生き残るのかもしれない。

4　子どもとメディア

1)　子どもの読書

昭和23年に東京の小学生に読書調査を行なった結果がある。そして，表5-7のように，子どもは毎日30分程度を読書に費やしている[109]。子どもが日常的に本を読んでいた時代である。なお，読書分野は，童話36.9%，冒険物語13.6%，マンガ8.9%，小説7.7%で，マンガを読んでいる割合は予想以上に低い。

表5-7　毎日の読書時間（%）

	10分以下	11〜30分	31分以上	平均時間
低学年	12.9	63.4	23.7	26分
中学年	16.5	67.1	16.4	22分
高学年	22.3	34.1	43.6	31分
全　体	17.2	54.9	27.9	26分

堀内敏夫「読書の興味の発達」『児童心理』昭和25年5月，60-66頁

読書心理学者の阪本一郎は，「街頭で補導した少年のカバンの中には『怪盗ロケット』『漫画の科学忍者』『ゴーガンの首』『仙術を学ぶ』『怪盗赤卍』などの赤本がはいっていることが非常に多い」と述べ，それだけに，「児童の生活を一段と健全に再体制化する」ために「健康な児童読物」が必要だと説く。そして，具体的な読み物として，「浜田広介・しらゆきひめ－小学1年」「村岡花子・シンデレラひめ－小学2年」「南洋一郎・ロビンソン漂流記－小学3年」「林芙美子・フランダースの犬－小学4年」「長田新・原爆の子－小学5年」「野上弥生子・ギリシャローマ神話－小学6年」などを，推奨している[110]。

また，猪野省三は，戦後，用紙統制が行なわれていた時には児童雑誌は

健全な物が多かった。しかし，統制外のセンカ紙を使ったセンカ文化やカストリ雑誌が横行し，カストリ雑誌の子ども版として『少年少女冒険王』のような雑誌が登場した。「いま『少年』『少女』『少女ブック』『面白ブック』のような目をおおうが如きケンランたる児童雑誌が一世を風靡するような事態が現出してきた」。「この間に『銀河』とか『少年少女』『少年少女の広場』といった，いわゆる良心的な雑誌は，この世から駆逐された」と述べ，「悪貨は良貨を駆逐する」と指摘している。具体的な例として，『少年少女冒険王』は陰惨な殺し，『少女』に掲載された「あんみつ姫」はエログロの連続だという。

そうした非難に対し，『少女』の編集長の黒崎勇氏は『週刊朝日』(昭和25年1月17日号)の中で，「いわゆる良心的な児童雑誌は(中略)全くの蒸留水だ。大腸菌もいない代り，味もそっけもない」と批判し，自分たちの立場を，「少年少女雑誌では，食う，笑う，飾る，泣く，夢見る，この5つの条件を充たすことが編集のこつ」と述べている。それと同時に，自分たちの雑誌は優等生が目標でなく，「底辺にいる子どもたちを少しでも良くするのが目的だ」と主張している[111]。

こうした情況の中，子ども雑誌の名門『少年倶楽部』も，昭和20年12月に，52頁の11,12月合併号の形で戦後のスタートを切った。そして，昭和25年頃から，『少年倶楽部』の売り上げが軌道に乗り始め，新年号が132頁，2月の182頁を経て，6月の大躍進号は272頁と，分厚くて面白い子ども雑誌としての体裁を整え始める[112]。

こうした事例が示すように，大人の望ましさを優先させると，良質かもしれないが，野性味が失われ，魅力に乏しい作品が誕生する。かといって，子どもの関心に迎合すると，俗悪な作品が生まれ，子どもの成長を疎外するとの批判が高まる。そうした意味では，「望ましさ」と「野性味」とのバランスをどうとるかが重要になる。

そうした状況は「おまけ」にもあてはまる。「おまけ」は，戦前のグリコの流れをくむものだが，昭和24年末，紅梅キャラメルは巨人軍の選手を描いた「紅梅野球カード」がついていた。監督を含めて10人分を揃え，紅

梅食品に送ると，少年野球手帳や野球ゲームが送られてくる。しかし，監督の水原茂のカードが少なく，水原を集めるために，不要なキャラメルを買う子が多いと非難されたおまけである。

そうした批判に対し，昭和27年8月に，カバヤキャラメルがオマケとして，「カバヤ児童文庫」を導入した。1箱10円のキャラメルに引き換えカードがついていて，50点集めると，児童文庫159冊の中から，読みたい本が送られてくる仕組みである。文庫には『若草物語』や『ロビンソン漂流記』などの名作が揃えられていた。その後，カバヤは，子どもの声に応えて，昭和28年から児童文庫にマンガを加える戦略をとった。しかし，キャラメルを買って，マンガをもらうのは子どもを堕落させるという批判が強まり，キャラメルの売れ行きが落ちる。同じように，紅梅キャラメルも，子どもの射幸心を煽ると批判され，人気を失っていった。

その後，昭和30年代に入ると，老舗のグリコが，ラッキーカードが当ると，生きた小鳥がもらえるというヒット戦略を編み出した。そして，次章のテレビ時代になると，子ども雑誌がテレビ，メーカーと結びついて景品を作る時代を迎える[113]。

2) ラジオと子ども

奥成達（前出）は，いくつかのラジオ番組の思い出を，「『緑の丘の赤い屋根……』ラジオドラマ『鐘の鳴る丘』のテーマソングだ。一番までならいまでもちゃんと歌える」が，「毎回『おらぁ三太だ』と元気いっぱいの声で始まる『三太物語』も懐かしい」。「せめて思い出のドラマのタイトルだけでも書いておきたい。『えり子とともに』，『お父さんはお人好し』，『アチャコ青春手帳』，『ヤン坊ニン坊トン坊』，『一丁目一番地』，『コロの物語』，『赤胴鈴之助』……である」[114]と語っている。

テレビが当たり前の現在では，ラジオの存在はそれ程大きくない。しかし，テレビ以前の社会では，ラジオは子どもにとって大きな娯楽だった。昭和25年始めに，子どもとラジオの関係を尋ねた調査がある[115]。その結果によると，家にラジオがある割合は86.5%で，ラジオのある子の中で，

「毎日ラジオを聞いている割合」は，小3が49.0％，小4の66.0％，小5の67.0％，小6の81.7％である。ラジオを聞く習慣が子どもに定着している。そこで，子どもの好きなラジオ番組を尋ねると，表5-8のように，「二十の扉」や「向う3軒両となり」のような大人の番組を聞いている子どもが多い。「鐘の鳴る丘」は5時半，「向う3軒両となり」は6時45分からの帯番組で，「二十の扉」は土曜の午後7時半からの番組だった。そうした意味では，ラジオは夜の時間の娯楽だった。

表5-8 好きなラジオ番組（％）

	男子	女子	全体
二十の扉	32.3	21.5	28.2
向う3軒両となり	20.6	27.3	23.7
鐘の鳴る丘	16.8	15.3	16.1
素人のど自慢	10.5	18.2	14.1
私は誰でしょう	11.3	14.4	12.8
その他	8.5	3.3	5.1

中野佐三「子供とラジオ」『児童心理』昭和25年5月，54-59頁

　昭和29年，札幌市北九条小学校の実施した調査報告書『本校環境実態調査の研究とその究明』[116]によれば，239世帯の内，「ラジオがない」5.7％，「あるがあまり聞かない」21.9％で，「毎日聞いている」が72.4％を占める。なお，番組別では「こどもの時間」20.7％，「クイズ」11.7％などを聴取している。
　また，映画については，「好き」55.6％，「好きでも嫌いでもない」23.2％，「嫌い」21.2％で，「映画に時々行く」子どもは63.8％となる。そして，子どもが映画を見ることを「絶対許さない」家庭が7.3％，「自由に見てよい」は4.7％で，残りは「親といっしょ」45.3％，「友だちといっしょ」42.7％などとなる。さらに紙芝居は，「好き」41.2％，「好きでも嫌いでもない」33.8％，「嫌い」25.0％と，嫌いな子どもが意外に多いのが目につ

く。そして,子どもが紙芝居を見るのを,「決して許さない」が5.2%,「仕方なしに許す」32.2%,「わりと自由に」62.6%である。

　また,心理学者の松村康平が,昭和30年に東京の子ども（小学3年生と5年生,計465名）にラジオと映画の接触状況を尋ねた調査がある[117]。表5-9のように,ラジオを「いつも聞いている」割合は7割に達する。ほとんど毎日聞いているのがラジオである。それに対し,映画は「いつも見ている」が1割で,「時々見ている」子どもの割合は7割である。

表5-9　ラジオと映画の接触状況（%）

		ラジオ			映画		
		いつも	時々	聞かない	いつも	時々	見ない
小2	男子	74.4	18.8	6.8	13.7	66.7	19.6
	女子	62.3	35.1	2.6	4.4	65.8	29.8
	小計	68.4	26.8	4.8	9.1	66.2	24.7
小5	男子	75.5	24.5	0	13.7	67.9	18.4
	女子	57.9	35.3	6.8	4.9	76.7	18.4
	小計	67.1	29.9	3.0	9.8	71.8	18.4
全体	男子	71.2	25.8	3.0	13.7	67.3	19.0
	女子	64.1	31.3	4.6	4.6	71.0	24.4
	計	67.7	28.4	3.9	9.5	69.0	21.5

松村康平「児童の要求と映画・ラジオ」『児童心理』昭和31年4月,11-18頁

　また,映画を誰と見るかについて,「一人で映画を見る」は3.8%で,多くの子どもは父母とともに映画を見ている。それに対し,「一人でラジオを聞く」は23.3%である。ラジオは日常的に一人でも楽しめるが,映画は親とともに時折楽しむ対象なのであろう。

　昭和30年11月に東京都下の小学生（小学4～6年）866名にラジオの聴取調査をした結果がある[118]。この調査では都下を山手と下町とに分けて,実態の分析を行なっているが,表5-10のように,ラジオを「毎日のように聞く」が72.0%で,毎日1時間以上,ラジオを聞いている子どもは52.8%

5章　戦後を生き抜く子どもたち

と、全体の半数を超える。このように、テレビが登場するまで、ラジオはメジャーなメディアとして、子どもの生活の中に位置づいている。

表5-10　ラジオ聴取の情況（％）

	聞く頻度			聞く時間				
	毎日聞く	時々聞く	聞かない	30分以下	30分～1時間	1～2時間	2時間以上	無答
山手・男子	67.2	30.7	2.1	15.7	32.4	46.8	0	5.1
女子	71.2	27.9	0.9	14.6	32.9	48.3	0.5	3.7
下町・男子	72.8	24.8	2.4	20.8	24.3	43.0	2.5	9.4
女子	76.7	21.9	1.4	16.0	31.5	40.2	6.4	5.9
全体	72.0	26.4	1.6	16.8	30.4	43.4	2.4	7.0

松元泰儀「児童のラジオ聴取の実態」『児童心理』昭和31年4月、79-85頁

なお、ラジオ番組別では、山手の男子にもっとも好かれているのは「オテナの塔」（山手女子2位、下町男子3位、女子4位）、山手女子は「ポッポちゃん」（山手男子はランク外、下町女子1位、男子5位）である。下町男子は「シンパの冒険」（下町女子6位、山手男子9位、山手女子ランク外）、女子は「ポッポちゃん」である。そして、好きな声優について、男子はトニー谷、柳家金五楼、女子は中村メイ子、松島トモ子で、ともに明るく楽しい雰囲気のタレントである。しかし、表5-11のように、「クイズに出たい」や「声優に手紙を書く」に子どもたちは必ずしも積極的でない。ラジオは娯楽の対象だから、聞いて楽しめれば良いというのであろう。

表5-11　ラジオとの距離（％）

	クイズに出たい	声優に手紙を書く
山手・男子	39.1	32.7
女子	47.9	46.9
下町・男子	48.2	42.9
女子	54.1	56.9
全体	47.3	44.9

「したい」割合

昭和32年に東京の品川の小学6年生と中学3年生を対象に実施されたラジオ聴取調査[119]によれば，子どもに人気のあるラジオ番組は，「少年探偵団」（日本放送18時15分），「一丁目一番地」（NHK第1，18時25分），「赤胴鈴之助」（ラジオ東京18時5分）だった。いずれも，夜の6時台に放送されていた番組である。

3） 映画を見る子ども

　テレビが身近になるまで，子どもの楽しみは映画だった。昭和30年に東京都下の小学4〜6年生585名に尋ねたアンケート結果がある[120]。表5-12から明らかなように映画の「好き」な子どもは63.3％で，「嫌い」な子どもは3.7％にとどまる。

表5-12　映画の好き嫌い（％）

		好き	嫌い	どちらでも	無回答
性別	男子	68.4	4.2	27.4	0
	女子	58.5	3.0	36.9	1.6
地域	山手	65.8	3.1	29.8	1.3
	下町	60.8	4.2	34.6	0.4
全体		63.3	3.7	32.2	0.8

石原京三「学童における映画興味の実態」『児童心理』昭和31年4月，73-78頁

　そして，映画を見に行く回数は，「月に3回以上見る」子どもが41.8％，「月に1，2回」が52.8％なので，9割以上の子どもが，少なくとも月に1回は映画を見ている。そして，映画を見に行く時，「一人で」は3.5％，「友だちと」は7.5％にとどまる。そして，「家族と一緒に」が74.7％に達する。映画を見るが4分の3で，中でも「父母と一緒」が半数を超える。こうした結果から，家族と一緒に2週に1度位の割合で見に行くのが映画となる。子どもの日常生活の中に，映画が密着しているのが分かる。
　そして，親と一緒に見る機会が多いせいか，映画についての親の態度は

表5-13のような結果となる。「行ってもよい」の36.0％に「条件付で認める」31.3％を加えると，子どもの映画鑑賞を認める親が全体の7割に迫る。なお，子どもがよく見る映画のジャンルでは，時代劇33.6％，悲劇16.2％，喜劇15.1％，マンガ10.3％となる。その中では，「鞍馬天狗」や「少年宮本武蔵」「銭形平次捕物控」のような雑誌やラジオで人気のある作品を映画化したものに人気が集まっている。

表5-13　映画への親の態度（％）

	行ってもよい	条件付よい	何もいわない	禁止	無回答
小学・4年	32.5	29.6	13.2	20.8	3.9
5年	38.8	24.1	22.9	8.7	5.5
5年	36.6	40.4	9.2	11.7	2.1
性別・男子	33.8	32.3	19.3	11.4	3.2
女子	38.1	30.3	11.5	15.4	4.7
全体	36.0	31.3	15.2	13.4	4.0

5　昭和20年後半の子どもたち

1）子どもたちの意識

　昭和23年の秋に，東京文理科大学教育学研究室が，東京や神奈川の小中学生1万4,441名を対象として社会意識について調査した結果がある。実証的な研究に着手して間もない敗戦直後の調査なので，現在なら，学生の卒論レベルの項目作りだが，戦後間もない時期の子どもの意識を知る意味では参考になるので，いくつかの結果を紹介しよう[121]。

　昭和20年代前半は食糧難や物不足で，ヤミが横行し，まじめや正直だけでは，生きていきにくい時代だった。そうした社会を反映して，表5-14のように，半数近くの小学生は「生きるために闇をしている」のは仕方がないと答えている。

表5-14　正しい生き方をしている人（％）

	小学高学年	中学生
まったく闇で暮らしている人	8.9	7.7
生きるために仕方なく闇をしている人	49.3	64.7
闇をしないで，死ぬかもしれない人	39.3	25.8
闇でもうける人	2.5	1.8

　敗戦後は，価値観の一変した時代だった。すでにふれたように男女共学が実施されただけでなく，婦人参政権が認められ，家制度の見直しも進んで，「男女同権」の時代を迎えた。表5-15の結果では「男がいばるのは当たり前」は小学高学年の5.3％で，74.4％の子どもが，これからの男女は「たがいに尊敬して仲良く」が望ましいと答えている。

表5-15　男女について，良いと思うのは（％）

	小学高学年	中学生
男が女にいばるのは当たり前	5.3	0.7
男が女にいばるのは良くない	16.2	5.9
女が男にいばるほうが良い	4.1	0.8
たがいに尊敬して仲良く	74.4	92.6

　また，天皇制についての評価も，表5-16の通りで，「昔のまま」は中学生の26.6％で，「今のまま」30.2％，「もう少し続ける」42.7％で，新しい象徴天皇制を支持する子どもが7割を超える。このように子どもは男女平等や象徴天皇のような戦後の改革を積極的に受け止め，民主主義の価値を高く評価した態度を示している。

表5-16　天皇制について（％）

	小学高学年	中学生
昔のままで良い	36.2	26.6
今のままで良い	30.1	30.2
もう少し続けた方が良い	29.6	42.7
まったくない方が良い	4.1	0.5

5章　戦後を生き抜く子どもたち

　昭和25年に，子どもの友だち関係を尋ねた調査がある。「家が近い」や「物をくれる」「面白い」など18の属性を示し，「遊び仲間」や「学習の仲間」のような場面で，どの属性を重視するかを選択させたものだ。表5-17に示したように，遊び仲間に求めるのは「気が合う子」，そして，勉強する時は「頭の良い子」，級長は「勉強の得意な子」という結果である。現在では，「面白い」や「のりが良い」など気を遣わない相手という友だちを選ぶ条件としてあがってくる。しかし，昭和20年代には，「頭が良く勉強ができる」が，友だちの中で高く評価されていたのが分かる[122]。

表5-17　友だちの条件（％）

1　遊び仲間		2　学級の仲良し		3　学習の仲間		4　級長	
①気が合う	13.8	①家が近い	15.3	①頭が良い	32.8	①勉強が得意	64.5
②運動が得意	12.8	②座席が近い	13.0	②教えてくれる	13.9	②人柄が良い	11.4
③家が近い	12.8	③親切	12.8	③気が合う	10.6	③性格が明るい	3.8

石黒彩二「友人関係の発達」『児童心理』昭和51年10月，64-73頁

　また，昭和24年に，青年心理学者の桂広介は，都下の小中高校生7,000名を対象として，望ましい生き方を尋ねる調査を行なっている[123]。表5-18から明らかなように，学年が上がるにつれて，「名を上げるように努力する」が減り，「趣味にあった暮らしをする」が増加する。社会的な達成意欲が低下し，私的な生活への傾斜が見られるのは，現在の子どもの特性のように思われがちだ。しかし，戦後間もない時期に，中高校生の間に，そうした私生活重視の態度が広まっているのが興味深い。

表5-18　将来の生き方（％）

		小学生	中学生	高校生
清く正しく生きる	男子	27.6	25.8	8.5
	女子	38.1	29.8	16.9
名を上げるように努力	男子	21.4	10.5	6.9
	女子	19.8	5.2	5.9
社会のためにつくす	男子	17.2	8.2	4.2
	女子	10.0	4.6	2.0

金持ちになるよう努力	男子	13.1	10.9	7.1
	女子	19.2	5.2	5.9
趣味にあった暮らし	男子	11.6	32.6	52.7
	女子	9.9	41.3	53.1
のんきに暮らす	男子	4.7	9.1	17.9
	女子	1.7	9.7	16.9
その他	男子	2.4	2.9	2.3
	女子	2.3	0.5	0

関計夫「子どもの願いの心理的構造と発達心理」『児童心理』
昭和41年1月, 17-29頁

2) 不就学の子ども

『にあんちゃん』は、佐賀の大鶴鉱業所に住む4人きょうだいの末子の書いた日記だが、安本末子は3歳の時に母、小3の時に父を亡くし、兄2人、姉1人の子ども4人で暮らしている。末子の小学3年生の時、昭和28年9月8日の日記には、「昼は『もう、5日も学校を休んだから、先生がおこられるかもしらない』と思うと、心配で、おろおろするばかりです。(中略) 学校を休んだわけは、本代がないためです。三百三十円。にあんちゃんの分が、二百六十円。あわせて五百九十円。二十五日まで、食べていけるかと心配しているじょうたいなのに、どうして、五百九十円ものお金があるでしょうか」[124]と書かれている。子どもだけの家族では、現代でも、生活が大変であろうが、生活が困難なのは、末子だけでなかった。「私の組は、まいひる、弁当を持ってきていない人は、持ってきている人が食べているあいだ、きょうだんに立って、本を読むか、歌をうたうか、しなければいけない (中略)、きょうは、4時間なので、べんとうを持ってきていない人が、いつもよりおおく、7、8人おりました」[125]のように、村の暮らし全体が貧しい時代だった。

現在だと「学校を休む」に、いじめなどによる不登校を連想する。しかし、昭和20年代では、経済的な理由で通学できない子が多い。表5-19は『文部省年報』から不就学の理由を算出したものである。しかし、行政的

な数値なので実際よりかなり少なめと思われるがそれでも，中学生の不就学のほぼ半数は貧困を理由としている。

嵯峨政雄の「不就学児童の問題」によれば，小学生の場合，病弱を理由とする長欠が40.3％に達する。しかし，中学生になると，「手助けのために働く」の20.1％に「家庭の無理解」の28.1％，「学費が不足」の9.0％を含めると，家族に理由があって欠席がちな生徒は半数を上回っている。家計が苦しく，中学就学がままならない時代である[126]。

表5-19　不就学の理由（％）

	小学校				中学校			
	人数	病弱	貧困	その他	人数	病弱	貧困	その他
昭和23	39,600	69.2	6.8	24.0	21,563	12.7	13.3	74.0
24	40,778	65.9	12.0	22.1	47,555	8.1	48.7	43.2
25	40,339	65.5	13.6	20.9	41,910	13.2	49.4	37.4
26	38,138	61.4	11.0	27.6	27,120	6.1	59.3	34.6

『文部省年報』より作表

もう一例，大阪府の昭和25年の調査によれば，表5-20のように，欠席理由の中で，小学生の場合，「病弱」が16.2％に達するが，中学生の場合，「生活補助」が16.4％，「保護者の啓蒙」14.5％など，家庭の事情による不就学が3割に達する[127]。

表5-20　長期欠席児童の理由（昭和25年，大阪府）（％）

	小学校	中学校
理由なく，補助は不要	35.2	23.1
補助で，就学可能	61.5	59.1
（病弱	16.2	4.2)
（学業不振	7.5	7.4)
（生活補助	16.4	20.9)
（保護者の啓蒙	14.5	18.1)
（その他	6.9	8.5)
就学困難	3.3	17.8

岩井竜也「都市の教育」『講座・教育社会学Ⅳ』東洋館出版社，昭和28年，69頁

もっとも，学校へ行くといっても，昭和26年12月の東京都の場合，2部授業を行なっている割合は，813校中の367校（45.1%），学級数も1万5,804学級中の3,962学級（25.1%）である。そして，実際に2部授業を受けている子どもは79万6,000人の内，20万6,000人（25.9%）で，4人に1人の割合となる[128]。

3）中学卒業生の進路

　それでは，新制中学の卒業生はどういう進路をたどったのか。『文部省年報』を使って，昭和24年度卒業生の進路をたしかめてみると，定時制を含めて高校進学者は41.0%と4割程度で，就職者が6割に迫っている（表5-21）[129]。特に東北6県では，中学卒業生の非進学者が66.5%と，3分の2に達する。中でも，4割は，地元に残って農業を手伝っている姿が浮かんでくる。

表5-21　昭和24年度の中学卒業生の進路（%）

	全体	都市7県	東北6県
進学者	41.1	48.7	33.5
就職者	45.2	36.2	53.0
（農業	26.1	12.1	41.3）
（工場	9.5	13.0	4.4）
（商業	2.9	4.5	1.5）
無業	12.0	12.5	12.4
不詳	1.7	2.5	1.1

『文部省年報78年報』

　昭和26年度になると，高校進学者は48.0%で，進学率は昭和24年より7.0%上昇している。それでも，普通高校進学者は37.1%で，3分の1強にとどまる。そして，中学卒業後，就職する者の割合は41.4%に達する[130]。

　　1．高等学校へ進学　　　　82万3,535人（48.0%）
　　　1）普通課程　　　　　　63万4,541人（37.1%）
　　　2）定時制　　　　　　　18万2,738人（10.6%）

3）　通信制　　　　　　　　6,256人（ 0.2％）
　2．就職　　　　　　　　　70万9,179人（41.4％）
　3．無職　　　　　　　　　14万6,057人（ 8.5％）
　4．不明　　　　　　　　　 3万4,590人（ 2.0％）

　中学卒業生の半数程度が就職をする。そうなると，東京で働くため，山形や青森などから15歳の少年少女が列車に乗って上京する光景が浮かんでくる。しかし，加瀬和俊の『集団就職の時代』によれば，昭和20年代には集団就職という現象はなかった。「『集団就職』という言葉は，昭和30年代の毎年3月に，地方出身の中卒就職者が『集団就職列車』（昭和29年に開始）で大都市に集団的に移動した事態をさす。昭和30年代に固有の歴史的名称である」という[131]。

　同書によれば，中学卒業生の求人倍率は，昭和25年から40年の15年間に表5-22のように推移している[132]。昭和20年代の場合，中学卒業生の求人倍率は1.0を下回り，中学生にとって就職難の状況が続く。しかし，30年代後半になると，求人倍率が2.0を上回り，40年には3倍に達する。中学卒業生が「金の卵」と呼ばれた時代である。

表5-22　中学卒業生の求人倍率の推移（％）

	25年	30年	35年	40年
男子	0.47	1.18	1.90	3.58
女子	0.67	1.01	1.99	3.86

加瀬和俊『集団就職の時代』青木書店，平成9年，65頁

　同書には，「学校基本調査報告書」を利用して，中卒就職者の産業別構成比を算出した結果が示されている。昭和26年の場合，男子の48.4％，女子の50.4％が農業を仕事としている。二，三男を含めて，農家にとどまっている。しかし，昭和40年代になると，男子の60.2％，女子の63.1％が，製造業に就職している（表5-23）[133]。

表5-23　中卒就職者の産業別構成比（％）

	男子				女子			
	昭和26年	30年	35年	40年	26年	30年	35年	40年
農業	48.4	28.8	16.9	14.1	50.4	36.7	16.1	8.2
漁業	3.9	3.1	2.0	1.9	1.0	0.8	0.4	0.3
建設業	3.2	2.8	3.2	8.1	0.2	0.1	0.1	0.2
製造業	30.2	41.6	60.3	60.2	35.1	35.9	58.8	63.1
商業	9.3	18.8	10.1	7.2	6.1	10.1	9.4	8.8
運輸通信	1.8	1.9	2.1	4.1	1.4	1.2	1.3	2.6
サービス	2.2	4.9	5.4	5.5	5.7	15.2	13.9	16.9

加瀬和俊『集団就職の時代』青木書店，平成9年，78頁

　昭和20年後半の朝鮮特需を背景に，昭和30年代に入ると，企業の成長が続き，大都市の景気が良くなった。そして，10代の若者への求人が増え，岩手や山形などから15歳の若者たちが家を離れ，集団就職列車に乗って上京してきたのであろう。

4）家事を手伝う子どもの姿

　こうした若年労務者の就労状況は，若者論を考える時の大事なテーマになるが，子どもの昭和史をテーマとする本書の手にあまる問題なので，子どもの生活に考察をしぼろう。

　農村社会学者の福尾武彦は，昭和26年1月に岩手県の北上山地の農村部を調査地点として，中学生の手伝いを尋ねた調査を行なっている[134]。表5-24に示すように，平日でも，手伝いの長さは，朝に46分，放課後1時間19分であるから，2時間を超える。家事の他に，農業の手伝いに追われているのであろう。

　この調査で福尾は，親調査も行ない，「農作業が忙しい時，子どもの学校を休ませるか」を尋ねている[135]。その結果によると，さすがに「仕事が忙しい時は，学校を休ませる」は0％だが，「仕事の都合で，学校を休

ませることがある」が52.6%を占める。そして,「どんなに忙しくても学校は休ませない」は37.0%,「学校の勉強があるのなら手伝いをさせない」の10.4%を含めて,47.4%にとどまる。

表5-24 手伝いの長さ（岩手県農村部, 中学生）(％)

	しない	30分	1時間	2時間	3時間	4時間	5時間	平　均
平日 朝	3.2	53.0	36.9	6.9	0			46分
放課後	1.6	33.3	31.1	17.6	14.8	1.6		1時間19分
土曜	3.8		24.2	10.3	22.6	17.2	21.9	2時間55分
日曜	2.7		23.5	12.1	11.9	23.7	26.1	3時間5分

福尾武彦「農山村の教育」『講座・教育社会学Ⅳ』東洋館出版社, 昭和28年, 79頁

　農村部の場合, 子どもが農作業の大事な担い手として働いていることを示すデータだが, 山村の僻地校の研究で知られる溝口謙三は, 昭和28年, 山形県の山村で, 小学生の生活時間を調査している[136]。表5-25のように, 平日の勉強時間は1時間未満, 遊びが1時間半前後だが, 手伝い時間は2時間を超える。そして, 休日になると, 手伝いの時間は七軒南部小で8時間40分に達するし, 他の学校でも, 働く時間は7.8時間に及ぶ。

　もっとも, この調査は農閑期に行なわれており, 手伝いの多くは子守りや家事である。したがって, 農繁期を迎えると, 6月の田植え, 10月の収穫などの手伝いが加わる。子どもでも小学校高学年になると, 農業の大事な働き手として役立っている。

表5-25 山村の子の生活時間 (時.分)

	平　日				休　日			
	睡眠	手伝い	勉強	遊び	睡眠	手伝い	勉強	遊び
七軒南部小	8.29	2.37	0.46	1.26	9.30	8.40	1.58	2.37
大沼分校	9.00	3.50	0.20	1.30	9.00	8.00	1.00	1.00
大鉢分校	8.00	2.00	0.54	2.00	9.19	6.51	1.00	3.57

文部省『イリの村の生活とこども』, 昭和29年, 270頁

昭和29年5月に川崎の工場地帯と伊豆の韮山とを対比させて，子どもの生活時間をたしかめた調査がある。大規模で，精密な調査だが，この中では，手伝いと自由時間との割合に注目しよう。表5-26をまとめると，「自由時間」は「遊び」の時間であろうが，韮崎の場合，手伝いが1時間48分，自由時間は1時間9分で，家事手伝いの時間が遊びの時間より39分長い。また，川崎でも，自由時間と手伝いはそれぞれ1時間12分で，都市の子どもも家事に多くの時間を割いている情況が浮かんでくる[137]。

表5-26　子どもの生活時間（時.分）

		家庭で					学校で	
		睡眠	食事など	勉強	手伝い	自由時間	授業	その他
韮崎・男・小4		9.16	1.21	0.52	1.54	1.35	5.10	1.54
	小6	8.54	1.16	0.32	1.40	1.24	5.25	2.38
	全体	9.05	1.19	0.42	1.47	1.30	5.18	2.16
女・小4		8.53	1.28	1.00	1.44	1.09	5.15	1.52
	小6	8.46	1.24	1.03	1.51	1.09	5.24	2.41
	全体	8.50	1.26	1.02	1.48	1.09	5.20	2.17
川崎・男・小4		10.09	1.26	1.10	0.37	1.49	5.00	2.06
	小6	9.56	1.21	1.17	0.42	1.12	6.17	2.38
	全体	10.03	1.24	1.14	0.40	1.31	5.39	2.22
女・小4		10.03	1.41	1.07	1.27	1.28	4.52	2.12
	小6	8.57	1.22	1.25	0.56	0.56	6.32	2.28
	全体	9.30	1.32	1.16	1.12	1.12	5.42	2.20

竹之下休蔵「子どもの遊びと生活時間の構造」『児童心理』昭和34年1月，33-40頁

　それでは，昭和30年代に入ると，子どもの生活は変わってくるのであろうか。これまでふれたように，農繁期には学校を休んで野良仕事を助ける子どもが多かった。昭和34年の調査によると，表5-27のように，秋の農繁期にはほぼ全員が5時間程度，農作業を手伝っている。しかし，さすがに

昭和30年代に入ると、手伝いのため学校を休む、あるいは早退した割合は、表5-28のように早退者を含めても、4％を下回っている。

表5-27　秋の農繁期に手伝った割合（％）

	男子	女子	全体	（働いた時間）
小3	92.6	93.1	92.8	（5時間48分）
4	89.2	100.0	94.6	（4時間52分）
5	100.0	100.0	100.0	（5時間23分）
6	100.0	100.0	100.0	（5時間51分）

中野佐三「調査を見て」『児童心理』昭和40年1月、127頁

表5-28　農業の手伝いの為、休んだ割合（％）

	小3	小4	小5	小6	全体
学校を休んだ	2.8	2.4	0	0	1.3
早退した	2.8	2.4	1.6	1.8	2.2

　この調査を校閲した中野佐三は、子どもの頃を思い出して「そのころのわたしには手伝いとは『田や畑の手伝い』『牛の飼料にする草を刈る』であった」。しかし、「耕運機、除草機、脱穀機などの近代農具の普及で、農家もその子に田や畑の手伝いさせずとも事足りるのであろう」と回想している[138]。

　先ほどの分析で、昭和30年代に入ると、企業の成長が続き、農村部の中学生が大都市に集団就職をする姿が見られたと述べた。それと同じ時期、農村部ではいわゆる農業の近代化が始まり、家庭の電化も進み始めて、子どもの手伝いが減っている。さらに、子どもの世界にメディアの影が及ぶようになり、遊びや食べ物にもそれまでの子どもの変化が見られ、手作りに代わって、商品化された玩具や食品を手にするようになる。それでも、昔ながらの子どもの姿も見られたのが昭和30年代の初めだった。

　昭和33年にマンガ雑誌に登場するキャラクターの中で、好きな人物をあげてもらった調査がある[139]。調査対象は関西の小学4年生から6年生だ

が，表5-29のように，マンガ雑誌やラジオ，テレビなど，メディアに登場する主人公に子どもの人気が集まっている。昭和30年代に入ると，路地裏などで，黒っぽい風呂敷をマント代わりにし，お面をつけて，月光仮面に扮して遊び回る子どもを見かけた。月光仮面ごっこである。戦争の影が薄れ，平和が当たり前と思う子どもである。そうした子どもがその後どう変化していくのか。そして，その変化はどのような意味を持つのかについては次章でふれるようにしたい。

表5-29　マンガ雑誌の好きなキャラクター（％）

男　子		女　子	
①月光仮面	24.0	①まりっぺ先生	26.8
②まぼろし探偵	18.3	②ユリー	25.1
③赤胴鈴之助	16.5	③月光仮面	14.7

都留宏「子どもの描く理想像とそれを規定するもの」『児童心理』昭和37年3月，60-66頁

〈参考文献〉
(1)　赤瀬川原平『少年とオブジェ』ちくま文庫，1990年，127頁
(2)　吉岡源治『焼跡少年期』図書出版，1984年，39頁
(3)　立原えりか「ながいひまわり」『わたしの8月15日』あかね書房，1975年，62頁
(4)　手塚治虫『ぼくはマンガ家』大和書房，1979年，42頁
(5)　扇千景「大広間に響いた笑い声」岩波新書編集部『子どもたちの8月15日』岩波新書，2005年，53頁
(6)　山川静雄「祖父の予想」(5)に同じ，109頁
(7)　『足立区教育百年のあゆみ』1980年，666-667頁
(8)　『板橋区教育百年のあゆみ』1974年，517頁
(9)　『世田谷区教育史　資料編6』1993年，591-593頁
(10)　横須賀市教育研究所『横須賀市の学童疎開』1997年，15-19頁
(11)　『杉並区教育史』（下），1966年，562-563頁
(12)　『北区教育史　資料編第3集』1994年，332-333頁
(13)　『福井市旭小学校百年史』1975年，266-267頁
(14)　小林信彦『一少年の観た〈聖戦〉』ちくま文庫，1998年，177-178頁，181頁

(15) 松広茂『銀座が俺の学校だった』社会評論社，1998年，58頁，71頁，82-83頁，175頁
(16) 増井光子「幼き日のノスタルジァ」池田理代子ほか『わたしの少女時代』岩波ジュニア新書，1979年，56頁
(17) 漆原智良『子どもの心がかがやくとき』フレーベル館，2005年，5-28頁
(18) (1)に同じ，21-23頁
(19) 『新青森市史　別編2 教育(2)』1999年，169-170頁
(20) 『練馬区教育史』第1巻，1975年，998頁
(21) 河野通雄『親なき子』明和書院，1947年，110-128頁
(22) 竹田俊男「浮浪児の誕生」『愛児』1947年12月，2-5頁
(23) 福尾武彦「児童の労働」『児童心理』1955年8月，31-39頁
(24) 籠山京「児童労働」『児童問題講座　第4巻社会編』新評論，1951年，135-136頁
(25) (24)に同じ，141頁
(26) (24)に同じ，142頁
(27) 南博「工場街」『児童問題講座　第4巻社会編』新評論，51-52頁
(28) 奥成達『昭和こども図鑑』ポプラ社，2001年，181頁
(29) (11)に同じ，566-567頁
(30) 小泉光夫「教科書も不足していた学校生活」『すみだ区民が語る昭和生活史』（下），1991年，79-82頁
(31) （京都府）『明倫百年史』1973年，229頁
(32) 『北区教育史　資料編第1集』1993年，353頁
(33) (19)に同じ，164頁
(34) （山形県鶴岡市）『加茂小学校史』1983年，57頁
(35) 『宮城県教育史』第1巻，1975年，146-147頁
(36) （東京都錦華小学校）『錦華の百年』1974年，219-220頁
(11)に同じ，576-577頁
(37) （長野県）『戸倉小学校百年史』1967年，281頁
(38) (32)に同じ，333-334頁，341頁
(39) (32)に同じ，86-87頁
(40) （長野県）『小布施小学校沿革史』1973年，183頁
(41) （滋賀県）『高宮小学校百年史』1972年，265頁
(42) 『大府市教育史』1971年，238-242頁
(43) 『町田市教育百年史』1975年，160頁

(44) (12)に同じ，336-337頁
(45) 『葛城南小学校の歩み』2004年，25頁
(46) Report of the United States Education Mission to Japan　渡辺彰訳『米国教育使節団報告書』目黒書院，1947年，46頁
(47) 読売新聞社編『日本の新学期』読売文庫，1955年，58-59頁
(48) (47)に同じ，40-42頁
(49) 国立教育研究所『近代日本教育百年史』1974年，256-261頁
(50) (42)に同じ，286-302頁
(51) 『北区教育史　資料編第2集』1994年，374-380頁
(52) 『目黒区教育百年のあゆみ　資料編』1986年，237-238頁
(53) 『目黒区教育百年のあゆみ』1986年，620-621頁
(54) 『新宿区教育百年史　資料編』1979年，424-425頁
(55) 磯村英一「都市と教育」『講座・教育社会学Ⅳ』東洋館出版社，1953年，152頁
(56) 『船橋市新教育10年の歩み』1958年，152頁
(57) 『相模原市教育史　第4巻』1982年，446-447頁
(58) (19)に同じ，323-324頁
(59) 「福島の教育」『福島市史　別巻Ⅱ』1979年，517-526頁
(60) (35)に同じ，164頁
(61) (52)に同じ，614頁
(62) 小島透「戦後の指扇小学校の思い出」『大宮市指扇小学校開校百年史』1973年，328頁
(63) 岡田正平「松よいつまでも緑を」(62)に同じ，332頁
(64) 岡本貞子「思い出の記」(姫路市)『白浜教育百年のあゆみ』1973年，102頁
(65) 文部省学校教育課『新制中学校・新制高等学校・望ましい運営の指針』1949年，8-11頁
(66) 文部省『民主主義　下』1949年，286-289頁
(67) 高野伊都子「『社会科』誕生の頃」『北条小百年誌』1974年，108頁
(68) 兵庫師範女子部附属小学校『小学校のコア・カリキュラム』誠文堂新光社，1949年，57-58頁
(69) 東京高等師範附属小学校『コア・カリキュラムの研究』教育科学社，1949年，140-146頁
(70) 村本精一・浜田陽太郎「川口プラン」『近代日本教育の記録』(下)，日本放送出版協会，1978年，232-235頁
(71) 駒込幸典『信州の戦後教育はこうして始まった』信濃毎日新聞，2002年，37-38

頁

- (72) 南伸坊『ぼくのコドモ時間』ちくま文庫，1997年，111-112頁
- (73) (9)に同じ，139-140頁
- (74) 阿久悠『瀬戸内少年野球団』文春文庫，1983年，73頁
- (75) (59)に同じ，235頁
- (76) 木村茂夫「男女共学の諸問題」『児童生徒の社会意識の調査』1948年，39-41頁
- (77) 大田守彦「小学校1年生の時は2部授業」(30)に同じ，84-86頁
- (78) 飛田孝「遊ぶのも命がけ」(59)に同じ，99頁
- (79) 野田知祐『少年記』本の雑誌社，1999年，30-35頁
- (80) 沢野ひろし『少年少女絵物語』角川文庫，1996年，24-29頁
- (81) 蜷川幸雄「ぼくも野球少年だった」川本三郎編『昭和20年代文化年代記2』TUTO出版，1991年，226-228頁
- (82) 林家木久蔵『昭和下町人情ばなし』生活人新書，2001年，112-120頁
- (83) 鳴尾小学校（西宮市）『学校要覧』1953年，4-6頁
- (84) 鈴木清『興味の心理とその教育的意義』金子書房，1953年，16頁
- (85) 木下弘「児童の遊びの生活」『児童心理』1948年7月，57-68頁
- (86) 加藤正太郎「紙芝居についての児童の実態調査」『児童心理』1950年5月，384-389頁
- (87) (28)に同じ，124頁
- (88) 松山巌『銀ヤンマ，匂いガラス』毎日新聞社，1997年，50頁
- (89) 南伸坊「紙芝居と私」『戦中戦後紙芝居集成』アサヒグラフ，1995年11月25日，2頁
- (90) 村松友視「紙芝居と私」(89)に同じ，2頁
- (91) 藤田英夫『わが青春は紙芝居小僧』自主出版，1990年，34頁
- (92) 森下正雄『黄金バットの時代』足立区郷土資料館，1991年，30-34頁
- (93) 右手和子『紙芝居のはじまりはじまり』童心社，1986年，179頁
- (94) 加太こうじ『紙芝居昭和史』立風書房，1971年，206頁，229頁，264頁
- (95) 山本武利『紙芝居』吉川弘文堂，2000年，60-63頁
- (96) 浅井清二『紙芝居屋さん，どこへ行った』紙芝居刊行委員会，1989年，22-23頁
- (97) 桜木富雄・今野俊彦『紙芝居と戦争』マルシェ社，1985年，290-291頁
- (98) (94)に同じ，104-107頁
- (99) 阪本一彦『紙芝居屋の日記』関西児童文化研究会，1990年，33-36頁
- (100) 「もぐり問題に対する東京紙芝居審査委員会白書」『紙芝居』1950年5月30日，4-5頁

(101) (96)に同じ，78-86頁
(102) 青木菊男「紙芝居談義」『紙芝居』1949年11月1日，5頁
(103) 村田亨『紙芝居の製作と実演』明治図書，教育実践文庫，1953年，12頁
(104) 『紙芝居』1949年11月1日，4-5頁
(105) 塩崎源一郎「平和への願いを紙芝居に託して」『戦中戦後紙芝居集成』アサヒグラフ，1995年11月25日，178頁
(106) (92)に同じ，34頁
(107) 鈴木常勝『紙芝居屋の来る街角』私版本，2000年，22-26頁
(108) 阪本一彦・堀田譲『紙芝居を作ろう』青弓社，1995年，68-112頁
(109) 堀内敏夫「読書の興味の発達」『児童心理』1950年5月，60-66頁
(110) 阪本一郎「健康な読物とは何か」『児童心理』1950年7月，1-9頁
(111) 猪野省三「少年少女雑誌を斬る」『児童心理』1950年7月，10-15頁
(112) ロッカー「戦後の『少年クラブ』の変遷」『ビランジ』6号，2002年，69-71頁
(113) 北原照久『「おまけ」の博物誌』PHP新書，2003年，132-136頁，146-152頁
(114) (28)に同じ，132-133頁
(115) 中野佐三「子供とラジオ」『児童心理』1950年5月，54-59頁
(116) (札幌市北九条小学校)『本校環境実態調査の研究とその究明』1954年，80頁，88頁，90頁
(117) 松村康平「児童の要求と映画・ラジオ」『児童心理』1956年4月，11-18頁
(118) 松元泰儀「児童のラジオ聴取の実態」『児童心理』1956年4月，79-85頁
(119) 岡本圭六「ラジオの人気番組に対する青少年の反応」『児童心理』1958年10月，86-92頁
(120) 石原京三「学童における映画興味の実態」『児童心理』1956年4月，73-78頁
(121) 関計夫「子どもの願いの心理的構造と発達心理」『児童心理』1966年1月，17-29頁
(122) 石黒彩二「友人関係の発達」『児童心理』1976年10月，64-73頁
(123) (121)に同じ，25-27頁より引用
(124) 安本末子『にあんちゃん』光文社，1958年，100頁
(125) (124)に同じ，70頁
(126) 嵯峨政雄「不就学児童の問題」『講座・教育社会学III』東洋館出版社，1953年，214頁
(127) 岩井竜也「都市の教育」『講座・教育社会学IV』東洋館出版社，1953年，69頁
(128) (127)に同じ，152頁
(129) 『文部省年報78年報』

(130) 井坂行男「高校選抜と中学校教育」『児童心理』1953年12月，48-52頁
(131) 加瀬和俊『集団就職の時代』青木書店，1997年，148頁
(132) (131)の65頁より算出
(133) (131)に同じ，78頁
(134) 福尾武彦「農山村の教育」(127)に同じ，1953年，79頁
(135) (134)に同じ，99頁
(136) 文部省『イリの村の生活とこども』1954年，270頁
(137) 竹之下休蔵「子どもの遊びと生活時間の構造」『児童心理』1959年1月，33-40頁
(138) 中野佐三「調査を見て」『児童心理』1965年1月，127頁
(139) 都留宏「子どもの描く理想像とそれを規定するもの」『児童心理』1962年3月，60-66頁

6章　テレビとともに育つ

1　子どもの群れがさま変わり

1）　子どもが群れていた

　子どもが変わったといわれる。しかし，昭和30年代の半ばまでは，それまでと同じような子どもの姿が見られたような気がする。松山巌（前出）は，「ベイゴマを本格的にというのか，愉しもうという時期に禁止された」ので，うまくなかった。賭け事というのが，禁止の理由だった。しかし，ケン玉はよく遊んだ。「4，5人が並び，技を競いながら勝ち抜いたら王様になる。王様になっても負けたら一番下位に落ちる。それも誰も出来ない技を一生懸命練習した」[1]と語っている。

　藤森照信（昭和21年，長野県茅野生まれ）によれば，野球といっても「グローブはない。バットもない。肝心のボールはどうかというと，それもなかった。硬球なんて存在すら知らない」。そこで，手作りのバットも使う「ボー野球」に興じている。その他，子ども時代の遊びとして，「ヘビの話」，「サンショウウオ」，「トンボ取り」，「ハチの子」，「魚捕りさまざま」などの見出しが並ぶ。その内の「魚捕り」によると，藤森は「投網，仕掛け釣，釣，ウケ，ヤス，かい干し，泥すくい，さぐり」の8種類の方法で魚捕りをしたという[2]。

　「あとがき」の中で，藤森は「江戸時代と明らかにちがっていたのは，明かりが灯火ではなくて電灯，井戸にかわって水道，障子の真ん中にガラスがはまっていたくらいだ。加えて，親父の手づくりのラジオはあった。そういえば，新聞もあった。農作業はすべて手仕事。全国どこでも田舎の暮らしは，高度成長の前までは，そんなもんだった」[3]と書いているが，

6章　テレビとともに育つ

昭和30年代前半まで，子どもの生活はそれまでと変わらなかった。

あんばいこう（昭和24年，秋田県湯沢生まれ）は「ものごころついた頃には，もうキャッチボールをしていたキチのつく野球少年だった。家の前の空き地や刈り取りの終わったフカフカの田んぼや学校のグランドで，雪の降り積もる季節以外はボールを追いかけていた」。もっとも，「ぼくの家を中心に，半径100メートルほどがいわゆる『なわばり』で，その範囲以内は，各家庭の経済状態からご先祖サマのことまで子どもながらも親族同様に知っていた」[4]のように地域を根城として，子どもは過ごしている。

島田洋七（昭和25年，広島生まれ，佐賀育ち）によれば，「7，8人が一斉に木に上って，ぶらーんと枝にぶら下がって，実をとっては口に放り込んでいた」は椋の実についての記述である。また，野球をやる時も，グローブが足りず，「軟式だったから，ピッチャーとキャッチャー，ファースト以外は，素手でも充分だった，もちろんベースなんてないから，草を引っこ抜いて置いて『これがベース』という感じ」[5]だった。

北野武は，遊びに明け暮れる子ども時代を過ごしているが，特にベーゴマが大好きだった。「六角形のをね，はじかないようにグラインダーで角をとってマルくしちゃうんだよ」と，強いベーゴマを作る。そして，ベーゴマに負けた子が，「ベーゴマを売ってくれ」といってきたら，弱いベーゴマを売って，もうけていたという[6]。

昭和30年代に子どもの手伝いについて行なった調査がある。実際に家事を手伝った割合は，表6-1の通りだが，「田畑の手伝い」や「草取り」が高い割合を示しているあたりに，古くからの農村を感じる。また，「風呂の水入れ」や「風呂たき」している子が多く，家庭の電化が進んでいない時代が感じられる[7]。

また，昭和30年に，小学教師の杉田初市は，東京都板橋，宮崎県臼杵郡，山梨県中巨摩郡で，子どもの遊びについて聞き取り調査を行なっている。結果によると，山村部では，「子どもが麦畑を荒らして困る」とか「苗代田に石を投げて遊んでいる」など，子どもの遊びが農村の生活を乱すなどの記述が見られる。子どもの悪戯に困っただろうと思う反面，子どもらし

表6-1 手伝いをした割合（％）

	4年			5年			6年		
	男子	女子	計	男子	女子	計	男子	女子	計
お使いに行く	89.2	93.4	91.3	87.1	92.3	89.7	77.2	97.3	87.3
田畑の手伝い	72.3	67.2	71.1	64.5	71.2	67.9	63.3	71.7	67.3
床をひく	69.2	82.6	75.4	80.6	86.5	83.8	54.4	58.5	56.5
部屋の掃除	50.8	73.8	62.3	41.9	71.2	55.3	43.9	66.0	54.5
風呂の水入れ	55.4	42.6	49.0	38.3	32.7	36.0	38.6	34.0	36.4
風呂たき	36.9	41.0	38.0	54.8	28.8	43.0	38.6	32.1	35.5
草取り	26.2	34.4	30.3	23.0	22.6	22.8	10.5	11.3	10.9
牛や豚の世話	10.8	4.9	7.9	11.3	5.8	8.8	8.8	5.7	7.3

剣持和雄「いなかの子どもの労働」『児童心理』昭和40年1月，117-122頁

い子どもの存在にほほえましさを感じる。しかし，都市では，「私は，いつもお勉強のじゅくに火・木・土と行きます。（中略）また，習字のおならいに，月，木といっています」のように，通塾する子どもが増え，遊ぶ時間をとれない状況が生まれている[8]。都市と農村との格差が生まれ，都市の子どもは勉強に追われ始めたのであろうか。

また，横浜市の小中学生を対象にこづかい調査を実施した結果によると，小学生のこづかいは平均して368円，中学生が485円だった[9]。子どもの世界で100円玉という単位が値打ちを持っていたことが分かる。

2）群れの姿が変わった

群ようこ（昭和29年，東京生まれ）は，昭和40年に入っても，東京の小石川では，「道路を走る車はほとんどなく，近所の子供たちはアスファルトの上に蝋石で絵を描いたり，石蹴りの陣地を製作したりした」。そして，「路地は子供が学ぶ小さな社会だった。友だちや親ではない他人の大人と出会い，挨拶の仕方や言葉遣いまで知らず知らずのうちに学んだ」[10]と，子ども時代を回想している。また，泉麻人（昭和31年，東京生まれ）は子

どもの頃, 「行きつけの『フィールド』のなかに, 3軒の駄菓子屋があった」。「ねーちゃんばーちゃん」「じーちゃんばーちゃん」「はいはいババア」[11]という呼び名で, 泉は小学3年生位から, 駄菓子やメンコ, ブロマイドを買いに出かけている。

　こうした回想では, 子どもの暮らしがこれまでと変わらない印象を受ける。南伸坊（前出）も,「ボクらの子どものころというのは, 戦後の混乱が, まだ続いていたもんだから, いくらでもそこらに（原っぱが－筆者注）あった」。もっとも, 原っぱも,「空襲で焼け落ちた銭湯や工場の, その焼け跡で, ガレキやガラクタを捨てた, ゴミの山のようなものだ」。その原っぱを「カクレ家（南伸坊の言葉）」にして, ガキ大将を中心に何人かの子どもが集まって, 群れの暮らしをする。具体的には,「『じゃ, 3時からカクレ家で会をやるから, おやつを持って集まること』とツネヒトちゃん（ガキ大将－筆者注）の命令があって, ボクらはそれぞれ, 自宅へ戻って, お菓子を持って集まったのだった」。しかし,「ツネヒトちゃんが引退したころから, うちの近所では, ガキ大将がとりしきる, コドモの地域社会がなくなってしまったような気がする。つまり, 跡をつぐはずだったのは, 確実にボクらの世代だったのですが,（中略）それを誰もしなくなっていった時代だったんでしょうか」と回想している。

　南は昭和22年生まれだから, 小学6年生だったのは昭和34年頃になる。この南の回想は, 昭和30年代前半にガキ大将を中心に存在していた子どもの群れが, 大将を引き受ける者がいないために, 群れの継承が行なわれない情況を示す貴重な証言である[12]。

　町田忍（昭和25年, 東京日暮里生まれ）も, 昔ながらの子どもと新しい子どもとの過渡期に成長している。町田の回想によれば, 地域に群れ遊びをするギャング集団があり, 秘密の基地作りをしている。「仲間4人で, 板切れや園芸用のシャベルを使って3人の子供が並んで入れるくらい深くて大きな穴を掘った。付近で拾った廃材を利用して穴を隠すための蓋をつくり, 内側にゴザを敷いた」という。また, 近くに5軒の駄菓子屋があったが, 彼の通った店には「天井から凧, 壁には袋に入ったクジ, 台の上に

は各種の駄菓子や小さなオモチャが所狭しと並べられて」いたという。

　こうした面に着目すると，日暮里の子どもも昔ながらの生活を送っているように見える。しかし，子どものチャンバラは，テレビの人気番組「とんま天狗」をヒントにしたもので，「主役は大村崑で，下がったメガネに，頭巾をかぶり，TONMAをデザインして洒落た家紋の付いた服を身にまとっていた」形だった。また，メンコの絵には「月光仮面」「おトラさん」「まぼろし探偵」「赤胴鈴之助」「少年ジェット」「スーパージャイアント」など，マンガ雑誌やテレビマンガの主人公が登場している。そして，「真っ黒な自転車の荷台には大きな箱が載せられ，引出しの中を覗くと，丸いソフトせんべいが一列ずらりと並べられていた」は，紙芝居についての記述だが，「そんな紙芝居屋さんも小学6年（昭和37年）ごろには，来なくなってしまった。（中略）おそらく他の地区においても，このころを境に紙芝居は急激に減少していったと思われる」[13]。昭和30年代半ばに紙芝居が衰退したことを子どもサイドから見た証言である。

　秋本治（昭和27年，東京の亀有生まれ）は『少年ジャンプ』に連載中の「こちら葛飾区亀有公園前派出所」の作者だが，子ども時代の思い出として，「中川土手から続く田んぼや沼に，いくらでもザリガニ（アメリカザリガニ）がいました」。子どもはザリガニとりに熱中したが，「土手から川を見越して広がる対岸の視界のなかには，こん立する送電鉄塔」。現在では，鉄塔はあるものの，田んぼやザリガニは姿を消した。したがって，「ザリガニと鉄塔は，僕と同じ昭和30年に育った子供たちに共通する記憶」だと回想している[14]。

3）　ギャング集団の意味

　このように昭和30年代の半ばになると，紙芝居屋が来なくなり，遊びの群れが解体し，子どもと自然とのふれあいが減るなどの変化が見られる。中でも，子どもの群れを見かけなくなったことが大きな変化であろう。

　1章でもふれたように，そうした子どもの群れをギャング集団と呼ぶことが多い。もともとこの言葉は，シカゴ大学のスタッフが，遊び戯れる子

どもの群れが，当時シカゴを闊歩していたカポネなどのギャングを連想させることから名づけられた。アメリカの児童心理学を紹介した新進の心理学者・都留宏は，ギャング集団の特性として，「①反社会的，暴力的な集団である」，「②ボスを最高にして組織化されている」，「③集団内の秩序と団結が厳しい」，「④運営が外部に対し秘密的」などをあげている。たしかに，子どもの遊ぶ群れには，①「自分の家の周り」のような縄張りがあって，②参加メンバーが「周りの子ども」のように固定し，③集団内に「ミソカスとガキ大将」のような地位と役割が分化し，④それぞれが「メンコの決まり」のような独自の文化を持ち，⑤「橋の下」や「大木の洞穴」のような秘密の隠れ家があって，⑥時として，「万引き」のように群れて悪事を働くなどの属性を備えている。

したがって，ギャング集団を通して，子どもが悪さをするのはたしかであろう。そうした反面，群れの中で，子どもは，①屋外で，②何人かの異年齢の友だちと，③体を動かしながら，④さまざまな遊びに興じるので，子どもの人間形成にプラスになることが多い。

なお，津留は，日本，特に都市では，アメリカのようなギャング集団が見られないと指摘する。その理由として，「①子どもが両親の支配下にある」，「②親が子どもの行動に監視的」，「③子どもがのびのびしていない」などをあげる。そして，子どもの遊び集団のギャング性が低いのは子どもの社会性を考える時，問題が多い。それだけに，ギャング性がもう少し増加しても良いのではと指摘している[15]。しかし，残念ながら，昭和30年代後半になると，子どもの群れはますます見られなくなる。

2　テレビがやってきた

1)　テレビを見たい

NHKのテレビ本放送が始まったのは昭和28年2月1日だった。もっとも，それは，テレビ史の中の話であって，子どもとの接点は少なかった。しかし，テレビの宣伝効果に着目して，日本テレビが繁華街の電信柱の高

い場所にテレビを設置した。いわゆる街頭テレビである。特に，力道山が登場するプロレスが人気だった。シャープ兄弟対力道山・木村政彦の対戦で思い出に残るプロレスは昭和29年2月19日の話である。したがって，本放送開始からほぼ1年後，都市の子どもはテレビを目にするようになった。

しかし，街頭テレビは大人が集まる場なので，背の低い子どもはテレビを見にくかった。もちろん，大人も，街道では落ち着いてテレビを見られない。そこで，座ってゆっくりテレビを見たいという気持ちが強まり，店によっては，お金を取って，テレビを見せるようになった。須賀健（大正14年，東京生まれ）の家庭では，「私の家も餅菓子屋をやっていたから，夕方になると店のテーブルを片付けて，椅子だけにしてテレビを見せたの」。テレビを見る会員券を買ってもらい，ジュースつき200〜300円で，テレビを見せた。こうした状態は，「昭和34年に，皇太子の結婚式を見ようってんで，みんなが競ってテレビを買ったんだよね」の時期まで続いている[16]。同じような思い出を，松山巌（前出）は，「街頭テレビの画面は，子どもの背丈ではよく観ることがかなわない。そこで，父はよく近所の喫茶店に連れて行ってくれた」。そして，ジュースを飲みながら，力道山のプロレスを見たと回想している[17]。

椎名誠は，小学生の頃，テレビのプロレスを見られるのは，キンホウ電気店か納涼台に限られていた。しかし，キンホウ電気店は10円払って見るのだが，大人が200名も集まるので，子どもはテレビを見にくかった。そんな時，友人の松井の家にテレビが入った。そこで，椎名は「松井のおっかあにも気に入られるようにして，できるだけ早く松井の家のテレビを見に行くようにしよう，と考えた」[18]。しかし，松井の父はプロレス嫌いのインテリなので，金曜の夜，その父が在宅していると，プロレスを見られなかった。その後，3軒先のマツオの家でテレビを買ったので，訪ねてみた。「美しくかがやいているのは床の間の上のテレビで，そのまわりを囲むようにしてマツオのおばさんや親父や，マツオの兄弟などがやっぱりよろこびに満ちた顔で並んでいた」[19]。テレビを購入できると，テレビとともに家庭に幸せな団欒が到来するように感じられた時代である。

あんばいこう（前出）の回想によると，秋田県の湯沢では，「テレビの買う順番が早ければ早いほど，その家はお金持ちである，という暗黙の了解があった」。そして，古くからの大きな料亭に町で一番早くテレビが入った。「夕食を済ませるとぼくら近所のガキは料亭の門をくぐり，うやうやしくテレビの前に垂れ下がった垂れ幕を上げてもらい，拍手をして，ようやくテレビを見せてもらった」。しかし，「人様の家に毎日のように団欒時にテレビを見におじゃまするというのは，子ども心に気が引けるものだった」という。そして，彼の家にテレビが入ったのは，皇太子のご成婚のあった昭和34年だった[20]。

　このように，徐々にではあるが，テレビが子どもの身近なものになった。そして，テレビは子どもの生活に強い影響を与えた。これまでの社会では，放課後の子どもにとって楽しみだったのは，「立川文庫」や『少年倶楽部』などの子ども雑誌，「のらくろ」などのマンガ，「黄金バット」に代表される紙芝居，そして，駄菓子屋だった。それだけに映像と音声を同時に楽しめる活動写真は魅力的だった。しかし，映画館は都市に限られている上に，子どもだけでは入りにくいから，映画を見る機会は限られていた。

　それに対し，家庭にテレビがあると，何時でも好きな時にくつろいで映像を見ることができる。しかも，テレビ番組は短時間で次々と変わり，面白い内容が続く。テレビの普及により，家庭が，いつでも映画を上映できる娯楽場になった。そして，どの子どももテレビに夢中になっていった。

2）　テレビを見られる子・見られない子

　島根県の広瀬小学校では，昭和34年2月，テレビの購入募金運動を行なっている。といっても，娯楽のためでなく，学校でテレビを購入し，子どもの教育に役立てようという目的だった。テレビが高嶺の花的で貴重な時代なので，テレビ購入運動は盛り上がった。廃品回収の他にこづかいからの募金なども始まり，昭和35年夏までに7万7,598円が集まった。教員寄付1万2,497円，廃品回収2万3,205円，児童募金2万8,781円などで，その中から6万円でテレビを購入している[21]。

昭和33年1月に子どものテレビの視聴を調査したデータがある。この時期は，テレビが高嶺の花だったので，家にテレビのない子どもが多い。そうした子は，テレビを見るためにあちこちと訪ね歩くことになる。なお，この調査のサンプルはお茶の水女子大附属小学校と台東区田原小学校の1，3，5年生だった。当然，前者はインテリの保護者が多い学校で，後者は下町の伝統ある商業地を校区としている。

　そして，表6-2のように，附属小は80.7％，田原小も72.0％と，いずれもテレビ所持率が高い。下町といっても，田原町は浅草雷門に隣接した伝統のある商店街だけに，平均よりは豊かで，テレビの普及率も高かったのであろう。

表6-2　テレビのない家庭の子どものテレビ視聴（％）

	テレビがある	ない	ないがテレビを見る	見る場所
附属小	80.7	19.3	39.7	①親戚（38）②近所（30）③友人（12）
田原小	72.0	28.0	56.0	①友人（43）②近所（28）③商店（18）

寺内礼次郎・菊池彰夫「テレビと子どもの生活」『児童心理』昭和34年1月，85-91頁

　表6-2，6-3を参照すると，テレビのある家庭の子どもは，平日に2時間，休日に3時間程度テレビを見ている。それに対し，テレビのない家庭でも，テレビを見ている子どもが多い。しかし，見ているといっても視聴時間は30分程度にとどまる。一つの番組を見せてもらうのであろう。

　テレビが家庭に入ってきて，子どもがテレビを楽しんでいる。しかし，この時点は，テレビの黎明期で，テレビ視聴が子どもの人間形成にどのような影響を与えるかは不明だった。しかし，調査を担当した寺内礼次郎（後に社会心理学者として著名になる）は「家庭の中に入り込んだテレビが，子どもをひきつけることによって，（中略）家庭の働きそのものが混乱し，変化していくことはないだろうか」「テレビ以外の遊びや娯楽から遠ざかる傾向があるとすれば，これも問題になるだろう」と懸念している[22]。

6章 テレビとともに育つ

表6-3 テレビの視聴時間 (時間.分)

	1月30日（木）	2月10日（土）	2月2日（日）
附属小・1年	2.05 (0.14)	2.25 (0.22)	3.51 (0.34)
3年	1.56 (0.03)	2.15 (0.10)	2.24 (0.17)
5年	0.55 (0.10)	1.40 (0.03)	2.30 (0.01)
全体	1.39 (0.09)	2.07 (0.12)	2.55 (0.17)
田原小・1年	2.25 (0.27)	1.23 (0.47)	2.57 (0.27)
3年	2.05 (0.29)	2.33 (0.39)	3.21 (0.25)
5年	1.44 (0.20)	2.15 (0.03)	4.23 (1.08)
全体	2.05 (0.25)	2.04 (0.30)	3.34 (0.40)

テレビのある家の場合、（　）内はテレビのない子どもの視聴時間
表6-2に同じ

　寺内らの調査とほぼ同じ昭和33年5月に長野市の小学5年生248名を対象とした調査がある。家にテレビのある家庭は表6-4のように24.6%にとどまる。長野市が貧しい地域でなく、平均的な都市であることを考えると、先の表6-2の数値は豊かな東京のデータで、表6-4の方が、昭和33年頃の子どもの姿を示しているように思われる。

表6-4 家にテレビのある子・ない子の視聴時間 (時間.分)

	0分	1時間	2時間	3時間	4時間	5時間
ある子 62人 (24.6%)	0	3.3	18.0	37.7	27.9	13.1
ない子 187人 (75.4%)	35.8	48.2	12.3	3.7	0	0

磯貝芳郎「テレビを見過ぎる子ども」『児童心理』昭和34年8月、91-97頁

　なお、この結果によると、テレビのある子どもの78.7%が3時間以上テレビを見ているが、「テレビを見ながら勉強」をしている子どもは「時々」を含めて36.0%にとどまる。この時期、テレビは居間に1台しかなく、居間でテレビを見ながら勉強をすると、居間の邪魔になる。だから、勉強は自分の部屋でするので、「ながら勉強」の習慣は少ないのであろう。それ

でも,「テレビを見ながら食事」をしている子どもは「いつも」の23.0%に,「時々」の72.1%を含めると,95.1%に達する。それに対し,テレビのない子の内,テレビを見ていない子が35.8%で,どこかでテレビを見た場合でも1時間以内が48.2%に達する。

　この調査では,「映画,マンガ,テレビ,ラジオ,本」の中で,何が好きか順位を尋ねている。テレビのある家の子どもの3位までは,①映画,②テレビ,③マンガだが,テレビのない子の順位は,①本,②映画,③マンガである。なお,好きな順位の1位にテレビをあげた子の内,テレビのある家の子は37.7%,テレビのない子は19.8%だった。

　このように家庭にテレビのある子どもとテレビのない子どもとでは,生活の中で,テレビの持つ意味が異なる。テレビが家にあると,視聴時間が長くなるだけでなく,「ながら視聴」も増え,テレビに巻き込まれた生活を送っている情況が浮かんでくる。

　なお,家庭にテレビのない子どもの61.8%は,「テレビが欲しい」と思っている。たしかに,家にテレビのない子どもは,他人の家で気兼ねしながらテレビを見ているから,肩身が狭い。それだけに,家にテレビが欲しいと思うのは当然の気持ちであろう。

　こうした結果をふまえて調査を担当した磯貝芳郎(児童心理学者としての磯貝の若い時期の研究)は,子どもがこれまでの「活字的な思考」から「映像的な思考」に変わっていく。それと同時に,テレビばかりを見ている内に,社会的適応が未発達で,自己中心的な子どもが増えてくる可能性が強いと指摘している[23]。

　東京都中央区の教員・古沢清は昭和35年に,勤務校の3年生以上の子どもを対象として,テレビのある子とない子との比較を試みている。同校では,テレビのある子が85名(47.0%),ない子が96名(53.0%)で,ある子とない子とがほぼ半ばしている。しかし,テレビのある子とない子とで,気持ちに大きな開きが見られる。テレビのある家の子どもの76.3%は,テレビのない家の子に「かわいそう」と,同情心を抱いている。そして,テレビのない家庭の子どもの38.5%も,テレビを見に行く時に「引け目を感

じる」という。それだけでなく，27.1%の子どもは，「友だちと遊んでいる時」も，テレビのある家の友だちに劣等感を抱く。したがって，テレビのない子どもの53.1%は，テレビのある子どもに「うらやましい」と羨望の気持ちを感じている。

　この結果をふまえ，古沢は，近い将来，「テレビのある子どもが増え，テレビのない子どもは減少する」から，テレビのない子どもの問題は解消されるとは思う。しかし，現状では，「テレビのない子のテレビのある子に対する気持ちは，願望や羨望からしだいに卑屈感になり，ひいては卑屈感がしだいに心的構造の中に固定し」，人格形成上にひずみが生まれると，テレビのない家庭の子どもの心情を心配し，危惧の気持ちを述べている[24]。

　そうしたテレビのない子どもの気持ちとは別に，家にテレビのある子どもの長時間視聴の問題も浮かんでくる。上述した寺内礼次郎は，海外の調査結果なども参照しながら，長時間視聴したからといって，睡眠時間や勉強時間が短くなる，あるいは，非行化が進むことは少ない。しかし，テレビは子どもの成長に大きく係わるから，今後さらに，慎重な分析が必要だと指摘している[25]。

　その後，昭和34年4月の皇太子ご成婚パレードを契機として，テレビ人気が高まる。そして，昭和37年3月，テレビの受信契約台数が1,000万台に達し，テレビの世帯別契約率は48.5%となり，テレビが急速に普及することになる[26]。しかし，その場合でも，テレビは居間に1台あるにすぎない。それだけに，客が来るとテレビを見られなくなる。

　高口里純の父親は大工で，仕事仲間を家に連れてくることが多かった。そうなると，テレビのある部屋で宴会が始まり，「自分の部屋に入るなり，息をひそめて『テレビを観たいなあ』などと思った」という[27]。

3）　マンガ週刊誌の登場

　長谷川裕（昭和25年，東京生まれ）の家庭は，戦後間もなく貸し本屋を始めている。昭和20年代後半，本の定価が高く，貸し本屋がブームになった。東京だけで，3,000軒以上の店があり，どの店も盛況だった。特に貸

し本屋には子ども向けマンガが置かれていたので，貸し本屋通いをする子どもも多かった。しかし，「テレビの受像機数が百万台を突破した1958（昭和33）年を境に，あれほど隆盛をきわめた貸し本屋は徐々に衰退の道を歩みはじめる」。そして，営業成績が悪化し，閉店に追い込まれている[28]。

　長谷川の回想によると，小学5年生の頃（昭和36～37年頃－筆者注），学級の友だちの間に子ども週刊誌のファンが増加する。そうした仲間のプロフィールを，長谷川は，「『少年サンデー』と『少年マガジン』を愛読していたのは，クラスの中でもちょっと成績のよい，中流家庭の子供だったように思う。半ズボンに坊ちゃん刈り，二十四インチか二十二インチの子供用自転車，ときにエポック社の野球盤，おやつは明治製菓のマーブルチョコレート，そして塾通い」[29]と描いている。

　泉麻人（前出）はマンガについて，「僕の時代は『少年』『ぼくら』『冒険王』『まんが王』といったところが四天王であったが，なかでも，『少年』は鉄腕アトム，鉄人28号というプロ野球でいえば『ON』を備えた巨人的存在であった」[30]という。

　昭和34年3月，子ども向けの週刊マンガ雑誌として，『週刊少年サンデー』（小学館）と『週刊少年マガジン』（講談社）が発刊され，マンガ雑誌の隆盛期を迎える。マンガ研究をしている高取英は「1950年代から60年代にかけて，『少年』『少年画報』『ぼくら』『冒険王』など，月刊マンガ誌が全盛だった少年マンガの世界には，59年の『週刊少年マガジン』（講談社），『週刊少年サンデー』（小学館）の創刊以後，週刊誌に中心が移っていく」と，マンガのサイクルが週単位になったことを指摘している[31]。

　たしかに昭和34年以降のマンガ週刊誌には，ヒット作のマンガが次々と掲載されている。例えば，『週刊少年サンデー』には，「伊賀の影丸」（横山光輝，36年），「おそ松くん」（赤塚不二男，37年），「オバケのQ太郎」（藤子不二夫，39年）などが連載されている。そして，『週刊少年マガジン』には，「ハリスの旋風」（ちばてつや，40年），「巨人の星」（梶原一騎原作，41年），「天才バカボン」（赤塚不二男，42年），「あしたのジョー」（高森朝雄原作，43年）が連載されている。上述の連載時期が示すように，

6章　テレビとともに育つ

　最初は『週刊少年サンデー』がヒット作を飛ばし，売れ行きをリードした。その後，ヒット作を並べた『週刊少年マガジン』が巻き返すという形で，両雑誌のマッチレースが展開されている。しかし，子どもが作品に接するのは雑誌に限らない。雑誌連載直後に，マンガがテレビ化され，テレビ人気を頼りに，さらに，作品が単行本化される構図である[32]。

　その後，昭和38年に『週刊少年キング』（少年画報社）が発刊されて，男子向けの週刊マンガ誌が3誌，女子は『週刊少女フレンド』（講談社）と『週刊マーガレット』（集英社）の2誌，男女合わせて，子どもマンガが5雑誌時代を迎える。なお，少年週刊誌は40円，少女週刊誌が50円で，子どもの買いやすい値段だった。さらに，昭和43年7月，定価90円の隔週週刊誌として『少年ジャンプ』が発刊された。その当時，マンガ週刊誌の発行部数は，『少年マガジン』（講談社）が84万4,000部，『少年サンデー』（小学館）69万1,000部，『少年キング』（少年画報社）42万7,000部だった。なお，定価はいずれも60円，子どもマンガ雑誌は出版社にとっての大きなビジネス対象に拡大していた。

　月刊の少年マンガ雑誌『少年ブック』の編集長をしていた長野規は，『少年ジャンプ』でも，同じ編集方針を受けつぎ，「一番心あたたまるものは－友情」，「一番大切に思うことは－努力」，「一番嬉しいことは－勝利」の「友情・努力・勝利」が，少年マガジンをリードするキーワードとなった。

　『さらばわが青春の少年ジャンプ』は，編集長をしていた西村繁男が『少年ジャンプ』を編集者サイドから回想した記録である。同書によれば，本宮ひろ志ら既存のマンガ家を大事にしながら，新人のマンガ家の発掘に努めるのが『少年ジャンプ』の編集方針だった。そして，梶原一騎の「あしたのジョー」やちばてつやの「がんばれジャイアンツ」などの人気マンガを掲載して，マンガ雑誌としての地位を強固にしていった。その後も，『少年ジャンプ』は昭和45年末に100万部，そして，54年末に300万部と発行部数を伸ばした。さらに，「Dr. スランプ」「キン肉マン」「キャプテン翼」などのヒット作を連載させ，『少年ジャンプ』は昭和59年末に400万，そして，昭和末には600万部の発行部数を誇る巨大漫画雑誌に成長してい

265

った。西村繁男は『少年ジャンプ』の成功の秘訣を「『少年ジャンプ』で言えば読者と対峙して最前線で戦うのは漫画家だが，玉石混淆の漫画家の中からこれはという新人を見つけ出すのは編集者である。また，原石を磨き上げ玉に仕上げる育成の仕事も編集者である。(中略)その雑誌にふさわしい編集者の育成こそ，雑誌を伸ばす究極の秘訣と言える」と回想している[33]。

　出版科学研究所が昭和33年に実施した読書量調査によると，マンガ本を読んだ冊数は小学生男子238冊，女子182冊，中学生男子77冊，女子45冊である。そして，マンガの入手経路は表6-5の通りで，「自分で買った」は13.3%にすぎない。そして，「借りて読んだ」割合が53.0%と，半数を超える[34]。友だちの間で貸し借りをしながら，ざっと目を通すのがマンガ雑誌なのであろう。

表6-5　マンガの入手経路（%）

	小学4年	5年	6年	男子	女子	全体
自分で買った	7.7	14.3	19.4	16.0	9.9	13.3
家の人に買ってもらった	10.1	6.3	2.2	6.7	6.0	6.4
家の人が勝手に買った	7.7	5.4	2.2	5.5	4.9	5.2
家にあった	20.1	11.6	12.2	13.0	18.1	15.2
「自分」小計	45.6	37.6	36.0	41.2	38.9	40.1
友人から借りた	12.4	22.9	20.1	15.1	23.1	18.6
貸本屋から	12.4	15.2	23.0	17.2	15.8	16.7
学校の図書館から	20.1	16.1	14.4	21.4	11.5	17.7
「借りた」小計	44.9	54.2	57.5	53.7	50.4	53.0
その他	9.5	8.2	6.5	5.1	10.7	6.9

石黒修「家庭における漫画指導」『児童心理』昭和39年3月，58-64頁

4）雑誌とテレビとの合体

　このようにマンガ雑誌が子どもの生活に大きな影響を与えるようになると，マンガ雑誌ブームに警鐘を鳴らす論調も目につくようになる。一例をあげるなら，「日本子どもを守る会」の論客だった児童文学者の菅忠道は，

子ども週刊誌の意味は男子と女子とで異なる。男子誌は「戦記物や忍者物を中心にスポーツ物，風俗的ナンセンス物，未来空想的なロボット物など」，女子誌は「メロドラマ物，ホームドラマ物を中心にスリラー物，忍者物，風俗的ナンセンス物など」がきまりになっている。特に，男子の戦記物は戦争の残忍さを隠し，F104や大和の図解のように，ゲーム感覚で戦争への興味を駆り立てる。また，女子には「きまったように金髪の青い目の美少女が登場」する。それだけに，マンガ雑誌は，子どもに「生活的には安楽に，思想的には気楽に，文化的には享楽的」な「三楽主義」をあおっていると指摘している[35]。

　昭和33年2月に横山隆一，清水崑，九里洋二，長新太，手塚治虫など12人のマンガ家が集まって，「新マンガ運動宣言」を提唱している。「児童文化といわれるものの大部分が，ヒューマンな要素が疎外され，夢とよろこびを喪失した読み物」であることは事実と認めざるをえない。しかし，マンガを批判するだけでは問題の解決にならない。マンガが「真の児童のためのものであるという新しいイメージを創り出し」「真の児童文化創造」が必要と提唱している。そして具体策の第1段として，『河原淳・ちびっこ探偵団』や『横山隆一・宇宙少年トンダー』など，6冊の『ポニーブックス』（岩崎書店）を刊行している。

　児童文化学者・滑川道夫は，マンガの性格を①知的興味，②文学的興味，③マンガ的娯楽的興味とに三分し，これまで③の娯楽的興味に対応するマンガばかりが増加している。それだけに，①の知的や②の文学的なマンガの開発が必要と指摘している[36]。

　子ども文化の研究者として知られる斎藤次郎は，昭和30年代後半，特に昭和38年（1963年）に注目する。「この年（1963年）1月，国産テレビアニメーションの第一作『鉄腕アトム』がブラウン管に登場した。以後，『狼少年ケン』『鉄人28号』『エイトマン』と後続番組が次々放映を開始し，テレビ漫画ブームがまきおこり，また一方では『少年キング』『少女フレンド』『マーガレット』の3誌が創刊され，59年から出ていた『少年サンデー』『少年マガジン』とあわせて週刊5誌が出揃い，週刊誌ブームがこ

れに重なる」。さらに,「この時期のテレビ漫画番組のスポンサーは明治製菓（『鉄腕アトム』），森永製菓（『狼少年ケン』），江崎グリコ（『鉄人28号』）などの大手菓子メーカーだった」情況が重なる。

　こうした情況の一端を具体的に洗い出すと，表6-6のようになる。

表6-6　雑誌とテレビ，スポンサーとの関連

マンガ名	作者	掲載誌	テレビ	スポンサー
鉄腕アトム	手塚治虫	少年	フジテレビ	明治製菓
鉄人28号	横山光輝	少年	フジテレビ	江崎グリコ
狼少年ケン	伊藤章夫	ぼくら	NET	森永製菓
風のフジ丸	白戸三平	ぼくら	NET	藤沢薬品
おばけのQ太郎	藤子不二雄	少年サンデー	TBS	不二家
マグマ大使	手塚治虫	少年画報	フジテレビ	ロッテ
パーマン	藤子不二雄	少年サンデー	TBS	不二家
ハリスの旋風	ちばてつや	少年マガジン	フジテレビ	鐘紡

　「『鉄腕アトム』や『おばけのQ太郎』にみられるように，まず児童雑誌の人気マンガがアニメーション化されて，テレビ放送され，それを契機に，その番組のスポンサーが，自社の製品企画，プレミアムなどに，そのマンガ・デザインを活用していく」。その結果，「子どもの『頭のテッペンからつま先まで』アトム一色にぬりつぶされる」情況が生まれる[37]。

　こうした指摘の通りに，昭和30年代後半に入ると，子どもがマスメディアに囲い込まれる情況が生まれてくる。

3　現代っ子の登場

1）現代っ子論の提起

　昭和36年に刊行された阿部進の『現代子ども気質』は教育界に大きな衝撃を与えた。当時，多くの人が子どもの変容を感じ，それをどうとらえた

らよいか迷っていた。それだけに阿部の「現代っ子」といういい方は新鮮だった。阿部は，学級で見聞きする子どもの姿から，これまでの子どもと異なる面に着目する。マンガは好きだが，買って読んだり，借りるのは，今までの子どもの行動だ。現在の子どもは，雑誌の発売日と誰が買うかを憶えておき，その日に遊びに行けば，見せてもらえると考えて行動するという[38]。

　阿部の子ども論は「今までの子ども」と対比させて，「今の子ども」像を提示する。「今までの子ども」は，①親のいうことに従う子，②まじめで誠実な子，③しかたないと，大勢に入っている子，④流行に乗る子がある。しかし，「これらの子どもは今の子どもであっても『現代っ子』とはわたしはよばないのです」と述べる。そして，子どもの中に，「今までの子ども」に組しないで，自分らしさにこだわる子どもがいる。その子どもを「現代っ子」と名づけたいという。そして，「現代っ子」の条件として，「①世の中を変えていく可能性を持つ」，「②今の社会の約束事を身につけている」，「③自分の生き方を自分で決める」，「④要求をつきつける」，「⑤変わり身の早さを身につける」の5項目をあげる。③を例にすると，「金にガメツク，ケチンボで，図々しい」。そして，「人のものもあるときは自分のもの」的な感覚を持つのが「今の子ども」である。それに対し，今の子ども以上にガメツイのだが，「自分を除いたみんなはありえない」ことも分かっているのが「現代っ子」である。また，音楽好きで，流行に乗り，どんな歌でも歌ってしまうのが今の子どもだ。そして，歌は好きだが，学校の音楽は楽しくない。だから，音楽の時間に歌いたい歌を歌わせて欲しいと要求するのが現在の子どもだという[39]。

　阿部は，教師として，子どもの姿を観察し，その中から，子どもの新しい可能性を探って「現代っ子」を提起したと考えがちだ。しかし，あらためて阿部の一連の著作に目を通すと，阿部のいう「今の子ども」は，世間的にいう「現代っ子」のように思われる。阿部は，そうした「今の子」（世間的には「現代っ子」）の姿を批判的にとらえる。そして，「今の子」を認めた上で，「今の子」をどう発達させると理想の子どもに近づくかを

考える。したがって、「現代っ子」は現実の子ども像ではなく、理念的に構築された子ども像という性格が強い。そして、『現代っ子採点法』では、もう少し踏み込んで、阿部の描く現代っ子像を提示している。テレビ視聴を例にすると、「今の子ども」と「現代っ子」のテレビ視聴には以下のような開きが見られるという[40]。

「今の子ども」は、「①チャンネルは親まかせ、きょうだいまかせ」、「②そのときどきのものをみる」、「③ドラマと現実を混同する」、「④何時間でもテレビを見ている」、「⑤ゲラゲラものが好き」だという。それに対し、「①連続物はパッと見て、先週の流れが分かる」、「②ドラマと現実は別だ」、「③ニュースやルポものを見る」、「④自分の見たいものだけを見る」、「⑤色々なジャンルを見る」のが「現代っ子」だという。「ながら視聴」するのが「今の子ども」で、「選択視聴」できるのが「現代っ子」という指摘である。

しかし、「現代っ子」は、ネーミングのうまさから、社会的に強いインパクトを与えた。そして、阿部が本来考えていた気持ちとは別に、「ドライでがめつい」のが「現代っ子」というコンセプトが広まっていった。そして、多くのメディアが「現代っ子」論を展開した。一例をあげるなら、雑誌『児童心理』は昭和40年3月号で、「現代っ子」論について、多くの立場の識者からの論考を掲載している。

子ども文化の研究者・早川元二は、子どもと勤労との関連にふれ、「今の子どもたちは、昔の子どもに比べると、家庭内でのおてつだいや、学校でのお当番などの働くことに対してあまり熱心でない」。しかし、現代の子どもは、「社会のすぐ近くで生活している子ども、社会に強い子どもたち」であるから、「社会に正しい知識を持っている」。それだけに昔の子どものように、「働け、働け、勤労を愛せよ」では納得しない。また、家事労働についても、「非合理的な、しかもいくらか奴隷的な昔の主婦の家事労働の手助けに、子どもを動員するようなおてつだい」では、現代の子どもは手伝いをしない。「労働を一つの高い価値として認める方向」で、家事を考えれば、子どもも手伝いを始めるという[41]。

2)「現代っ子」論争

　早川元二は，その頃人気のある評論家の一人だが，子どもの名を借りて，自分の抱く理想の子ども像を提示しているような印象を受ける。したがって，子ども論としての実感に欠ける感じがする。

　教育評論家の重松敬一は，阿部進と対談した結果をふまえ，阿部の子ども像が変質したと説く。重松によれば，『現代子ども気質』の頃の阿部は純粋だった。「精神的な子どもの遺産を受けつぎながら，現代の子どもたることで楽しく生きている」子ども，つまり，「よく学び，よく遊ぶ」子どもを描こうとしている。しかし，『現代っ子採点法』になると，「これくらいのことを理解しなくてはダメです。さもないと，子どもに『わかっらゃいねえんだなア』とやられます」と，親にショックを与えるようになった。そして，子どもを絶対的な存在のようにみなして，親に向かって「子どもサマの気持ちを理解せよ」と説く。「子どもの言い分の方に親が身を寄せていくことが新しい民主的な親子関係であるかのような錯覚を広げた」と，阿部進の変質を批判する。そして，重松は，大人が注目すれば，それに応じた行動をするのが子どもである。「現代っ子」論は，変化にのみ着目した表面的な指摘にすぎないと述べる[42]。

　教育運動の指導者・国分一太郎は，今の子どもの特性を①現実主義，②合理主義とみなし，そうした傾向を増すのは仕方がないし，現代っ子的な子どもが増加しているのはたしかだ。しかし，現実主義や合理主義を「自己を主張し，自己のしごとを，他人といっしょに，自信を持ってやる」ような態度を育てることが大事だ。現実を見つめつつ，それを，少しでも良い方向へ指導したいという。いかにも，教育者らしい発言である[43]。

　現在の視点に立つと，重松や国分の指摘はきわめて適切なように思われるが，やや異なる角度からの発言として，社会心理学者の安倍北夫の論文がある。安倍は「今までわたしどもの頭の中にあった『子ども』のイメージと異質」な子どもが増えた。「ガメツク」「夢がなく」「理性がない」「根性がない」などが，現代っ子の特性と考えられる。そこで，一般の人が，そうした子どもの姿をどう感じているのかを知りたい。安倍は，現代っ子

に対する大人の評価を知るために，昭和38年に男女3,000人の成人を対象に，「現代っ子」のイメージ調査を実施した[44]。表6-7に示した通りに，大人は，現代っ子を「ガメツイ面があり」，「無道徳」だと思う。しかし，「夢がないわけではない」が，現代っ子評価となる。したがって，表6-8の通りに，現代っ子に対する評価は「良い」と「悪い」とが半ばし，「良いとも悪いともいえない」が49.3％を占める。つまり，大人は，現代の子どもについて，羽目をはずすような無道徳面もあるが，それなりに根性があり，夢も持っていると評価している。

表6-7 「現代っ子」のイメージ（％）

	A その通り	B 大体そう	C そんなことはない	不明	差 (A＋B)－C
ガメツイ	32.3	35.8	24.3	7.6	43.8
無道徳	21.6	34.9	34.2	9.3	22.3
根性がない	17.2	27.0	45.4	10.4	－1.2
無責任	12.0	31.4	48.4	8.2	－5.0
夢がない	10.1	15.9	63.1	10.9	－37.1

安倍北夫「現代っ子とは何か」『児童心理』昭和40年3月，1-15頁

表6-8 「現代っ子」は良いか・悪いか（％）

	良い方が多い	どちらとも	悪い方が多い	無答	良い－悪い
全体	21.6	49.3	23.0	6.1	－1.4

　阿部進の「現代っ子論」ほど派手ではないが，昭和30年代を通じて，子どもの問題を提起してきた一人に小川太郎がいる。小川は昭和27年に『日本の子ども』（金子書房）を刊行し，その後，35年に増補した『新版日本の子ども』，さらに，39年に『増補・日本の子ども』（新評論）を発表している。そうした著作の中で，小川は，子どもを社会構造に関連させて位置づけると同時に，そうした子どもの地位を歴史の流れの中でとらえる方法で実証していく。

昭和27年，小川は「日本の子どもについてまず取りあげなければならないのは，働く子どもの姿である」とまとめている。しかし，35年には，社会の中での子どもの姿が変わり，進学の問題が登場したと要約している。そして，39年の増補版では，子どもの生活は，基本的な生活と労働，遊び，学習の4領域から構成されるが，その構造が変わった。そして，「幼くして働いていた子どもが，もっと年齢が長じてからはじめて働くようになり，長時間働いていた子どもがもっと少なく働いて，その代わりに学習や遊びの時間を持つようになる。生活のために働いていた子どもがもっと少なく働いて，その代わりに学習や遊びの時間を持つようになる。生活のために働かないで，成長のために活動するのが子どもの時代であるとすると，子どもの生活はしだいに子どもらしい生活になってきたわけである」と指摘している[45]。

　それまでの子どもと労働は結びついており，子どもを労働から解放するのが子ども問題の課題だった。しかし，小川が指摘しているように，昭和30年代に入ると，子どもが労働から解放され，「子どもとしての時」を持てるようになった。そうした変化に着目した小川の洞察力に敬服したい。それに対し，現代っ子をめぐる論議には，子どもを取り巻く状況の変化を捨象して，子どもの変化する面だけを切り取って論じた印象を受ける。

3）　子どもは変わったのか

　土門拳というと，『古寺巡礼』や『日本の仏像』などの写真集を連想するが，その一方で，土門は『筑豊のこどもたち』など，子どもの写真を撮り続けている。しかし，土門拳は，昭和40年代後半に入ると，子どもらしい写真を撮れなくなったという感想をもらしている。「こどもの写真でも，今は，かつて撮ったようなこどもの写真はもう撮れない。天真爛漫なこども，こどもらしいこどもは，今の小中学生の中から見出そうとしても，もう見つからない」[46]。土門のいう通りに「天真爛漫な子」の姿が消えた。そうした変化が目につくだけに，現代っ子論に社会的な関心が集まったのであろう。

すでにふれたように昭和30年の後半に入ると，子どもたちはテレビを中心として，ラジオや雑誌など，多様なメディアに囲まれた生活を送り始める。そうした子どもの変化を実証的にとらえたいと，昭和37年に子ども調査研究所が設置された。先の阿部進も子ども調査研究所を始める際の有力メンバーの一人だが，その後，子どもについて，多くの実証的なデータを発表している[47]。

　一例をあげるなら，大阪府の中学生を対象にした調査によると，主なテレビ番組の視聴率は表6-9の通りで，男子を中心に，上位三番組は「いつも見ている」割合が7割を超える。テレビに熱中する子どもの姿が浮かんでくるような数値である。また，マンガ雑誌に接する割合は，男子は『少年マガジン』（56.5％－「いつも読む」割合）や『少年サンデー』（50.5％），女子は『マーガレット』（41.6％）など，半数前後の生徒が雑誌を定期的に講読している。

表6-9　主な番組の視聴率（％）

	団地		農村	
	男子	女子	男子	女子
エイトマン	82.4	54.2	86.8	63.2
鉄腕アトム	80.0	66.8	89.5	64.7
てなもんや三度笠	71.9	51.8	76.3	72.1
隠密剣士	48.2	32.5	68.4	54.4

「いつも見ている」割合
子ども調査研究所『現代子ども白書』昭和42年，44-45頁

　表6-10は，番組のキャッチコピーを示して，スポンサー名を答えられるかをたしかめた調査結果である。90.6％の子どもが，「ナンデアル」と聞いて，洋傘メーカーの名前を思い起こせる。それだけ，テレビが子どもの生活に密着しているのであろう。

表6-10　マスコミ情報の認知度（％）

	団地		農村	
	男子	女子	男子	女子
アトムシール（明治マーブルチョコ）	96.5	95.2	89.5	86.8
ビックリバッジ（森永パレードチョコ）	88.3	74.4	76.3	77.9
ナンデアル・アイデアル（洋傘）	90.6	72.3	76.3	61.8
丈夫で長持ち（薬品）	84.7	61.4	69.7	57.4
シェー（少年サンデー）	80.9	38.6	44.7	30.9
ビョーン（青島幸男）	80.0	38.6	44.7	30.9

表中の数値は，左の項目を示して，（　）の項目を正解した割合

　このように子どもの世界にテレビが強い影響を与えている。そうしたテレビ時代を象徴するのは，昭和44年10月からスタートした「8時だョ！全員集合」であろう。「全員集合」は，60年9月まで，16年続いた大人気番組だった。コントやトークを含めたバラエティー・ショーとして出発した「全員集合」は，視聴率14％から，視聴率40％，そして50％に視聴率を伸ばし，「お化け番組」「怪物番組」に成長していった。そうした中で，加藤茶や志村けんを中心にしたギャグ的なコントが番組の主流になっていった。

　番組中で，加藤茶がストリップ風のポーズで「ちょっとだけよ」という。あるいは，リーダーのいかりや長介に従うように見せて，志村けんたちがいたずらをくり返す。そうかと思えば，病院や学校，刑務所などを茶化したコントを展開する。

　こうしたコントが低俗で品位に欠けるという批判が高まり，「全員集合」はワースト番組の象徴扱いされるようになる。同番組のプロデューサー・居作昌果によると，「全員集合」のエキスはナンセンス・ギャグだが，ドリフターズのギャグは「どうすれば『バカバカしく』可笑しいものが作れるか，苦しみ悩みながら，ナンセンス・ギャグの世界へ没頭していく」中で作られる。しかし，「『笑い』のために西瓜などを割ったりすると，食べ

物を粗末にする，ワースト番組と叱られる」。そうかと思えば，番組中に「ばか」とか「おめえ」とか荒っぽい言葉を使うと，「子どもの教育上『全員集合』がよろしくないと目クジラをたてる」。そうした状況を居作は，「子どもたちの立場を無視して，子どもを無菌状態に置いておきたいなどという，親だけの身勝手な考え方がまかり通れば，腕白で，天衣無縫な子どもたちにはお目にかかれなくなり，薄気味の悪い子どもばかりになってしまいそうな気がする」と反論している[48]。

「全員集合」に象徴されるように，子どもは社会の変化に敏感に反応する。そうした変貌する姿を描けば，全員集合を真似て，「ちょっとだけよ」の台詞でクラスの人気者となる現代っ子が浮かんでくる。

このように子どもはマスコミと常に接している。そうした変化を切り取ると，「現代っ子論」になる。たしかに，それまでの子どもと比べると，子どもがさま変わりしたのであろう。しかし，子どもは表向きの行動でなく，心の奥底から変化したのであろうか。

東京都下の小学生（3年と5年）900名を対象として親孝行について調査した結果がある[49]。子どもの中で，「親の言いつけに背く」や「親に口答えする」を「たいへん悪いこと」と思っている者が5割を超える。

表6-11　親への気持ち（子ども）（%）

		たいへん良い	やや良い	どちらでもない	やや悪い	たいへん悪い	悪い計	不明
親の言いつけに背く	山手	2.2	1.1	5.0	24.0	65.8	89.8	1.9
	下町	2.9	1.2	5.1	19.0	71.2	90.2	0.6
親に口答えする	山手	1.6	2.7	6.1	28.4	58.5	86.9	2.7
	下町	0.6	1.2	5.5	16.0	74.3	90.3	2.4
自分が犠牲になって親につくす	山手	39.7	19.4	20.5	4.4	1.6	6.0	14.4
	下町	50.6	13.4	17.7	5.5	3.6	9.1	9.2
親の許可を得てから物事を決める	山手	37.5	26.0	22.5	8.6	1.1	9.7	4.6
	下町	34.5	29.4	19.3	5.6	2.5	8.1	8.7

江口恵子「現代っ子の親孝行」『児童心理』昭和40年3月，115-119頁

また,「自分が犠牲になって親につくす」が「良いこと」と感じる子どもは山手では「たいへん良い」が39.7％,下町では50.6％に達し,親孝行を肯定している子どもが多い（表6-11）。

現代っ子は変わり身が早いといわれる。しかし,それにしては,子どもが伝統的な価値を受け継いでいるように見える。こうした数値を手がかりにすると,現代っ子的な行動は表面的な現象で,心の内はそれ程変容していないように思われてくる。

大人は子どもの外見を見て,子どもが変化したと騒ぎたてる。しかし,子どもの中身は大人が思うほどには,変わっていないのかもしれない。そうはいっても,環境の変化が大きくなるにつれ,子どもの心も変化するとも考えられる。そこで,マスメディアに囲まれた子どもの成長の問題をもう少し追いかけてみよう。

4　電子メディア社会で育つ

1）テレビとの係わり

昭和40年,筆者は,奈良教育大学に奉職した。そして,数年後,子ども調査を始めた。特に学生たちと各地を訪ね,放課後の子どもの姿を求めるフィールドワークを行なうようになった。前日のテレビ欄と校区の地図を持ち,学生が一人一人の子どもから,前日の行動を聞き取る。それを集めて,学級の子どもの前日の行動をまとめる作業である。大学の休みの時期を選んで,毎年何回か,調査旅行へ出かけているが,ここでは,昭和55年に聞き取り調査を行なった3校の事例を紹介しよう。具体的には,福井県三国町の漁村の6年生,京都府四条河原町の錦市場に近い小学校の5年生,芦屋市の高級住宅地を校区とする6年生の事例だが,テレビの視聴時間と家庭での勉強時間は以下の通りである[50]。

	テレビ	勉強（塾を含む）
福井の漁村	3時間3分	29分
京都の中心街	2時間25分	1時間30分
芦屋の住宅地	1時間35分	2時間53分

このように、校区の情況によって、子どもの暮らしが大きく変わるが、福井の漁村の子どもは、放課後のほとんどをテレビとともに過ごしている。
　しかし、京都の子どもは、漁村の子どもより勉強に時間を費やしているが、テレビ視聴は2時間25分と全国平均に近い。そして、芦屋の子どもは、勉強に多くの時間を使っている。こうして結果を大きくつかむと、放課後の子どもの暮らしは「テレビ＋勉強」から成り立つ。そして、勉強をあまりしないで、のんびりテレビを見ている地域もあるが、勉強の時間が増えるにつれ、テレビ視聴時間が減る。特に大都市などでは、テレビをがまんして、長時間勉強をしている子どもの姿も浮かぶ。いすれにせよ、昭和40年代以降、特に50年代になると、子どもにとって、テレビは生活に欠かせない存在になる。
　しかし、何となく見てしまうのがテレビであろう。そこで、テレビの視聴の持つ意味をたしかめる調査を実施することになった。その中で、テレビ視聴時間の背景を探っているので、それを引用すると表6-12のような結果となる。短時間視聴児（視聴時間が1時間半以下）の57.9％は、テレビが嫌いなのではなく、「テレビをがまんしている」と答えている。それに対し、長時間視聴児（4時間以上視聴）の68.3％は、「好きなだけテレビを見ている」という。つまり、見たいテレビをどれ位がまんするかで、視聴時間が決まる[51]。

表6-12　がまんしている×視聴の長さ　（％）

	がまんしている	何ともいえない	好きなだけ見ている
1時間半以下	57.9	29.3	12.8
2時間台	35.2	35.6	29.2
3時間半	25.7	29.0	45.3
4時間以上	14.3	17.4	68.3
全体	32.9	28.1	39.0

深谷昌志『「子ども」をどれだけ知っているか』明治図書，昭和58年，16頁

そこで,「見たいテレビをがまんしているか」, それとも,「好きなだけ見ているか」をまとめると,「①がまんしている33.3%(「とても」2.2%,「かなり」7.0%,「やや」23.8%)」,「②ふつうくらい28.1%」,「好きなだけ見る38.6%(「やや」17.9%,「かなり」10.7%,「とても」10.4%)」となる。テレビを「がまんしている子」は3割で,「好きなだけ見ている子」は4割に近い。

このようにテレビは魅力的なメディアなので,テレビの嫌いな子どもなどはいない。どの程度がまんをするかが,テレビ視聴の問題となる。そこで,子どもに,テレビの見方として,「テレビをがまんしている子」,「番組を選んで見ている子」,「好きなテレビを見ている子」とを連想させ,そういう子どもがどういうタイプなのかを推定させてみた。

表6-13 テレビの見方による子どものタイプ(推定)(%)

	成績良い	生活きちんと	友から信頼	遊びうまい
がまんしている子	64.5	63.9	24.7	39.1
番組を選んで見ている子	63.9	51.2	34.4	56.7
好きなテレビを見ている子	8.1	9.3	13.8	61.2

それぞれのタイプの子どもがどういうタイプなのかを推定させた結果。「とてもそう」の割合,表6-12に同じ,14頁

表6-13から明らかなように,子どもは,「テレビをがまんしている子ども」は,成績も良く,生活もきちんとしているかもしれないが,遊びが下手で,友からもそれ程信頼されないと評価している。それに対し,「好きなテレビばかりを見ている子ども」は,遊びはうまいかもしれないが,勉強が苦手で,友だちからも信頼されないだろう。そして,「テレビを選んで見ている子ども」は,成績も良く,生活もきちんとしている。その上,遊びもうまい。

表6-13は,テレビ視聴についての推定にすぎない。それでは,視聴時間の長短は,子どもの意識にどう影響するのか。テレビ視聴の長短によって,

子どもの意識がどう変わるのかを調べてみた。表6-14が示すように、テレビ視聴時間の短い子どもは、自分を勉強が得意（34.8%）で、望みの高校に入学（53.8%）でき、社会的にも活躍できる（52.0%）と未来に明るいイメージを抱いている。それに対し、視聴時間の長い子どもは、勉強が苦手（得意が14.0%）で、高校進学は困難（「入学できそう」が28.5%）、社会的な活躍は難しい（「活躍できそう」が34.4%）と、閉ざされた未来を予感している(52)。

表6-14　自己評価×視聴時間（%）

	勉強が得意	望みの高校入学できる	社会的に活躍できる	友だちが立派にみえる	学校へ行きたくない
1時間半以下	34.8	53.8	52.0	35.5	28.7
2、3時間	23.7	40.2	45.5	40.2	41.3
4時間以上	14.0	28.5	34.4	44.8	50.2

「とても思う」割合、表6-12に同じ、16頁

長時間視聴児の場合、テレビが面白いので見すぎてしまう。他の子はテレビをがまんしているのに、自分は自制できない。こんなにがまんできない自分では、進学は困難だし、将来も期待できない。そうした暗い自己像を抱く。それに対し、短時間視聴児は、見たいテレビをがまんできる自分の自制力に自信を持ち、こういう生活を送っていれば、志望する学校へ入学でき、社会的に活躍できそうだと思う。そうした意味では、テレビ視聴時間の長短は、テレビ視聴を越え、子どもの自己像全体に関連してくる。

2）過教育の影

　文部省は、昭和51年に『児童生徒の学校外学習活動に関する実態調査』を実施した。これは、学習塾通いについて全国規模で実施された最初の実態調査だった。昭和40年代後半に入ると、塾通いする子どもが増え、学習塾は「第2の学校」といわれるようになった。それでも、文部省は学習塾

を私的な教育機関とみなし，塾の存在を無視する態度をとり続けていた。しかし，「乱塾時代」などの言葉も生まれ，通塾する子が増え，子どもの塾通いが学校のあり方にも影響を及ぼすようになった。そこで，塾通いの実態をつかもうとしたのが，前述した実態調査[53]である。

　筆者は，文部省の塾通いに関する委員会の委員として，この調査に関与したが，主な調査結果は，①通塾率の全国平均は小学低学年は4.1%，中学年は9.6%にとどまるが，高学年は23.0%，中学生は38.0%である。②小6の通塾率は26.6%だが，山村は5.7%，3万程度の中都市16.5%，大都市28.3%のように，通塾率に地域差が見られる。③通塾の目的は，補習47.6%，進学21.1%，遅れを取り戻す17.1%である。④勉強している科目は，英語（中学生）92.0%，算数・数学82.6%，国語35.3%，理科19.0%，社会15.7%で，英語，数学（算数），国語が多いなどであった。

　このように文部省の実施した全国規模の調査で，小学高学年の4人に1人，中学生の4割が通塾していることが明らかになった。そのため，塾通いに社会的な関心が集まり，各県の教育委員会でも，塾通いの実態調査を実施している。NHK世論調査研究所でも，子どもと親，教師に塾通いの理由を尋ねている。第1位を占めたのは，「①子ども＝「学校ではよく分かるまで教えてくれない」42.7%」，「②親＝「学校は子どもの力を伸ばしてくれない」22.7%」，「③教師＝「親が子どもに高学歴を望むから」39.7%」（いずれも，7項目中の第1位の割合）だった[54]。子どもや親は，「学力を伸ばしてくれない」と，学校に不信感を抱き，教師は「学力を考えずに，高望みをしすぎる」と親や子どもに不満を持つ。相互に不信を持つことを示すデータだが，それでは，子どもたちはどうして学習塾通いをするのであろうか。

　子どもは夜遅くまで学習塾へ行きたいわけはない。成績を良くしたいと通塾するのであろうが，子どもは，どうして学業成績にこだわるのか。成績が良ければ，偏差値の高い高校に入学でき，難関大学への進学が可能になる。そうなれば専門職につく，あるいは，一流の企業へ勤めて，社会的な活躍が可能になる。高学歴を取得すれば，充実した人生を送れそうだ。

だから,塾へ通ってでも,勉強して成績を良くしたいと思う。つまり,子どもは人生の中で成績の良さがなにより重要と感じているらしい。

子どもの進学熱は,昭和40年代後半から高まってくるが,その背景は多様であろう。そうした中で,経済的な好況が進学意欲を高めたことはたしかのように思われる。昭和39年の東京オリンピックの開催を契機として,東海道新幹線が走り,高速道路網が整備されるなど,日本は高度経済成長期に入る。そして,バブル的な繁栄が始まる。それまで多くの子どもは,学費の面から進学を断念していた。しかし,所得が増えたために,家計面からの制約が少なくなり,幅広い社会階層からの進学が可能になった。

念のため,短大を含めた大学進学率をたしかめると,進学率が2割を超えたのは昭和38年の20.9％で,それまでの進学率は1割台で,大学進学は経済的に恵まれた階層の子どもの進路だった。その後,進学率が3割を上回ったのは昭和48年の31.2％だった。そして,昭和50年代の大学進学率は30％から33％の幅で推移し,昭和63年の進学率も30.9％である。この進学率が3割という数値は,大学はもはや一握りの若者の進路ではない。そうかといって,現在のように進学率5割に迫り,誰でも入学できる感じの大学ではない。頑張らないと入学できないし,入学できれば自信の持てるのが大学進学だった。

なお,この時期の入試を考える際,人口動態も関連してくる。あらためてふれるまでもなく,昭和24年の269万7,000人(合計特殊出生率4.32)をピークに,昭和22年から24年にかけて,出生数が260万人を超える団塊の世代が生まれた。その後,出生数は昭和35年の160万6,000人(合計特殊出生率2.00)のように昭和30年代は160万人台に推移している。しかし。昭和40年代に入ると,180万人台の出生数となり,昭和46年200万1,000人から49年の203万人のように,出生数が200万を超える年が4年続く。団塊の世代が結婚し,出産した「団塊ジュニア」世代である。そのピークは,昭和48年の209万2,000人(2.05)である。その後,出生数は,平成元年124万7,000人(1.57),平成5年118万8,000人(1.45),平成10年120万3,000人(1.38)と減り続け,少子化社会を迎える。

少子化は現在の問題だが，本章の目的からすると，昭和50年代には，子どもの数が増えたのに加え，経済的な制約が緩和されたので，受験者が増加する。そうなると，多くのライバルと競い合う入試競争が激化する。そうした状況から，先にふれた乱塾時代が到来したのであろう。

3） 学業成績の意味

それでは，子どもは成績の良さをどう感じているのか。表6-15は，子どもに「勉強の得意な子」と「苦手な子」を連想させ，その子がどんな人生を送りそうなのかを推定させた結果である。子どもによれば，「勉強の得意な子」は「知識や技術を必要とする」（82.1%），「社会的に尊敬される仕事につく」（73.0%）だけでなく，「幸せな家庭を作れる」（77.8%）や「近所の人から好かれる人」（70.4%）になれるだろうという。それに対し，勉強が苦手な子どもは，幸せな家庭をなんとか作れる（52.9%）かもしれないが，社会的な達成はまったく無理（15.5%）だろうという[55]。

表6-15 勉強の得意な子と苦手な子の未来（推定）（%）

	得意な子	苦手な子	得意－苦手
知識や技術を必要とする仕事につく	82.1	15.7	66.4
幸せな家庭を作る	77.8	52.9	24.9
社会的に尊敬される仕事につく	73.0	15.5	57.5
近所の人から好かれる人になる	70.4	26.5	43.9
お金持ちになり広い家に住む	56.0	24.9	31.1

「きっと」＋「もしかしたら」「できる」の割合
「学業成績」『小学生ナウ』Vol.3-3，昭和58年6月，18頁

このように子どもは成績の意味について，成績が良ければ，職業面はむろん，個人生活の面でも将来が明るい。しかし，勉強が苦手だと，将来の見通しは暗い。学業成績の良し悪しが将来に決定的な意味を持つという見方をしている。

たしかに，成績の良い子どもは，すでにふれたように，見たいテレビをがまんしていたが，家庭学習の時間も，成績トップ層が2時間，中位層が1時間12分であるのに，下位層は45分にとどまる。また，授業を「熱心に聞く」割合も，上位層から順に，77.2%，61.1%，28.0%である[56]。

このように，成績トップ層は，成績中位層よりも，家庭学習時間が長く，授業を熱心に聞く割合が多い。したがって，成績トップ層が学習努力を重ねていることはたしかであろう。もっとも，トップ層はもともと勉強が得意なのだが，そうした得意な子が予復習を頑張るから，さらに，成績が上がる。成績が上がるので，さらに頑張る。そうした意味では，上位層は努力－成績アップ－努力－アップと，良い意味での循環が始まり，「頑張れる自分」という明るい自己像を持てる。それに対し，下位層は怠け－成績ダウン－怠け－ダウンのように悪循環に巻き込まれ，自己像も暗さを増す。

そこで，学業成績別に子どもの自己像をたしかめると，表6-16のような結果が得られる。勉強の得意な子どもは，自分を「まじめ」で，「責任感があり」，「リーダー的」と感じている。しかし，成績が下位になるにつれて，自分は「リーダー的」と思えないだけでなく，「まじめ」，「責任がある」と感じられない子どもが増える。

表6-16　自己評価×学業成績（%）

	全体	トップ	中の上	中位	中の下	うしろ
友だちが多い	23.3	50.0	28.7	21.8	19.0	18.5
責任感がある	8.2	37.0	9.9	5.3	5.2	3.0
リーダー的	7.7	35.9	12.0	8.5	3.1	1.5
まじめ	6.0	25.0	8.3	4.4	2.1	3.1

「とてもそう」の割合　表6-15に同じ，29頁

そこで，成績のトップ層と下位層とで，子どもの未来像が異なるのかをたしかめてみた（表6-17）。勉強の得意な子どもは，「望みの大学へ進学」（86.9%）できるし，「社会的に尊敬される仕事」（68.8%）につき，「お金持ちで広い家に住む」（54.5%）ことも可能だろう。さらに「幸せな家庭

を作れる」(90.2%)と信じている。勉強の得意な子にとって，すべての面で未来は明るい。それに対し，学業成績が中位から下位になるにつれて，進学の見通しが暗くなるだけでなく，社会的な達成も見込み薄になる。さらに，幸せな家庭を築く可能性も少なくなる。閉ざされた未来を予感する子どもである。

表6-17　子どもの将来像×学業成績（%）

	全体	トップ	中の上	中位	中の下	うしろ
望みの高校への進学	55.2	89.1	78.2	59.3	29.9	17.7
望みの大学への進学	42.7	86.9	67.7	43.4	16.9	9.6
社会的に尊敬される仕事	33.2	68.8	50.8	32.4	15.3	16.3
お金持ちで広い家に住む	33.7	54.5	42.7	33.5	21.0	20.9
幸せな家庭を作る	77.0	90.2	86.5	79.5	70.5	48.9

「きっと」+「もしかしたら」「なれる」と思う割合
表6-15に同じ，30-31頁

　学業成績の良し悪しが，子どもの意識を規定し，未来像にも影響を与える。こうした結果は，調査項目やサンプルを変えて調査を実施しても，同じ傾向が得られる。例えば，子どもにいくつかの職種を示し，そうした仕事につく達成予測を学業成績別に集計すると，表6-18の数値となる[57]。成績の上位の子どもは，頑張れば，裁判官や大学教授，医師などへの達成は可能だと信じている，それに対し，成績が下位になるにつれて，達成見込みが低まる。頑張ったところで，とても駄目だと，達成を断念している。

表6-18　職業への達成率×学業成績（%）

	全体	上位	中の上	中位	下位
裁判官	29.7	67.3	33.3	24.9	20.8
大学教授	38.5	65.2	47.8	34.0	26.2
医師	53.3	67.7	59.3	50.9	38.6
小学教師	68.1	81.2	80.5	69.0	52.4
新聞記者	71.2	79.2	78.0	73.4	59.4

「頑張ったら，『きっと』『たぶん』なれる」と思う割合
「子どもの中に未来像」『小学生ナウ』Vol.1-3，昭和56年8月，15頁

このように勉強の得意な子どもは，明るい自己像を抱き，未来も開かれていると信じている。それに対し，勉強の苦手な子どもは自分に自信を持てないだけでなく，閉ざされた未来を感じている。成績の良し悪しが人生を決めるという学業成績至上の価値観である。
　学業成績をめぐるこうした傾向をすでにふれたテレビ視聴と関連させるなら，見たいテレビをがまんし，社会的な達成を夢見て，進学塾に通い，勉強に打ち込んでいる子どもがいる一方で，社会的な達成を断念し，ぼんやりとテレビを見つめる子どもの姿もある。テレビ視聴や学習態度を軸として，子どもが意欲派と無気力派とに二分化される印象を受けるが，残念ながら，前者は少数で，後者が圧倒的に多いというのが情況となる。

4) テレビゲームとの係わり

　昭和58年7月，任天堂から発売されたファミリーコンピューターが発売された。ファミコンの値段は1万4,800円で，子どもがお年玉を貯めて買える金額だった。そして，ファミコンソフトとして，「ドンキーコング」や「マリオブラザース」などのヒット作が生まれたが，ファミコンブームを決定的にしたのは「スーパーマリオブラザーズ」の発売（60年9月）だった。その後，61年5月に「ドラゴンクエストⅠ」，62年1月に「ドラゴンクエストⅡ」が発売され，それぞれ110万本，220万本を売り上げる大ヒット作になった。さらに，「ドラゴンクエストⅢ」が発売された63年2月10日には，中高校生が学校を休んで，販売店の前に列を作り，警視庁が生徒の補導に乗り出す始末だった。そして，補導された生徒は392名，この日の午前中だけで，ドラクエⅢが100万本も売れるなど，ファミコンは大きな社会問題になった。
　すでにふれたようにテレビの普及は子どもの生活を変えた。それまでの家庭の中には，ラジオや雑誌などがあるといっても，娯楽が乏しかった。そこに，家庭で気軽に娯楽を楽しめるテレビという名の装置が家庭に入ってきた。スイッチを入れれば，すぐに楽しい時間を過ごせる。それだけに，子どもはテレビに熱中した。しかし，テレビは居間に1台あるだけなので，

子どもは居間に行かないとテレビを見られなかった。それに対し，テレビゲームの場合，子どもは自分の部屋にゲームを持ち，自分の部屋で遊べる。つまり，子どもが子ども部屋の中に自分専用の娯楽マシーンを持ったのである。そうなると，居間に行く必要がなくなり，子どもは自室にこもるようになった。

　もっとも，ファミコンは，魅力的なソフトが発売されるとブームが起きるが，ソフトに飽きるから，ファミコンは下火になる。その後，また，ブームが起きるという周期をくり返す。したがって，ファミコン関係のデータは，いつの時期に調査を実施したかで数値に開きが見られる。「ドラゴンクエストⅠ」ブームがやや下火となった昭和61年11月，小学高学年1,600名を対象としてファミコンの接触状況についての調査を行なってみた。

① 　テレビゲームの所持＝１台54.8％，２台13.0％，３台以上8.8％，
　　　　　　　　　　計76.6％　　　持っていない23.4％
② 　持っているソフト数＝20本15.4％,15本9.3％,10本19.8％，5本33.3％,
　　　　　　　　　　1本15.3％，計93.1％　　　1本もない6.9％
③ 　ファミコンの購入時期＝３年前18.0％，２年前35.5％，１年前32.2％，
　　　　　　　　　　最近14.3％
④ 　テレビゲームで遊んだ＝数えきれない66.7％，何回か27.2％，
　　　　　　　　　　１，２回5.7％，１度もない0.4％[57]

ファミコンが発売されて３年後の調査だが，すでに８割近い子どもがゲーム機を持ち，平均５本程度のソフトを所持し，週に３回程度ゲームをしている。メディアが開発されてから，そのメディアが子どもに接近するまでの期間を計算すると，テレビの場合，本体価格が高く，庶民は購入できなかったので，昭和28年の本放映からテレビが身近になる昭和37年頃まで，10年近い歳月が必要だった。しかし，テレビゲームは値段が手ごろだったので，２，３年の間に，子ども部屋に浸透していった。

　そこで，テレビゲームの持つ意味を，子どもの属性と関連させて分析してみた。その中に，表6-19のような結果が含まれている。これは，テレビ

視聴の長さとテレビゲームの頻度との関連を調べたものだが,テレビを3時間以上見ている子の60.4%は,テレビゲームに2時間以上を費やしている。しかし,テレビを30分程度しか見ていない子の中で,テレビゲームと長時間つきあう子は26.0%にとどまる。したがって,テレビゲームの長さはテレビ視聴と関連し,長くテレビを見ている子どもは,テレビゲームもしているという構図になる[58]。

表6-19　テレビゲームの長さ×テレビ視聴（％）

	しない	30分	小計	1時間	2時間	3時間以上
30分程度	33.3	13.3	46.6	27.4	21.5	4.5
1〜2時間	21.4	8.3	29.7	17.2	42.8	10.3
3時間以上	17.5	7.3	24.8	14.7	35.7	24.7

深谷昌志・和子『ファミコンシンドローム』同朋舎,平成元年,80-84頁

　たしかにテレビとテレビゲームとに共通する面が少なくない。子どもの身近にある魅力的なメディアで,「ON」にすれば,すぐに楽しい時間を過ごせる。だから,ついONにしてしまう。その結果,夜遅くまで,だらだらと,メディアと接する子どもになってしまう。
　そう考えると,テレビとテレビゲームは,自制心を持っていないと,溺れてしまいがちで,つきあい方に「がまんが必要」なメディアである。
　困ったことに,子ども部屋を見回すと,そうした魅力的な対象が増したのが分かる。これまでのマンガ雑誌やラジオ,カセットなどに,テレビが加わり,そこに,新たにテレビゲームが参加する。そうなると,子どもは自分の部屋で好みの音楽を聞きながら,マンガを読む。あるいは,テレビを見て時間を過ごす。もちろん,ゲームにチャレンジするのも良い。部屋の中での子どもは,ストレスもなく,好きなままの時間を過ごせる。そうした快適な空間に身を置くのが至福の時となる。そうなると,部屋から外へ出て,人とふれあうことが億劫になる。その結果,「引きこもり」的な状況を招きがちになる。

このように，子どもはメディアの誘惑に負けて「メカに溺れる子」とメディアと距離を置ける「メカをコントロールできる子」とに二分されている印象を受ける。先ほどの分析に繋げれば，将来の希望に燃え，テレビをがまんして，勉強に打ち込む少数の「メカをコントロールできる子」と，将来に希望を持てないままに，テレビを見たりして，自分の世界に埋没する「メカに溺れる子」との対比である。

すでにふれたように，昭和末になると，子どもはファミコンを通して，電子メディア社会に巻き込まれ始める。この後，ケイタイ文化が子どもを取り巻くようになるが，電子メディアの到来は子どもの成長に功罪両面を伴うと考えられる。

① 情報や知識の増大と直接体験の矮小化＝テレビは，見ているだけでも，瞬間に多くの情報を入手できる。知識が飛躍的に拡大する反面，映像は間接体験なので，直接体験が減り，生の経験に欠ける子どもが育つ。

② 人間関係の広がりと引きこもり＝電子メールのように，地域や年齢を越えて，社会が広がり，多くの人と接触するのが可能になった。その反面，深夜に一人でテレビゲームをするような，孤立化した子どもが育つようになった。

③ 自尊感情の高まりと自信喪失＝パソコンを操って，海外などの未知の情報を入手できる。そうした体験を重ねていれば，自分に自信を持てる反面，ねくらにパソコンのゲームに興じる。これが生活の多くでは，自信喪失気味になる。

このように見てくると，電子メディア社会の場合，メディアの機能を駆使して，自己開発や知的な探求のために活用するのが，望ましい接し方であろう。しかし，そうした子どもは少数で，多くの子どもは，多様なメディアの中に埋没し，休息や気晴らし型の余暇を過ごしている。こうした状況は子どもに幸せをもたらしたのか。環境的に恵まれているのはたしかだが，子どもはそれ程幸せではない。というより，子どものエネルギーが低下している印象を受ける。

〈注と参考文献〉

(1) 松山巌『銀ヤンマ，匂いガラス』毎日新聞社，1997年，77頁
(2) 藤森照信『タンポポの綿毛』朝日新聞社，2000年，150頁，111頁
(3) (2)に同じ，211頁
(4) あんばいこう『少年時代』無明舎，1993年，128頁，179頁
(5) 島田洋七『佐賀のがばいばあちゃん』徳間書房，2004年，45-46頁，104頁
(6) 北野武『たけしくん，ハイ』太田出版，1984年，50-51頁
(7) 剣持和雄「いなかの子どもの労働」『児童心理』1965年1月，117-122頁
(8) 杉田初市「都市の子ども・田舎の子ども」『児童心理』1955年8月，10-16頁
(9) 石井民也「こづかいの与え方・使い方の指導」『児童心理』1965年8月，85-92頁
(10) 群ようこ「路地ですべてを学んだ」土門拳『腕白小僧がいた』小学館文庫，2002年，88-91頁
(11) 泉麻人『青春の東京地図』晶文社，2001年，60-64頁
(12) 南伸坊『ぼくのコドモ時間』ちくま文庫，1997年，34頁，36頁，226頁
(13) 町田忍『昭和浪漫図鑑』WAVE出版，1999年，18頁，31-32頁，89頁，97頁，99頁
(14) 秋本治『両さんと歩く下町』集英社，2004年，20-22頁
(15) 都留宏「ギャング・エイジ」『児童心理』1956年7月，48-52頁
(16) 須賀健「いち早くテレビを購入」『すみだ区民が語る昭和生活史』(下)，1991年，114-116頁
(17) (1)に同じ，89-90頁
(18) 椎名誠『白い手』集英社，1989年，15-16頁
(19) (18)に同じ，186頁
(20) (4)に同じ，152-153頁
(21) (島根県)『広瀬小学校百年史』1976年，131-132頁
(22) 寺内礼次郎・菊池彰夫「テレビと子どもの生活」『児童心理』1959年1月，85-91頁
(23) 磯貝芳郎「テレビを見過ぎる子ども」『児童心理』1959年8月，91-97頁
(24) 古沢清「テレビのある子とない子ども」『児童心理』1961年1月，110-116頁
(25) 寺内礼次郎・斎藤耕二「テレビっ子になる子ども」『児童心理』1951年4月，104-109頁
(26) NHK『放送の五十年』日本放送出版協会，1977年，340頁
(27) 高口里純『まれな「少女まんが家」の世界』大陸書房，1990年，16頁
(28) 長谷川裕『貸本屋のぼくはマンガに夢中だった』草思社，1999年，28頁，80頁

(29) (28)に同じ，199頁
(30) 泉麻人『青春の東京地図』晶文社，2001年，60-64頁
(31) 高取英・村上知彦『マンガ伝』平凡社，1987年，23頁
(32) 竹内オサム『戦後マンガ50年史』ちくまライブラリー，1995年，82-83頁
(33) 西村繁男『さらばわが青春の少年ジャンプ』飛鳥新社，1994年，265-275頁
(34) 石黒修「家庭における漫画指導」『児童心理』1964年3月，58-64頁
(35) 菅忠道「週刊児童雑誌を斬る」『児童心理』1964年3月，58-64頁
(36) 滑川道夫「マンガから読書指導へ」『児童心理』1949年3月，1-15頁
(37) 斎藤次郎『子ども漫画の世界』現代書館，1979年，7-9頁
(38) 阿部進『現代子ども気質』新評論，1961年，62-63頁
(39) (38)に同じ，236-242頁
(40) 阿部進『現代っ子採点法』三一書房，1962年，55頁
(41) 早川元二「勤労をめぐる現代っ子かたぎ」『児童心理』1965年1月，89-94頁
(42) 重松敬一「現代っ子とその研究批判」『児童心理』1965年3月，16-22頁
(43) 国分一太郎「現代っ子の現実主義と合理主義」『児童心理』1965年3月，23-30頁
(44) 安倍北夫「現代っ子とは何か」『児童心理』1965年3月，1-15頁
(45) 小川太郎『増補・日本の子ども』新評論，1964年，167頁
(46) 「私の履歴書」日経新聞，1977年12月28日
土門拳『腕白小僧がいた』小学館文庫，2002年，166-170頁
(47) 子ども調査研究所『現代子ども白書』1967年，44-45頁
(48) 居作昌果『8時だよ！ 全員集合伝説』双葉社，1999年，100頁，102頁，121頁
(49) 江口恵子「現代っ子の親孝行」『児童心理』1965年3月，115-119頁
(50) 深谷昌志『孤立化する子どもたち』NHKブックス，1983年，26-27頁
(51) 深谷昌志『「子ども」をどれだけ知っているか』明治図書，1983年，16頁
(52) 深谷昌志『テレビのしつけ』フレーベル館，1988年，116-121頁
(53) 文部省『児童生徒の学校外学習活動に関する実態調査』1977年
(54) NHK世論調査研究所『文研月報』1977年2月，24-35頁
(55) 「学業成績」『小学生ナウ』Vol.3-3，1983年6月，18頁
(56) (55)に同じ，21-24頁
(56) 「子どもの中に未来像」『小学生ナウ』Vol.1-3，1981年8月，15頁
(57) 深谷昌志・和子『ファミコンシンドローム』同朋舎，1989年，71頁
(58) (57)に同じ，80-84頁

まとめに代えて──子どもにとっての昭和

1　引きこもる子どもたち

　日本子ども社会学会では，平成13年から，放課後の子どもの姿を探る全国調査の実施を計画した。そして，平成14年1月から2月にかけて，全国の研究者の協力をえて，北海道から沖縄までの16地点，18の小学校で，高学年の子どもを対象として，子どもたちに放課後の過ごし方を尋ねる調査を実施した。サンプル数は3,226人だった[1]。

　もっとも，1，2月は冬の最中なので，放課後の子どもが家にこもるのは，やむをえない。そこで，冬調査に続く2回目の調査として，秋調査を計画した。そして，平成14年の9月から10月にかけ，冬調査とほぼ同じサンプルを対象として秋調査を実施した。

　調査データは膨大なものだが，その中から，印象的な結果を紹介すると，表7-1のような数値がある。これは，放課後の家庭での勉強時間を示しているが，子どもの家庭学習の長さは平均してほぼ30分にとどまる。

表7-1　家庭での勉強時間（％）

	0分	30分	1時間	1.5時間	2時間以上	平均
冬調査	9.1	36.1	33.1	12.1	9.6	34分
秋調査	15.6	35.3	27.4	11.6	10.1	29分

深谷昌志・和子・高旗正人編『いま，子どもの放課後はどうなっているか』北大路書房，平成18年5月，10頁

　「勉強時間が30分」は短いような印象を受ける。たしかに生活時間調査

として信頼度の高いNHKの「日本人の生活時間」によれば，昭和55年の場合，小学4年生の自宅学習の長さは1時間13分，6年生が1時間23分である。どの子どもも，1時間程度勉強をするのが当たり前だった。また，平成5年の「厚生白書」には，家庭学習の国際比較調査が収録されている。フランスやアメリカの場合，家庭学習の長さは1時間10分程度で，3時間以上勉強している子どもは5％以下にとどまる。それに対し，日本の子どもの家庭学習は1時間48分，3時間以上勉強している子どもは20％に達する。他の社会の子どもより，日本の子どもの方が勉強をしていた。しかし，現在の子どもの学習時間は30分にとどまる。

平成14年に，東京の山手地域の小学高学年生を対象として，学習意欲についての調査を実施する機会があった。山手地域の場合，小学高学年生の3割は私立中学への進学を予定しているが，公立中学進学者の家庭学習は25分で，全国調査の数値とほとんど変わっていない。しかし，私立中学を受験する子の学習の長さは1時間53分に達する。したがって，全体として，勉強しない子どもが増えているが，現在でも，一部にモウレツに勉強している子どもがいるのもたしかであろう。

学会調査は，天気の良かった平日の翌日，「昨日，何をしたか」を尋ねる形で調査を進めた。冬調査の場合，子どもは午後4時11分に帰宅し，7時8分に夕食を取り，10時7分に就寝している。したがって，日没まで，冬調査で1時間半，秋調査で2時間程度の自由時間が見込めるが，調査日の前日，子どもが遊んだかどうかは表7-2に詳しい。

表7-2　前日に遊んだか（％）

	遊ばない	一人で家の中	家の外	小計	友だちと家の中	家の外	小計
冬調査	40.0	26.4	5.2	31.6	11.4	17.0	28.4
秋調査	39.4	20.7	5.2	25.9	12.3	22.4	34.7

表7-1に同じ，17頁

「遊んでいない子」が4割，「一人で遊んだ」は3割前後である。したがって，一人きりで自分の部屋にこもり，友とふれあうことのない生活を送

った子どもは7割に達する。それに対し,「家の外で友だちと遊んだ」子どもは冬調査で17.0%,秋調査で22.4%にすぎない。したがって,「屋外で,友とふれあう」のが子どもらしい遊びとするなら,そうした豊かな遊びのできた子どもは2割前後にすぎない。

なお,「家の中でしていたこと」の上位6項目は,①「テレビを見る」(「よく見る」が66.8%),②「マンガを読む」(33.7%),③「ごろごろする」(30.6%),④「テレビゲームをする」(27.3%),⑤「本を読む」(15.1%),⑥「友だちと電話やメール」(7.4%)である。

そこで,一人きりで放課後を過ごした子どもの割合を地域別にたしかめてみた。秋調査の場合でも,「一人きり率」は,大都市68.1%,地方都市65.0%,山村部64.7%で,地域差はほとんど認められない。したがって,家にこもる子どもの姿は,大都市や山村を問わず,日本全国に広がっている感じになる。

なお,テレビ視聴の長さを表7-3に示した。多くの子どもは2時間以上テレビを見ている。これは,放課後の時間の中で,食事や入浴などの生活時間を除くと,自由時間の半数を占める。もっとも,先にふれた山手調査の場合,私立中への受験者のテレビ視聴時間は1時間22分にとどまる。私立中への受験などの目的を持った子どもは,現在でも,勉強中心の生活を送っている。

表7-3 テレビ視聴の長さ (%)

	0分	30分	1時間	1.5時間	2時間	3時間以上	平均
全国調査・冬調査	4.9	9.9	15.4	16.0	21.0	32.8	2時間13分
秋調査	5.4	11.0	17.7	14.5	21.0	30.4	2時間7分
山手調査・地元中学	3.1	3.4	11.3	13.9	21.8	46.5	2時間53分
私立中進学	8.8	9.4	18.8	16.5	20.6	25.8	1時間22分

表7-1に同じ,13頁

しかし，多くの子どもは，子ども部屋にこもり，のんびりと放課後を過ごしている。したがって，少数のガリ勉派と大多数ののんびり派とに子どもの放課後が両極化しているように見える。したがって，昭和末に見受けられた子どもの両極化が，平成になって，一層進んだように思われる。

2　子どもの類型

こうした「引きこもる子ども」を，子どもの昭和史の中で位置づけるとどうなるのか。

昭和初期の子どもをとらえる時，すでに3章で紹介した日本青少年教育研究所の子どもの生活時間調査（昭和17年）が参考になる。同調査によると，子どもの生活は勉強と手伝い，遊びとにほぼ三分されている。特に，遊びの長さは1時間4分，手伝いが55分だった。しかも，休日になると，子どもが手伝う時間は都市で2時間前後となる。さらに，農村の子どもは，家事に加え，農業の手伝いをするので，働く時間は3時間を超える。

この調査に限らず，昭和初めの子どもの暮らしを大づかみすると，放課後の子どもの生活は①「働く」と②「遊ぶ」，③「学ぶ」の3領域から成り立った。そして，3領域の中でも，歴史を遡るほど，①の「働く」の占める比重が増す。子どもが家業や家事の手伝いに追われ，「学ぶ」や「遊ぶ」に多くの時間を割けなかった時代である。したがって，昭和以前の子どもの生活を①「働く」と②「遊ぶ」，③「学ぶ」を軸として類型化すると，図7-1のAのような形になる[2]。その後，昭和になると，手伝いの時間が減って，友だちと遊ぶ子ども（B）が増える。メンコやビー玉，おはじき，縄跳びなどに，子どもが興じる。街角に紙芝居屋が登場して「黄金バット」を演じる。しかし，昭和40年代に入ると，子どもが群れる姿は見かけなくなる。教育過熱化が進んで，学習塾通いをする子どもが増え，子どもが勉強に追われる時代（C）を迎える。

図7-1　子どもの生活の類型

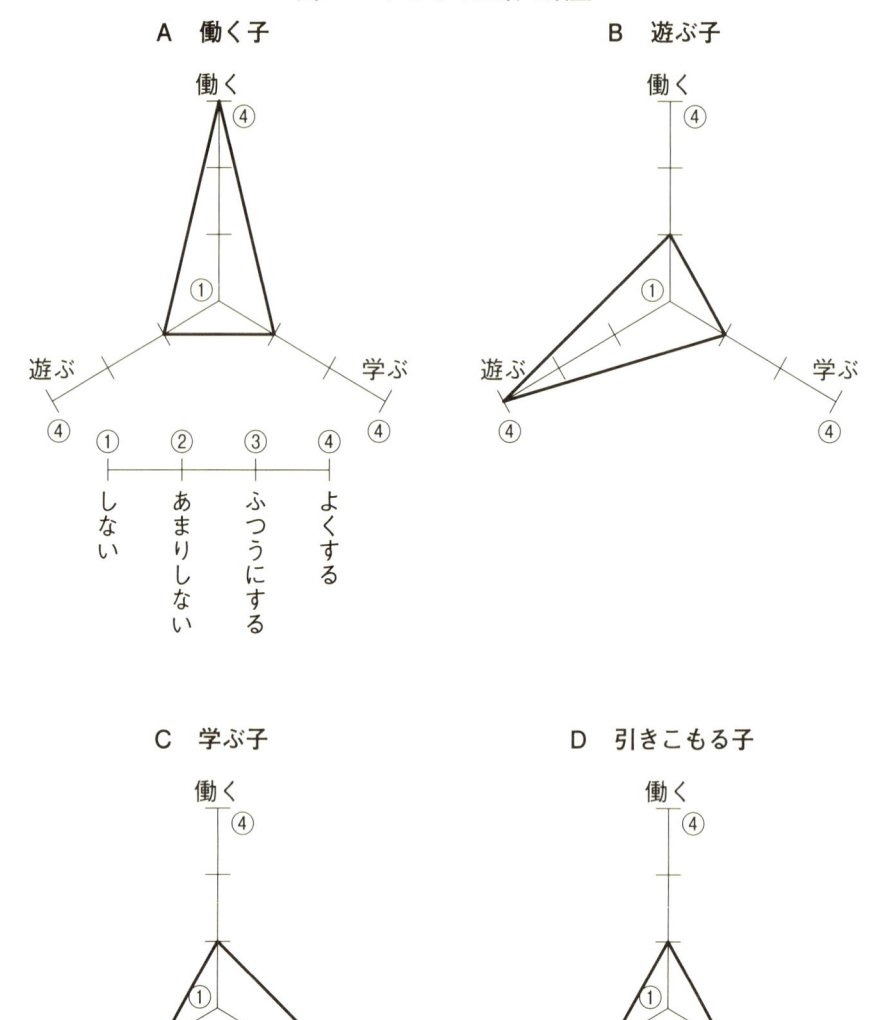

A　働く子

B　遊ぶ子

① しない
② あまりしない
③ ふつうにする
④ よくする

C　学ぶ子

D　引きこもる子

深谷昌志『子どもから大人になれない日本人』リヨン社，平成15年，186-202頁

このように「働く」「遊ぶ」「学ぶ」を基準として，子どもの生活を類型化してとらえた時，現在の子どもの情況はどうなるのか，現在の子どもは働いてもいないが（①），遊んでもいない（②）。勉強時間も短い（③）。自分の部屋にこもって，ぼんやりと時間を過ごす。Dのように何をするわけでなく，無気力に時間を過ごしている。ニート予備層の誕生を予感させる[(2)]。

　子どもらしさとは，「活発に動く」とか「元気いっぱい」であろう。そう考えると，引きこもる子どもは，もっとも子どもらしくない存在となる。子どもから子どもらしさが消えた。未来を作るのが子どもだとしたら，子どもらから子どもらしさが消えた日本に未来はないのかもしれない。

　何年か前にブラジルを訪ねた時，アマゾンに足を延ばした。マナウスから1時間ほど遡ると，インディオの集落にたどりつく。ジャングルにも教会立の小学校があったが，子どもはほとんど就学しないで，ジャングルの中を飛び回っていた。ほとんど裸のまま，大木の蔦にぶら下がって，猿のように木の間を行き来していた。

　そうした姿を見て，子どもがこんなに素晴らしい能力を持っているのかを知って驚いた。日本の子をインディオの子どもと比較するのは無茶かもしれないが，子どもであることに変わりはない。電気も水道もない自然のままの暮らしで，文字も知らない子どもも多い。しかし，1日中，仲間たちと群れて遊んでいる子どもを見ている内，冷暖房のついた部屋の中でケイタイを片手に持ってメールを打っている日本の子どもを連想した。

3　理想の子ども像

　日本の子どもは何不自由のない生活を送っている。しかし，放課後にゆっくりと遊ぶ場所もないし，友だちもいない。家に帰っても，きょうだいの数は少なく，祖父母は遠く離れた土地に住んでいる。母も仕事で帰宅する時間が遅れがちで，一人でいる時間が長い。物質的には恵まれているが，人間関係では疎外された状況にある。子どもが成長するのに恵まれたとい

えない環境にある。

3章でふれたように、子どもの長い歴史の中で、子どもは子どもとしての時を認められず、働く存在と見なされてきた。それだけに、児童問題に関心を寄せる人たちは、児童労働からの解放を訴えてきた。そうした意味では、子どもが労働から解放されたことは、子どもの置かれている情況が理想に近づいたといえよう。しかし、現在の子どもはあまりに労働から離れすぎている。経済的な理由からでなく、子どもの成長のために、その年齢なりに、働く体験をつませることが重要であろう。

そして、「学ぶ」についても、どの子どもも、学べるようになったことは望ましい情況であろう。しかし、子どもが勉強に追われるのは、子どもの心身の成長が妨げられよう。かといって、現在のように、子どもがまったく勉強しないのも問題であろう。子どもは大人になるまで学ぶことが必要な存在なので、程を得た学習が望まれよう。

そうした中で、子どもが遊びの時を持てないのがもっとも気にかかる。「働く」や「学ぶ」は、大人が子どもに課している課題で、子どもが子どもらしくなるには「遊び」の体験を豊富に持つことが必要になる。素朴にとらえると、家庭で育った子どもが地域で群れて遊ぶ。そして、地域で、友だちづき合いの仕方を覚え、意欲を育て、マチやムラの子どもとして成長していく。そうした子どもが学校で勉強するから、勉強が役立つ。

図7-2　子どもの類型5－子ども（未来）

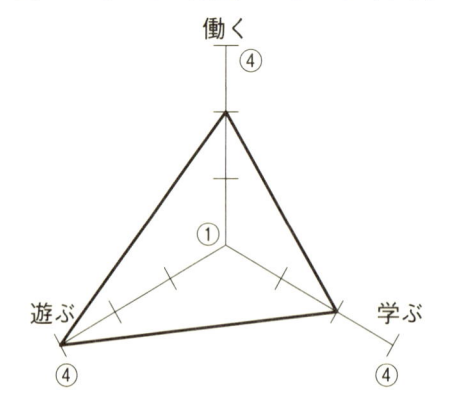

そう考えると、これからの子どもの姿として、図7-2のような形が考えられる。まず、よく群れて遊ぶこと。そして、程ほどの勉強をする。加えて、ある程度の働く体験を持つ。全体として、バランスが取れている上に、遊びが上位を占めている構

まとめに代えて

図である。

　日本の場合，まだまだ，家庭は十分に機能を果たしているし，古さから脱皮できない感じもするが，学校も頑張っている。それだけに，遊び戯れる場を地域に再生させることが重要になる。そして，子どもが心身ともに健やかに育てば，中学に入ってから，それぞれの生きる目標を見つけ，高校以降，自分の選んだ道に沿った学習を進めればよいのである。

　そこで，群れ遊びをいかに再生するかが課題になるが，群れの再生はそれ程大変でない。遊びというと，時間と人，場所が問題だといわれる。しかし，どんなに狭い所でも，遊びは成り立つ。そうした意味では，自由な時間を持った子どもが集まれば，群れ遊びが復活する。それだけに，子どもに自由な時間を保証することが重要である。そのためには，親と教師，地域の人が子どもの群れ遊びの重要性を理解し，遊びを見守る姿勢が必要になる。

　子どもの発達段階を考え，少なくとも，小学生の内は友と群れて遊ぶことを最優先させる。すでにふれたように，群れていれば，どの子どもも体が丈夫になり，友だちづき合いの仕方を身につけ，たくましさを増し，やる気も芽生える。そう考えて，週に2，3日は，子どもの自由時間を保証する「フリー・デイ」を設ける。そして，子どもが安心して遊べるように，子どもの「サンクチャリー（聖域）」を設定したいのである。さらにいえば，地域と学校，家庭とが足並みを揃えて，子どもの群れ遊びの再生に力を合わせよう。週に2日位，どの子どもにも夕方の自由な時間を保証する。そして，子どもがボールゲームなどをできる広めの遊び場を確保する。さらに，子どもの遊びの安全性を見守るための地域の体制作りを進める。

　そうした成果として，地域に群れ遊ぶ子どもの声が聞こえるようになれば，元気な子どもが増える。そして，いじめや不登校などが減少しよう。子どもの放課後は地域が音頭をとって動きを見せる問題であろう。それだけに，たくましい子どもの育成を目指して，各地域で個性的なプランを考え，実行して欲しいと思う。

〈注と文献〉
(1) 深谷昌志・和子・高旗正人編『いま，子どもの放課後はどうなっているか』北大路書房，2006年，3-30頁
(2) 深谷昌志『子どもから大人になれない日本人』リヨン社，2003年，174-205頁

あとがき

　本書の執筆にあたり，始めから黎明書房から出版してもらいたいと思っていた。編集部の了解を得たわけではないが，そうした一念で執筆を続けた。というのは，黎明書房には，人生の折々の時期にお世話になったからだ。

　40年以上昔のことだが，昭和40年の春，筆者は大学院のオーバードクタの身分で，不安定な毎日を送っていた。そんな折，黎明書房の畠出利彦編集長（後の社長）から電話があった。学会で発表している研究を本にまとめないかという内容だった。院生にとっては青天の霹靂の話で，半信半疑の気持ちで原稿をまとめた。『良妻賢母主義の教育』と題されたその本は，博士論文になると同時に，社会的な高い評価を受け，研究者として幸運なデビューを果たすことができた。その後，黎明書房から『学歴主義の系譜』（昭和44年）や『女教師問題の研究』（昭和46年）の専門書を刊行することができた。

　昭和63年に放送大学の任期制導入に巻き込まれた。研究者としての筋を通すつもりで，浪人の身分になった。そうした折，高田社長から電話があった。考えていることをまとめたらどうかという内容だった。文部省に逆らっている感じもある問題なので，会社への影響を考えたが，気にするなとの励ましの言葉をいただいた。そして，『放送大学で何が起こったか』（平成2年）を刊行することができ，研究者としての立場を問うことができた。

　その後，静岡大学に勤めたが，定年退職の際，黎明書房から記念の本を出したいと考え，『子どもの生活史－明治から平成』（平成8年）をまとめた。同書は本書の前史にあたる内容だが。その前後に，武馬久仁裕社長からテーマを依頼されて，『親孝行の終焉』（平成7年）をまとめたのも思い出に残る仕事だった。

平成16年，東京成徳大学の子ども学部が開学された。さいわい，学部として評判が良く，多くの受験生を迎えることができた。そして，学部長として，舵取りに追われているが，お陰で健康に恵まれ，研究者としての老いを感じないですんでいる。それでも古希を過ぎた。そこで，自分が過ごしてきた昭和を自分なりに振り返ってみたいと，毎日少しずつ執筆を重ね，5年位の期間をかけて，まとめたのが本書である。

　「はじめに」でふれたように，本書でふれ残したものが多い。昭和の話なので，視野を広げていけば，いくらでも内容がふくらむ。例えば，家族の問題はそれだけで1冊になりそうなので，そうした領域の考察は別の機会に譲らざるをえなかった。それと同時に，筆者は都市育ちなので，農村の子どもの育ちに踏み込むことができず，筆が進まなかった。また，男性である筆者は，女の子の育ちを共感を持って描けない限界を感じた。本書は子どもにとっての昭和を一つの角度から掘り下げた試みで，これから別の視点から子どもの昭和史が刊行されるのを期待している。

　平成18年12月に原稿をまとめ，武馬社長に原稿を送った。そして，年末，社長から出版を引き受ける旨の電話をいただいた。出版事情の厳しい状況の中，本書を刊行してくれた黎明書房武馬久仁裕社長と編集部に感謝したいと思う。特に編集の斎藤靖広氏には校正面で多くのお世話になった。

　最後になるが，平成12年から，東京成徳大学で快適な研究者生活を過ごしている。木内秀俊学長を始め，学園の先生方や事務の皆さんのご支援やご厚情に感謝したいと思う。

　　平成19年2月

北区十条台の研究室で
深 谷 昌 志

人名索引

ア行

青木菊男　226
明石要一　13
赤瀬川原平　190
秋本治　256
秋山正美　12
芥川竜之介　49
安倍北夫　271
阿部進　268
天野祐吉　50
有島武郎　49
あんばいこう　253,259
池波正太郎　124
居作昌果　275
石田雄　158
磯貝芳郎　262
泉麻人　254,264
猪野省三　228
今井よね　44
上田庄三郎　96
上地ちづ子　35
梅根悟　214
漆原喜一郎　18,36,53
漆原智良　196
家永三郎　67
市川源三　100
大川幸太郎　22,33
大島政男　50
大田守彦　218

奥成達　221
奥野健男　19
岡田良平　82
小川太郎　272
小沢昭一　21
小原国芳　66,69

カ行

籠山京　199
鹿島孝二　75
加瀬和俊　241
加太こうじ　27,36,41,124,223
加藤理　12
加藤周一　98
加藤茶　275
上笙一郎　12,44
川本博康　19,31
菅忠道　266
北野武　253
北原白秋　49
木所仙太郎　140
城戸幡太郎　45
木村吉次郎　141
久世光彦　14,172
黒岩重吾　105
黒川儀兵衛　141
黒柳徹子　69
国分一太郎　271
小西重道　83
このみひかる　33

小林善一　28
小林富次郎　118
小林信彦　193
権田保之助　51
今野敏彦　153

サ行

斎藤次郎　267
斎藤喜博　155
早乙女勝元　171
阪本一郎　228
嵯峨政雄　239
佐々淳行　19,33
佐々木邦　47
佐藤愛子　98
佐藤秀夫　12
沢野ひろし　218
椎名誠　258
塩本弥四郎　142
重松敬一　271
志村けん　275
進藤恒一郎　35
菅山修二　34
鈴木一成　19,37,106
鈴木清　219
鈴木常勝　227
鈴木三重吉　48
関屋五十二　57
妹尾河童　106

タ行

高井としを　139
田河水泡　47

竹内オサム　12
竹内利美　112
田中寛一　104
玉川一郎　35
都留宏　257
手塚岸衛　70
寺松絃二　75
寺山修司　173
飛田孝　218
豊田正子　15
土門拳　273

ナ行

中江克己　12
中野光　13
中野孝次　18,125
滑川道夫　267
南条範夫　46
西村繁男　265
ニュージェント中佐　206
丹羽武一　35
野口雨情　49
野田知祐　218
野本三吉　13

ハ行

早川元二　270
林家木久蔵　219
原徹一　117
氷室好夫　144
平塚らいてう　105
福尾武彦　242
藤沢周平　18,50,126

人名索引

藤沢恒夫　46
藤田英夫　222
藤本浩之輔　12
藤森照信　252
古島敏雄　66
細井和喜蔵　138
堀尾青史　42

マ行

正宗猪早夫　66
増井光子　196
町田忍　255
松永健哉　42,45
松広茂　196
松村康平　232
丸山真男　158
溝口謙三　243
三土忠造　80
南伸坊　222
南博　200
宮本常一　112
宮脇俊三　21,37,49
向田邦子　14,34
村岡花子　57

村田亨　226
村松友視　222
村山俊太郎　155
村山ひで　155
群ようこ　254
森照子　113
森伊佐雄　142
森川直司　33
森下正雄　223

ヤ行

安田武　98
柳下恵子　31
山川菊枝　134
山中恒　163
山中峯太郎　47
山本鼎　49
山本茂実　139
山本信良　153
吉村昭　20,36
吉本隆明　20,31,75

ワ行

渡辺文雄　21

305

事項索引

ア行

『ああ野麦峠－ある製糸工女哀史』 139
愛国少年団 152
『赤い鳥』 48,49
明石プラン 214
秋の農繁期に手伝った割合 245
悪の香り 30
「亜細亜の曙」 47
「あしたのジョー」 265
遊び－子どもがしている遊び 23
遊び友だち 26
遊び－よくしている遊び 25
遊ぶ子 296
悪漢探偵 20
家にテレビのある子・ない子の視聴時間 261
石下小学校 70
一人前の子ども 29
居残り勉強 99
売り子 39
運動会 65
映画館にいる子どもの割合 51
映画の好き嫌い 53,54,234
映画への親の態度 235
映画を1ヶ月間に見る回数 54
映画を子どもが見るのを許可する割合 56
映画を誰と見たか 55
映画を見る割合 52
縁故疎開 175
「黄金バット」 38,41
小千谷小学校卒業生の進路 126
鬼ごっこ 24
オニヤンマ 19
面白かった遊び 220
『おもちゃの戦後文化史』 12
主な番組の視聴率 274

カ行

街頭テレビ 258
ガキ大将 19,28
過教育 280
学業成績 283
学業成績別の将来像 285
学業成績別の職業への達成 285
学業成績別の自己像 284
学習塾通い 280
学童疎開促進要綱 174
カクレ家 255
かくれんぼ 24
賭け事 31
家事手伝い 112,115
家事をする割合 113
学校給食 116
学校自治会 68
学校を休んで働く子ども 129
活動写真 50
家庭での勉強時間 292
紙芝居 35,221

紙芝居業者　224
紙芝居業者条例　224
紙芝居作者　36
『紙芝居大系－街頭紙芝居編』　41
紙芝居取締ニ関スル件　43
「紙芝居に関する調査」　39
紙芝居の貸元　223
『紙芝居の教育的研究』　40
紙芝居の校閲結果　44
紙芝居の仕組み　37
紙芝居の収入　39
紙芝居の審査結果　226
紙芝居の売人　39
紙芝居批判　42
紙芝居への規制　43
「からたち」　49
「がんばれジャイアンツ」　265
『聞き書き・明治の子どもの遊びと暮らし』　12
川口プラン　214
ギャング集団　29,256
給仕　133
級長規定　68
教育委員会制度　207
教育紙芝居　44
教育の民主化　203
教員赤化事件　155
教学刷新評議会　154,156
錦華小学校　68
『近代日本児童昭和生活史序説』　13
「キン肉マン」　265
『金の星』　49
靴磨き　196

「蜘蛛の糸」　49
グリコのおまけ　50
黒塗り　203
軍国主義図書の整理　204
警戒警報　170
月光仮面　256
欠食児童　116
『現代子ども気質』　268
現代っ子のイメージ　272
現代っ子の条件　269
現代っ子は良いか・悪いか　272
現代っ子論　268
コア・カリキュラム　210,213
コア・カリキュラムの展開　214
興亜奉公日　159
皇居遥拝　161
高校進学者　240
高校の入試倍率（大正13年）　74
口頭試問　82,84,87
高等小学校卒業生の進路　133
高等小学校への在籍　124
口頭筆答　89
紅梅野球カード　229
公立中学入試倍率（大正13年度）　73
国体観念　153
『国体の本義』　158
国民学校令　159
御真影　154,160
個性調査票　68
小僧生活　140
小僧の姿　143
子ども調査研究所　274
『コドモノクニ』　48

子どもの声　10
「コドモの新聞」　57
「子供の時間」　57
『子どもの生活史－明治から平成』　13
子どもの生活時間　244
『子供之友』　48
子どもの類型　295

サ行

在学率　119
雑誌とテレビ，スポンサーとの関連　268
三角ベース　218
山村の子の生活時間　243
志願兵　184
試験地獄　96
試験制度改革案　81
実業学校　122
自伝　11
児童虐待防止法　146
児童勤労動員要綱　171
児童心得　31
児童読書の統制　162
『児童文化の森』　12
児童問題研究会　45
事務見習　133
下関商業の入試倍率　123
社会科　207,210
週刊誌ブーム　267
『週刊少年サンデー』　264
『週刊少年マガジン』　264
自由教育　69
自由教育批判　69

10代の有業率　136
集団学童復帰要綱　192
集団疎開　172,174,176
集団疎開の実施　176
受験生の学年構成　77
受験勉強　98,100
小学校修了後の進路　119
小学校卒業者の進路　121
商工徒弟に関する調査　143
『少女たちの昭和史』　12
『少年倶楽部』　47,229
『少年ジャンプ』　265
「少年タイガー」　38
少年団　150
少年団訓練　152
少年団訓練要綱　151
少年労働　134
『女工哀史』　138
紙倫　225
進学者　126
進学熱　71
神宮参拝旅行　153
新興教育研究所　154
尋常小学校卒業生の進路　138
新制中学　206
新制中学の発足　207
新聞配達　130
進歩主義　213
新マンガ運動宣言　267
『臣民の道』　159
水雷艦長　21,218
「スーパーマリオブラザーズ」　286
好きなテレビばかりを見ている子　279

生活時間　114
成蹊小学校　66
成城小学校　66
誠之小学校　99
青少年義勇　184
全員入学案　80
『戦後の子ども観を見直す』　13
『戦後の子ども史』　13
『戦後マンガ50年史』　12
戦争孤児　197
疎開学童の生活　179
疎開先の子どもの気持ち　182
疎開児の帰宅　192
疎開状況　177
疎開っ子　174

タ行

大正自由教育　66
大正自由教育の実践　67
『大正・昭和教育の天皇制イデオロギー Ⅰ』　12,153
駄菓子屋　33,34
滝野川小学校　67
立絵　35
立川文庫　46
達成予測　285
玉川学園　69
団塊ジュニア　282
短時間視聴児　278
男女共学　206,216
『筑豊のこどもたち』　273
千葉の自由教育　70
中学志願者　72

中学卒業生の求人倍率　241
中学卒業生の進路　240
中学卒業生の進路（昭和2～5年）　73
中学卒業までの費用　101
忠孝一本　158
抽選入試　80
抽選－入試　81
鳥瞰的　9
長期欠席児　198,199
長期欠席児童の理由　239
長時間視聴児　278
綴方教育　71
通学する服装　64
『定本綴方教室』　15
手伝いの時間　115
手伝いの長さ　243
手伝いをした割合　254
「鉄人28号」　267
「鉄腕アトム」　267
デパート女店員　134
テレビゲーム　286
テレビゲームの長さ×テレビ視聴　288
テレビ視聴の長さ　294
テレビの視聴時間　261
テレビの視聴時間と自己評価　280
テレビのない家庭の子ども　263
テレビのない家庭の子どものテレビ視聴　260
テレビの見方による子どものタイプ　279
テレビをがまんしている子　279
電子メディア社会　277
電話交換手　134

309

『童話』　49
トーキー　51
「Dr.スランプ」　265
「杜子春」　49
トモエ学園　69
友だち―好きな理由・嫌いな理由　27
友だちの好き・嫌い　26
「ドラゴンクエストⅠ」　286
「ドラゴンクエストⅢ」　286

ナ行

内申書　84,92
ながら視聴　262
『にあんちゃん』　238
２部授業　201,209
日本画劇教育協会　43
日本教育紙芝居協会　45
日本子ども社会学会　292
「日本子どもの歴史」　13
「日本児童文化史叢書」　12
『日本の子ども』　272
『日本の新学期』　207
入学試験準備教育取締　98
入学準備教育　79
入学準備教育取締　105
入試制度改革　78
入試倍率　94
入場規制　52
年少工の保護　145
年少有業者数の変化　137
年少労働者の生活　136
農作業の手伝い　112
農事休み　112

『ノートや鉛筆が学校を変えた』　12
のらくろ　47

ハ行

敗戦直後の子どもの暮らし　193
函館商業の入試　123
バスガール　134
働く子　296
八大教育主張講習会　66
原っぱ　18,19,21
８月15日の思い出　190
「８時だよ！　全員集合」　275
引きこもる子　296
引きこもる子ども　292
ビクトリアル・コード　224
非進学組　125
筆記試験の禁止　97
筆記試験廃止　81
筆記試験なしの入試　83,97
筆記試験なしへの評価　90
日の丸弁当　161
美容師　135
広瀬小卒業生の進路　127
貧困欠席児　128
貧困児童の不就学対策　131
ファミリーコンピューター　286
俯瞰的　9
複数受験　76
不就学の理由　239
フリー・デイ　299
米国教育使節団　205
米国教育使節団報告書　205
ベーゴマ　32,218

勉強の得意な子と苦手な子の未来　283
奉安殿撤去　202
放課後の生活　24
防空頭巾　170
北条プラン　213
紡績女工　135
『ボクラ少国民』　163
保護年齢　145
補習教育　75
補習教育の禁止　98
補習教育の自粛　75
補習禁止の通達　75
本質主義　213

マ行

毎日の読書時間　228
マスコミ情報の認知度　275
町の子・村の子　30
『窓ぎわのトットちゃん』　69
学ぶ子　296
マンガ週刊誌　263
密食　180

『民主主義』　212
群れ遊び　18, 22
群れ遊ぶ子ども　219
メカに溺れる子　289
メカをコントロールできる子　289
メンコ　21, 22
『〈めんこ〉の文化史』　12

ヤ行

夜学校　132
幽霊受験者　93
油面小卒業生の進学情況　129
四大節　163

ラ行

ラジオ聴取　233
ラジオと映画の接触状況　232
ラジオとの距離　233
ラジオ番組　58
6・3・3制　206
乱塾時代　281

著者紹介

深谷昌志

1933年，東京生まれ。
東京教育大学大学院修了。教育学博士。教育社会学専攻。奈良教育大学教授，静岡大学教授などを歴任。現在，東京成徳大学子ども学部学部長。

著書：『学歴主義の系譜』『女教師問題の研究』（共著）『放送大学で何が起こったか』（共著）『親孝行の終焉』『子どもの生活史』『「子どもらしさ」と「学校」の終焉』以上黎明書房，『孤独化する子どもたち』『無気力化する子どもたち』以上NHKブックスなど多数。

昭和の子ども生活史

2007年9月30日 初版発行

著　者	深谷昌志
発行者	武馬久仁裕
印　刷	藤原印刷株式会社
製　本	株式会社渋谷文泉閣

発行所　株式会社　黎明書房

〒460-0002　名古屋市中区丸の内 3-6-27　EBSビル
☎ 052-962-3045　FAX 052-951-9065　振替・00880-1-59001
〒101-0051　東京連絡所・千代田区神田神保町 1-32-2
南部ビル302号　☎ 03-3268-3470

落丁本・乱丁本はお取替します。　　　ISBN978-4-654-09009-9
Ⓒ M. Fukaya 2007, Printed in Japan